U0622994

本成果集为江西省 2018 年学位与研究生教育教学改革研究项目
"红色文化融入研究生理想信念教育的实践探索"
（项目编号 JXYJG–2018–038）阶段性成果。

精准扶贫调查报告

——江西师范大学 2015 级
思想政治教育专业社会调查成果集

韩桥生　主编

中国出版集团　现代出版社

2015级思想政治教育班暑期社会调查合影（一）

2015级思想政治教育班暑期社会调查合影（二）

院领导慰问同学们

实地调查，我们在路上

听镇长说镇情

在佛坳村参观修水县枫露茶叶有限公司

参观佛坳村种茶基地

与佛坳村村主任探讨交流

访佛坳村茶产业基地

实地走访周家村

走访周家村医疗卫生所

在周家庄村村委会了解村情

组织马祖湖村党员学习党的十九大精神，宣传党的乡村振兴政策

参观马祖湖村电商服务站

扶贫政策送村到户

小组入户调查

访走修口村建档立卡户

关心建档立卡留守老人（左上图）

宣传标语送进村（右上图）

调查小组对扶贫产业进行实地考察（下图）

小组组织讨论村情和脱贫政策（一）

小组组织讨论村情和脱贫政策（二）

组织编写：

江西师范大学"红色班级"

江西师范大学马克思主义研究会

江西师范大学社会主义核心价值观践行社

江西师范大学习近平新时代中国特色社会主义思想学习研究会

前　言

　　党的十八大以来，习近平总书记站在全面建成小康社会、实现中华民族伟大复兴中国梦的战略高度，把脱贫攻坚摆到治国理政突出位置，提出一系列新思想新观点，作出一系列新决策新部署，推动中国脱贫事业取得巨大成就。精准扶贫是我国脱贫攻坚的一项重要国家战略，也是各级政府的一项重要政治任务。

　　推进精准扶贫，助力乡村振兴，是时代赋予我们的新使命。当代大学生是党的各项方针政策的学习者，同样也是宣传者与践行者。深入农村扶贫第一线，一方面，可以更直观地感受战略实施的成果，更客观地学习与掌握当前我国的国情与农情；另一方面，也是为了积极贯彻十九大精神，了解政策落实的土壤与政策帮扶对象的直接反馈，调查政策实施过程中的问题，提出相对客观且可借鉴或可操作的对策，为国家精准扶贫战略贡献一份力量。

　　在此背景下，2018年7月，江西师范大学马克思主义学院组织2015级思想政治教育专业的全体41名学生前往江西省修水县西港镇围绕"实施精准扶贫，助力乡村振兴"这一主题开展了为期七天的社会调查，本书收录了41名思政学子在调查后所撰写的调查报告。宣传党的方针政策，是思政学子义不容辞的责任；了解政策具体实施情况，是思政学子不可推卸的学习义务。7天里，同学们住在中学宿舍，生活条件虽然艰苦，但大家对本次社会调查做到了全身心投入，也收获了很多。全班同学走村入户，了解国家精准扶贫政策的落实情况，感受新时代中国农村建设取得的巨大成就。通过大学生的切身体验，进一步坚定了"四个自信"。调查报告反映了大学生对国家发展的肯定、对乡村振兴的期待和助力精准扶贫的愿望。作为本科学生，文笔有些稚嫩，错误和疏漏之处难免，恳请各位读者多多批评与指正。

再次感谢修水县西港镇为本次社会调查提供的支持和帮助，感谢镇、村各位领导和工作人员的付出，衷心祝愿西港镇在乡村振兴中取得更大的成绩！同时也要感谢江西师范大学马克思主义学院的领导一直以来对思想政治教育专业社会调查活动的支持，7天的社会调查成为同学们永远美好的回忆。特别要感谢思想政治教育系的郭凌老师、潘华老师，他们作为指导老师，全程指导本次社会调查，与同学们同吃同住，给予同学们无微不至的关心。

2015级思想政治教育专业的同学们即将毕业，一些同学将继续深造攻读硕士学位，一些同学将走上工作岗位。不管选择什么样的人生道路，相信同学们都能拥有出彩的人生。

CONTENTS 目 录

周家庄村与佛坳村产业扶贫调查报告…………………… 王 静 1

周家庄村、佛坳村公共设施建设调查报告………………… 陈泽娇 8

西港镇垃圾治理情况调查报告……………………………… 吴晨辉 13

修口村精准扶贫实施调查报告……………………………… 李嘉文 18

佛坳村基础设施建设调研报告……………………………… 欧阳琪 28

佛坳村枫露茶叶产业扶贫调查报告………………………… 谢伊女 37

周家庄村精准扶贫现状调查报告…………………………… 廖冬梅 44

周家庄村生态环境建设状况调研报告……………………… 黄彬娴 51

周家庄村医疗扶贫调查报告………………………………… 杨逸兰 57

农村精准扶贫驻村工作队的现状调查……………………… 方 婷 62

马祖湖村精准扶贫情况实地调查报告……………………… 陈 卓 68

周家庄村贫困户致贫原因调查报告………………………… 潘天樱 73

周家庄村建设生态宜居乡村现状调查……………………… 李靓怡 80

周家庄村医疗救助情况调查报告…………………………… 陈雅莉 87

周家庄村、佛坳村精准扶贫工作调查报告……………… 陈 霞 94

周家庄村精准扶贫实施状况调研报告……………………… 王 婷 100

涂家村和佛坳村生活垃圾专项

　　治理工作调研报告………………………… 周 进 刘 宇 106

修口村乡村振兴战略实施调查报告………………………… 刘 洋 114

马祖湖村精准扶贫状况调查报告…………………………… 谢文洁 124

马祖湖村乡村振兴战略实施情况调查报告……………… 李瑜雯 131

修口村生态宜居美丽乡村建设情况调查报告……………… 阮小霞 138

西港镇教育扶贫情况调研报告………………………………… 罗钦江 143

西港镇精准扶贫政策实施情况调查报告……………………… 曾琴华 148

马祖湖村精准扶贫状况调查报告……………………………… 舒秋杰 155

马祖湖村基层扶贫专干工作情况调查报告…………………… 崔瑞雪 162

佛坳村乡村振兴战略实施现状调研报告……………………… 李 庆 168

周家庄村精准扶贫户识别状况调查报告……………………… 曾丽婷 175

马祖湖村精准扶贫实践情况调查报告………………………… 陈燕鸿 183

马祖湖村精准扶贫政策群众反馈情况调查报告……………… 饶亦心 189

马祖湖村精准扶贫实施状况调查报告………………………… 刘 瑶 194

西港镇精准扶贫现状调查报告………………………………… 张 滕 200

马祖湖村环境综合治理情况调查报告………………………… 郭 婷 209

修口村精准扶贫实践调查报告………………………………… 田 聪 214

修水县精准扶贫政策实施调查报告…………………………… 张晨蕊 218

佛坳村产业发展调查报告……………………………………… 刘凤萍 226

修口村精准扶贫调研报告……………………………………… 陈 莹 236

马祖湖村和修口村关于协调推进贫困村与非贫困村贫困户

 脱贫攻坚的调查报告………………………………………… 程 前 243

修口村基层精准扶贫调查报告………………………………… 龚玉婷 252

修口村农户对扶贫工作认可情况调查报告…………………… 宁 麒 257

修口村乡村振兴战略实施情况调查报告……………………… 徐 叶 261

周家庄村与佛坳村产业扶贫调查报告

王　静

摘　要：打好精准脱贫攻坚战，需要继续落实精准扶贫战略，而产业扶贫是精准扶贫中的一项重要内容。目前，周家庄村和佛坳村的产业扶贫项目取得了一定的成效，但依然存在不足，主要表现在周家庄村的光伏产业和佛坳村的茶叶产业上。本文针对这两个村产业扶贫上存在的不足提出了相应的建议。

关键词：周家庄村；佛坳村；产业扶贫

一、背景

江西省政府2018年工作计划中指出要坚持精准扶贫、精准脱贫基本方略，时刻牢记2020年确保全省脱贫的目标，坚持精准方略大力推行产业扶贫，深入实施就业扶贫，着力提升健康扶贫，精准落实教育扶贫，扎实推进安居扶贫，筑牢保障扶贫等几大战略。其中对于产业扶贫，该工作计划特别指出以"村有扶贫产业、户有增收门路"为目标，以"有能力的扶起来，扶不了的带起来"为原则，以优势特色产业为依托，以组建合作组织为渠道，以建立利益联结机制为链条，强化长效脱贫根本之策。通过重点推进高标准农田建设、农业结构调整九大工程、发展林下经济六个重点等，结合实施光伏扶贫、电商扶贫、金融扶贫、旅游扶贫等，引导"城归""雁归"人才留乡创业，推进村干部与能人带头领办和村党员主动参与、村民自愿参与、贫困群众统筹参与的"一领办三参与"模式，发展贫困村集体经济，全面提高贫困农户发展产业的组织化程度，完善带贫减贫机制，形成贫困户稳定增收的长效机制。加强扶贫龙头企业的认定和管理工作。强化实施扶贫小额信贷，开展贫困户全面授信评级，实现贫困户"应贷尽贷"。为了深入了解其中产业扶贫的光伏扶贫及企业扶贫，我们于2018年7月9日至7月15日对江西省修水县周家庄村和佛坳村进行了实地考察，初步了解两种不同产业扶贫的现状，特别是光伏产业扶贫和企业扶贫中实施的困难，现对两村的产业扶贫现状进行一个对比的研究，探索产业扶贫新路。

二、现状

修水县是江西省的贫困县，而周家庄村和佛坳村又是该县管辖的两个贫困村。修水县围绕2020年农村人口实现全部脱贫的目标，扎实有效地推进扶贫攻坚工作，而产业扶贫作为扶贫项目中的一项重大扶贫工程，修水县关于产业扶贫又有着本县的一套独特的政策。产业扶贫对有劳动能力的贫困户，主要支持发展特色主导产业，鼓励加入合作组织，推进干部与能人带头领办和村党员主动参与、村民自愿参与、贫困群众统筹参与的"一领办三参与"模式，建立利益联结机制，形成贫困户稳定增收。对无劳动能力的贫困户，主要探索以光伏扶贫、投资入股等为主要形式的资产收益扶贫进行扶持。村级光伏电站有政府投入为主导，产权归村集体，收益通过设置公益岗位扶贫、产业奖补等方式分配。对缺少资金的贫困户实行"扶贫和移民产业信贷通"（扶贫小额信贷）支持政策，县政府给予全额贴息。周家庄村和佛坳村都在大力推进产业扶贫，而周家庄村主要是以光伏扶贫作为其特色的产业，佛坳村则建立了本村特色的主导产业枫露茶叶，以该产业带动全村的脱贫致富。在考察过程中我们发现两村的产业在发展过程中存在一定的困难，现对其进行分析比较，以促进产业扶贫。

周家庄村位于修水县西港镇西北部，全村的传统产业主要是以水稻和光伏产业为主。2017年6月，修水县扶贫和移民办公室投资64万元，在该村建立了光伏电站以光伏产业来带动该村的脱贫，进一步促进该村的发展。2018年7月10日，在村支书的带领下，我们来到了周家庄村六组进一步考察了该村光伏产业基地及其运行状况。据该村的村支书介绍说，本村的光伏电站晴天每天可以发电500度，根据每度电0.8元计算，该村光伏产业一天收入400元，一年的收益除天气等特殊情况外，产业收益10万元左右。该村的光伏产业由政府投资，产权归集体所有，光伏产业的所得收益一部分用于日常开支，另一部分则用于村里发展及其他产业的资助基金。村支书说有了这些钱就可以为村里的发展带来希望，在实地考察该电站的过程当中我们却发现周家庄村的光伏产业的发展仍然存在着以下几个方面的困难。

一是光伏基地的维修问题。村支书告诉我们，去年该村的光伏基地出现了一些状况，需要技术人员来进行维修。可是由于本村并没有配备相关的技术人员，因而维修的速度非常慢，这影响了光伏产业的发展，另外，维修费用达到了几千元，费用全部由本村承担。

二是光伏产业回收慢、收益低，以每度电0.8元来计算，该村的光伏产业一年收益10万元左右。当地政府投资的光伏产业资金为64万元，要真正使投资的资金能够收回来需要7年左右的时间。

三是该村的光伏产业占地面积小，规模也相对较小，一旦市场的需求增加，那么该村的光伏电站可能因无法满足市场需求，面临着被市场淘汰的风险。

四是光伏产业所带来收益归村集体所有，但具体该收益用在哪些地方？用得合不合理？该村并没有明确的公示，也就是说光伏产业所带来的收益使用和分配是不透明的，这些收益是否到了贫困户家中并没有明确合理的办法和保障机制。

虽然该村光伏电站每年收益达10万元左右，但是投资该电站的企业在收益中所占的比重过大，实际上光伏产业用于扶贫收益的资金过少。

总之，周家庄村光伏产业维修不便、收益分配不够规范、用于扶贫收益过少等问题使得该村的产业扶贫仍然任重道远。

佛坳村位于修水县西港镇边区，是全镇最大的一个村。近年来，在全国精准扶贫、乡村振兴战略的号召下，在"党建+党员义务巡查+精准扶贫"的工作项目中，始终坚持以科学发展观为指导，全面落实镇党委、政府的战略部署，坚持以产业兴服务、促脱贫的工作方式，加快发展茶叶、杭母猪、菊花等特色产业，通过"企业基地+农产品"的发展模式增加贫困户的收入，带动全村致富。其中该村的枫露茶叶有限公司是产业扶贫的杰出代表。2018年7

月12日，在佛坳村周书记的带领下，我们一行人有幸参观了产业扶贫企业，位于佛坳村第九组的枫露茶叶有限公司。枫露茶叶有限公司是一家集茶叶种植、收购、加工、销售、品牌管理于一体的九江市龙头农业产业化企业。该公司于2014年正式成立，通过公司自有茶叶种植基地+茶叶专业合作社发展模式，与茶叶大户签订茶叶销售合同并提供无偿技术服务。近年来该村的茶叶产业迅速发展，目前全村茶叶面积达1000余亩，2016年茶叶产量20余吨，产值2000万元。如今枫露茶业有限公司在茶园管理、采摘、加工、销售运输等方面解决了全村剩余劳动力达50余人，人均劳务增收1万元以上，同时40多户种茶户（其中建档立卡的用户15户）年种茶增收2000元以上。2016年有4户共19人增收脱贫。可以说枫露茶叶有限公司是产业扶贫的一个典范，很好地带动了全村脱贫致富之路。在周书记带领下，我们参观了该公司茶叶的生产基地，它是一家集种植、加工、销售于一体的公司。企业将其所得收益的一部分用于企业的发展，另外一部分则用于发放工资以及帮助村里面修建基础设施以造福全村，在参观的过程中我们也发现了该公司的产业发展仍然存在一定的问题。

第一，企业收益虽然高，但是由于企业属于私人所有，企业所有的风险都必须要企业承包人承担，一旦企业发展不慎很容易导致企业的破产。

第二，茶园种植面积虽然大，但用于加工茶叶的机械设备仅有4台，公司的机械设备仍然是传统的茶叶加工设备，设备较为落后、机械化水平不高。在生产的某些环节我们看到仍然存在着手工操作，茶叶加工能力有限，导致茶叶的质量不够稳定，而且茶叶的采摘基本上没有推行机械化，使得茶叶采摘的效率也比较低。

第三，在市场经济条件下一旦茶叶的需求量增多，而该公司的生产加工车间规模又过小，一定时间内无法满足市场的需求。

第四，中国的茶文化历史悠久，目前市场上早已有西湖龙井、安溪铁观音、云南普洱茶等享誉中外的名茶，而枫露茶叶有限公司成立的时间较短，所生产的宁红茶的品牌知名度不高，对于其销售产生一定的影响，不利于其扩展销路。

第五，人才相对匮乏。该公司的生产技术人员较少，没有专门的茶叶人才特别是中高级的专业人才。该公司主要是靠经验组织生产，由老工人、老师傅依据经验进行指导，产品的质量不稳定，无法适应规模生产的需要。

第六，企业的创新能力不足。在参观的过程中，我们发现企业没有设置相应的研发机构，缺乏自我创新能力，茶叶加工技艺无法改进，导致茶树的栽培、病虫的防治等实用技术很难推广，茶叶加工技术含量低。

三、对策建议

周家庄村光伏产业虽然风险较低收益可观，但是其收益的分配及其透明度等方面存在一定的问题；而佛坳村通过茶叶致富这条道路确实取得了可喜的成绩也是产业扶贫的一个成功的典范，但是茶叶的加工、创新等方面仍然有一定的问题。笔者根据两村不同的情况分别对该村不同形式的产业扶贫存在的问题提出个人的一些见解。

首先，针对周家庄村的光伏产业，提出如下建议：

第一，从政策上，国家和政府相关部门应制定相应的针对光伏电站的优惠政策，尤其是针对贫困村的光伏电站维修问题给予一定的优惠，同时对村级光伏电站的改造和升级要给予一定的政策扶持，投入一定的资金帮助以促进村级光伏产业的发展。

第二，村干部尤其是党员要起到带头的作用。大力宣传国家及政府对光伏产业的政策，增强群众的参与意识，让群众意识到保护光伏产业的重要性，自觉地守护本村的光伏电站。

第三，在技术上该村要引进相应的懂光伏产业的技术人员，政府提供相应的优惠政策吸引人才来村里面指导光伏产业的发展，促进产业的专业化发展。

第四，坚持技术创新，增强该村光伏产业的收益。

第五，设立光伏产业收益公开栏。对于光伏产业的每个月的收益都要及时公开。对于该村光伏收益的最终用途，到底为村里干了多少实事都要一一加以说明。

第六，关于收益的分配问题。由村集体进行分配，用于设立公益岗位、公益事业、奖励补助扶贫等。

第七，村干部要及时落实光伏产业的政策，并真正地将其落到实处，达到产业脱贫目的。

针对佛坳村，提出以下对策：

第一，在政策上加大对企业的扶持力度，尤其是资金的投入及技术上的支持，帮助该企业购买新机器以促进企业的发展。同时对于企业的贷款实行相应的优惠政策。在政策上要加强对种植茶叶农户的财政补贴，激发农户种植茶叶的积极性。

第二，企业应该相应地引进先进的机械设备，无论是用于茶叶的生产还是采摘的机械，加速机械设备的更新换代，大力推进机械化，提高茶叶产量，确保茶叶的质量。

第三，企业应该进一步扩大生产规模，加快建设新的生产车间以更好地满足市场的需求。

第四，强化宣传，塑造品牌。品牌是巨大、无形的资产，是产品赢得市场的保证。枫露茶叶有限公司及其茶叶的品牌目前影响力较低，企业要组织各种形式的宣传活动，积极参与各种文化活动、茶博会、展销会，将企业的茶叶推销给市场和消费者，树立品牌形象，提高市场占有率。

第五，在人才培养上，企业自身需要加强对员工的培训，提高员工的生产技能，从而进一步提高工作效率，增加茶叶的产量并提升质量。

第六，政府的相关部门应该要大力发展相关的茶叶专业，培养相关的人才并加强与科研机构及高等院校的合作，培养储备人才。同时，政府应当派出相应的技术人员，对企业实行技术上的指导。

第七，企业要坚持科技创新注重研发，提高茶叶的核心竞争力，这是茶叶现代化的根本保证。不断开发新的品种与技术，并把新的品种、新的技术运用到实践中去，提高茶园的管理水平，增强产业的竞争力。

第八，干部应该起带头作用，引导村民品茶、赏茶、喝茶，营造良好的茶文化氛围。

四、反思

虽然这次调研只有仅仅一周，但在这次的调研活动中我们收获了许多，也明白了自己在此次调研活动中存在的不足。我们班41人在老师、村干部的带领下冒着酷暑深入各村进行调研，了解情况。在这个过程中我们遇到过与村民沟通存在问题（部分村民讲方言我们听不懂）、如何发现及询问村里存在的问题等难题，但我们全体团结一致都一一克服了，最终顺利完成了本次调研活动。然而此次的调研仍然存在一些问题。在访问周家庄村时没有能够具体询问光伏产业是如何运作的，在对佛坳村的枫露茶叶有限公司进行调研时，没有能够询问相关负责人该公司具体的运行方式，不了解茶叶的销路及其收益，产品、技术的更新换代问题也不清楚，而且也没有询问贫困户在该公司收益状况如何、他们的生活是否改善等。总之，在实地调研过程中还缺乏一定的经验，没有能够很好地发现问题的本质，这些都是笔者今后需要学习的地方。

周家庄村、佛坳村公共设施建设调查报告

陈泽娇

摘　要： 为更加深入了解乡村振兴战略，笔者在九江市西港镇进行走访调查。本文首先介绍了周家庄村和佛坳村村情，着力从卫生服务室、道路修建、沟渠建设、生活垃圾处理等方面对周家庄村的公共设施建设进行阐述，从学校修建、垃圾处理、健身器材设施、道路修建等方面对佛坳村的公共设施建设进行说明，最后针对周家庄村和佛坳村的公共设施建设所存在的问题提出了相应的对策。

关键词： 乡村振兴；公共设施；调查

2018年7月9日，我们江西师范大学2015级思政班的全班同学，在老师的带领下，来到了江西省九江市西港镇。在这里，我们得到了西港镇政府的支持与帮助。在老师和相关人员的带领和安排下，我们暂住在西港镇中学。7月10日，我们正式开始到村里调查走访。我们第二组的同学走访了西港镇的周家庄村和佛坳村。笔者主要针对周家庄村和佛坳村的公共基础设施方面进行了调查。

一、周家庄村、佛坳村村情

（一）周家庄村概况以及五年规划

周家庄村位于西港镇西北部，距离西港镇政府6千米，面积约6.5平方千米，东北与溪口镇大坑、下港毗邻，西与马坳镇湖洛村接壤，处三镇交界处，辖15个村民小组，542户，2472人，耕地面积1460亩，其中水田1200亩，小Ⅱ型水库1座，山林面积4700亩，省级公益林3120亩，传统产业以水稻和

蚕桑为主，畜牧业以饲养杭母猪为主，新兴产业以种植油茶、果树、吊瓜为主。现在产业发展势头良好，油茶面积达1200亩，果园面积200亩，两委班子开拓进取，求真务实，一心一意谋发展，全体村民勤劳朴实，锐意进取。周家庄村村风淳朴，村况整洁，村民团结向上，借助"十三五"重点扶贫村这股东风，朝着改善基础设施，扩大农业产业化的农村目标大步前进。

1.修通一座6.5米宽的空心板桥、拉通一千米长8米宽的路基。

2.硬化全长5.7千米，宽6.5米的村级公路。

3.整治农村"六乱"清理垃圾，建立卫生长效机制。

4.争取上面资金，新建村小校舍300平方米。

5.维修山塘5座，完善全村组级公路硬化。

6.修建水圳2000米。

7.引进外资发展综合项目一个"上红水库"。

8.连接第三自来水厂西港饮水工程。

9.建200平方米便民服务中心一栋。

10.发展原有产业，另建100亩果园基地一个。

（二）佛坳村简介

佛坳村位于西港镇西边区，毗邻本镇湾台、西港、周家庄等村。全村面积约为9.3平方千米，是全镇面积最广的一个村，村民居住极为分散，全村共有16个村民小组，一个移民安置点。本村共有村民603户，人口为3170人。耕地面积2886亩，其中水田面积为1986亩，省级公益林4900亩，以水稻和玉米为主要农作物，同时以茶叶、油茶、菊花、油豆腐、杭母猪为主要经济产业。

村民在党和政府的引领下，村民们团结致富。现由本村村民自主创办了全镇第一家枫露茶叶有限公司，第一家梁记油豆腐食品有限公司，第一家绿康万头养殖场。村内现有茶叶基地1000余亩，油茶基地700余亩，带动本地劳动就业150余人。

二、周家庄村、佛坳村公共设施建设情况

（一）周家庄村公共设施建设情况

7月9—11日，我们都在周家庄村活动。10日，村书记带我们参观了村子，大致地了解了村情，11日，我们在村里开始了走访调查。

周家庄村建了一间赣商爱心卫生计生服务室，该服务室由修水县人民政府资助11万元，江西赣商联合总会赣商企业家郑跃文先生捐资5万元，于2016年9月开工建设，2017年5月竣工。服务室里设立了诊疗室、观察室、治疗室、值班室以及药房等科室。该卫生室以新型农村合作医疗管理制度为依据，严格执行规则制度，与私人诊所相比，卫生室不以经济利益为目标，而是以村民健康服务为宗旨。该卫生室还建立了转诊制度，也就是村民在卫生室遇到诊治有困难、卫生室不能准确诊断疾病、诊疗条件欠缺、技术水平不够等情况时，由村卫生室乡村医生填写转移诊单，到乡镇卫生院上级医院专科诊治，将病患的病史，临床检查资料提供给上级医院，如果在上级医院病情好转，可以进行双向转诊。

另外，周家庄村也正在拓宽道路，计划从3米拓宽到6米，我们去村里调查走访时，这项工程还未竣工。道路建设资金由修水县扶贫和移民办公室承担。道路不再是水泥路，而是宽阔而平整的柏油马路。公路是发展经济的动脉，村里公路的建设，有利于促进经济发展，提高农民的生活水平，改善农村的消费。公路进村入户了，村级经济才能组成乡镇区域经济，形成统一的市场。还要建设沟渠，在水沟处用石头加固，在河的两岸建设水圳。防止每年汛期河水上涨，淹没土地、房屋和农田。

11日下午，我们以分组的形式在周家庄村进行了调查走访，调查村民生活垃圾的处理情况。调查发现，村里每家每户门口都会有一个小垃圾桶，而每隔几户人家就会有一个大垃圾桶，会有专门的工作人员收走垃圾。放远望去，村子里很干净，家家户户门前几乎没有垃圾。每户人家门上都贴着垃圾处理责任制，公示本片区域的负责人、运送垃圾的频率。

（二）佛坳村公共设施建设情况

7月12日，我们来到了西港镇佛坳村，村书记向我们介绍了村里的大致情况。村里正在建一所示范小学，一共有5个班，6位老师，135名学生，小学面积约4000平方米。小学目前未完工，位于佛坳村村委会旁边。村示范小学的建立，为村里小孩上学提供了更为便捷的条件。在调查中，笔者询问了村里的两个小学生学校离家里的距离。他们回答说，学校很远，中午没法回家，午饭都只能在学校吃。村示范小学的建立，无疑改善了这种状况，无疑造福了村里的孩子，同时也方便了村民接送小孩上下学。

村书记还提到了垃圾处理的问题，基本上是家家户户都有垃圾桶，村里还建立了保洁机制。平常的生活垃圾倒在垃圾桶里，会有相关人员定时来运走垃圾，每两天一次。通过调查得知，村里的垃圾集中运送到县城处理。村里一共有6个保洁员，每户收取保洁费，一年50元。

另外，村里也在修路，由村民先集资，然后向政府申请资金，再把钱返还给村民。修建公路一共花费204万元。此外，村里的健身器材也是非常齐全，在我们调查走访的过程中，发现村子里每几户人家就有相应的健身器材。

三、周家庄村、佛坳村公共设施建设存在的问题及解决对策

通过调查，我们发现了两个村的一些共同问题，针对这些问题，笔者相应地提出一些建议。

（一）垃圾处理问题

经调查发现，周家庄村和佛坳村的很多村民都很自觉地把生活垃圾倒在垃圾桶里。但是，当垃圾的数量超出了垃圾桶的承载量，而保洁员也没有及时地处理垃圾时，就会出现垃圾桶旁堆满垃圾的现象。甚至有些村民直接把垃圾丢在路边，这严重地影响村容村貌。另外，周家庄村和佛坳村有很多村民饲养了家禽，而放养的家禽会在村里到处游走，随地制造垃圾。同时，在走访过程中，也有村民反映，养殖场会将动物粪便倒入河流中，给下游村民

的生活造成影响。

针对生活垃圾问题，笔者认为需要建立完善的垃圾处理机制。在完善的垃圾处理机制下，保洁员要能够及时处理垃圾，履行自己的职责。在出现垃圾很多的情况下，村民可以通过拨打电话的形式告知保洁员，让保洁员进村运走垃圾。针对家禽粪便垃圾问题，笔者认为村民可以适当圈养家禽。将家禽圈养，给自己以及村民一个干净整洁的生活环境。针对养殖场问题，笔者认为可以与养殖场签订一份协议书。养殖场产生的粪便垃圾实行自己处理的方式，坚决不能直接倒入河流，污染村里的水源。同时也可以建立相应的惩罚制度，若发现养殖场将垃圾倾倒至河里，可对养殖场进行适当的罚款。

（二）村里的健身器材未起到实效性作用

经调查发现，周家庄村和佛坳村村里的健身设施较为完善。但是村里的健身器材很多都锈迹斑斑，并未得到及时和有效的维护。村书记说，这些健身器材是村里的富裕村民为村里提供的。但是由于村里富裕村民常年不在家里，这些健身器材在平时无人管理，村里的健身器材并未起到实效性作用。

针对以上问题，笔者认为村里应该投入一定的人力、物力、财力，加强对村里健身器材等基础设施的管理和维修。定时、及时地维修健身器材，让健身器材保持一个崭新的面孔，以增加村民进行健身锻炼意识。同时，村里也可以适当地对健身加以宣传，让村民了解健身对身体健康的好处。村干部也可以以身作则，带头运动起来，让健身器材真正地发挥它的实效性作用。

西港镇垃圾治理情况调查报告

吴晨辉

摘　要： 乡村振兴战略事关我国长期发展，而其中乡村垃圾治理问题十分紧迫，在对江西省九江市修水县西港镇垃圾治理情况进行调查后，笔者发现当地在取得一定成果的同时还存在一些问题，包括垃圾分类问题、监督体系不到位问题，需要通过推行垃圾分类回收制度、加强垃圾分类宣传教育、完善垃圾治理监督体系来解决。只有妥善解决垃圾治理问题，才能实现生态宜居的目标。

关键词： 垃圾治理；乡村振兴；分类回收

一、调查背景

党的十九大报告提出了乡村振兴战略，这是"五位一体"总体布局在乡村领域的具体落实，是社会主义新农村建设的升级版。党的十九大报告提出："建设生态文明是中华民族永续发展的千年大计。"乡村振兴战略用"生态宜居"替代"村容整洁"，是乡村建设理念的升华，是一种质的提升。2018年2月5日，中共中央办公厅、国务院办公厅印发了《农村人居环境整治三年行动方案》，要求全国各地区各部门都要认真严格地贯彻和执行，方案中表明我国如果要实施好乡村振兴战略的重要任务就是要改善农村的人居环境，建设美丽宜居的乡村，这关系到我国是否能够全面建成小康社会，这也关系到广大农民根本利益，关系到农村社会的文明与和谐。最近几年来，我国各地区各部门也致力于农村环境的整治和改善农村人居环境，认真贯彻了党中央和国务院的决策部署，努力推动农村基础设施和城乡基本公共服务的均等化，在农村生活环境的建设上取得了很大的成效。但是因为我国幅员辽阔，各地区发展不平衡，在农村生活环境的治理上，各个地区还是存在巨大差异，有些地区的"脏乱差"的现象还是比较突出，离我国全面建成小康社会和农民期望还有很大一段距离。其中农村生活垃圾处理问题尤为严重。我国正处于经济社会发展的高速通道中，社会生活也处于急剧转型之中。但是对于生活垃圾的处理，与发达国家相比还存在相当大的差距，广大农村地区垃圾处理也是最近几年才引起重视。据相关资料统计，在我国农村每年的人均垃圾产量接近1吨，总垃圾排放量达到3亿吨。大多数的农村生活垃圾被随意丢弃，这些被随意丢弃的生活垃圾不仅危害了生态环境和人居环境，还增加了疾病和疫情传播的风险，也严重制约了农村的可持续发展。

二、西港镇基本情况及垃圾治理情况

江西省九江市修水县西港镇总面积50.8平方千米，有耕地1.25万亩，全镇人口23000人，人口密度为每平方千米31人，列全县第二，现设10个行政村，126个村民小组。2016年年末有耕地面积12855亩，人均0.52亩，其中水田10200亩、旱地2655亩，以种植水稻、玉米、大豆为主。2015年农业总产值6120万元，占地区生产总值的35.20%。粮食作物以水稻为主。2015年粮食总产量6524吨，粮食总产值1223万元，人均271.8千克，其中稻谷5450吨。主要经济作物有蚕桑、化红、油茶、茶叶、玉米等。桑园面积1200亩，养种量3500张，产茧280吨。畜牧业以生猪为主。2016年生猪饲养量29810头，年末存栏量17800头。林业以松杉、阔叶林乔木为主，2015年有林地面积4.2万亩，活立木积储量1.5万立方米，生产杉木80立方米、毛竹6000根，林业总产值25万元。西港镇有栽桑养蚕、化红种植、豆腐加工、养杭母猪四大特色产业。

西港镇开展了集镇改造提升工程：第一，集镇垃圾清理不留死角，建筑垃圾清理到位。督促居民和商铺定点投放垃圾，划分各家各户责任包干区域，一月一次进行卫生评比检查。合理安排保洁员，定岗定责。科学配置垃圾桶，实行专人指定负责管理。第二，水沟水渠污水清理畅通，水面无漂浮垃圾。可视范围内排水沟、井塅上、水渠水圳（包括小道）清淤排水；官塅大道水沟彻底疏通，环集镇水沟水渠全部纳入清理范围；全镇范围内下水道全部检修、清理一遍，保证畅通无阻；自西港大桥东至罗埗路口路段进行大扫除；全镇范围内垃圾实现日产日清。

西港镇还开设了村庄整治提升工程：第一，前期召开户主会，自筹资金收取全面完成；启动拆旧工作；启动"三清七改"前期工作。第二，开展村庄内部及周边环境卫生大清查，发现存在脏、乱、差现象立即整改，营造良好的生活环境，尽量多配置垃圾桶，注重排水排污设施的建设。

三、西港镇农村生活垃圾处理存在的问题

根据实际的入户调查，西港镇农村生活垃圾处理取得良好成效，每户都配备了一个垃圾桶，村民基本上都会把生活垃圾倒入垃圾桶。垃圾桶会有专人来收，再统一处理。村内也基本没有在道路旁边临时堆放垃圾、房前屋后随意倾倒垃圾及焚烧垃圾的现象。

虽然西港镇农村生活垃圾处理取得良好成效，但也存在一些问题：

第一，垃圾分类问题，每家每户虽然都配备了一个垃圾桶，但居民将所有生活垃圾不加简单分类就全部倒入，一些不可降解的有害垃圾没有被单独处理，这可能会造成比较严重的环境污染。而其中一些可回收的生活垃圾却被白白浪费，导致垃圾治理效率低下。

第二，监督体系不够到位，各村缺乏对于垃圾治理情况的及时监督。在对西港镇下涂家自然村的走访调查中，据当地居民涂先生反应在附近的夏家庄村有一个养猪场将垃圾不加处理直接排放到河流里，对下涂家自然村居民的生活产生较大困扰。但监督体系的不完善，使得这种情况持续了很久却没有得到处理。

四、对策及建议

第一，推行垃圾分类回收制度。当地农村生活垃圾中有着大量可以二次利用的物品，因缺乏有效的回收途径，导致大量资源被白白浪费，垃圾回收效率低下。发达国家的经验告诉我们要想实现垃圾处理科学化必须对垃圾进

行分类，这也是实现垃圾的无害化、减量化、资源化的前提条件。西港镇镇政府要根据当地情况制定统一的垃圾分类标准，并在全镇范围内进行推广。镇政府可以将每户垃圾桶升级为可回收和不可回收两个垃圾桶，并用不同颜色进行区分。政府对每户垃圾分类情况，进行定期检查，对表现优异的给予一定物质奖励。对于不可降解的有害垃圾，如白色塑料、农药瓶等，镇政府可以通过制定换购回收政策，来进行回收。比如，每2斤白色垃圾兑换1袋洗衣粉，农药瓶5个换一块肥皂。通过这些物质措施使村民主动收集有害垃圾，避免此类垃圾被随意丢弃造成二次污染的情况。

第二，加强垃圾分类宣传教育。政府作为当地垃圾治理相关政策的制定者，为了让垃圾分类理念深入村民心中，切实保障相关政策的顺利实施，应该要大力开展宣传，充分利用农村宣传栏、村广播、标语、有线电视等宣传教育阵地，经常地向村民宣传生活垃圾的危害以及垃圾分类知识，激起村民内心的危机意识和环保意识，让村民对垃圾分类不仅要知其然更要知其所以然，明白怎么进行垃圾分类以及为什么进行垃圾分类，让村民能发自内心地接受这种做法并由原先的被动接受转变为主动分类。与此同时还可以把分类教育纳入当地小学的教育体制中去，通过加强学校的分类教育，由小孩影响家长，逐步改变村民的生活垃圾处理方式，养成良好的垃圾分类习惯。镇政府要充分激发村民保护农村环境的热情，动员广大农村居民积极参与到美丽乡村建设中来，让村民爱村如爱家，营造"垃圾分类，从我做起"的新风气。

第三，完善垃圾治理监督体系。首先，要实行互相监督制度，在西港镇几个村之间实行互相监督体系，这样一方面节省人力、物力和时间，另一方面还可以促进各个村之间的交流合作，进行优势互补，极大提高治理效率。镇政府和村民代表可以组成监督队伍，对各村的垃圾治理工作的各个阶段进行全方位监督检查，要做到定期检查和不定期检查相结合。其次，镇政府要建立合适的考核评价体系。在评价体系里应该建立具体的采用打分制的考核项目指标，如组织领导、经费保障、设施建设、收运处理、宣传工作和队伍建设等，对每个小项目进行打分，然后再综合评价。镇政府可对分数较高的村进行宣传与奖励，树立榜样作用。最后，在各个农村的内部也要设立对农村保洁人员工作的考核评价工作，设立专门的负责人每天进行考核与记录，每半个月或者一个月进行总结，对于工作较差的保洁人员在工资收入上进行一定的减少。对于工作较好的保洁人员，可以在工资收入上进行一定的增加，并在总结会上进行表扬，起到激励作用。

修口村精准扶贫实施调查报告

李嘉文

摘　要： 精准扶贫是扶贫开发工作中必须坚持的重点工作。修口村目前享受了一定的政府福利政策以及扶持政策，但是扶贫工作中依然存在一些问题，面临一定的压力，本文就修口村所存在的问题和压力从村民教育、村干部队伍建设、村干部自身素质、工作办法等四个方面提出相应的建议。

关键词： "三农"问题；乡村振兴；精准扶贫

调查时间：2018年7月9日—2018年7月15日
调查地点：江西省九江市修水县西港镇修口村
调查人员：江西师范大学马克思主义学院2015级思想政治教育班

一、修口村现状

修口村位于江西省九江市修水县西港镇，毗邻马祖湖村，是西港镇16个行政村其中之一。全村约有1700名村民，村旁有一条河，村民一般称之为修河。栽桑养蚕、化红种植、豆腐加工、养杭母猪是修口村的四大特色，是一个以传统农耕为主要生产方式的村落。

在修口村申请成为贫困户是需要建档立卡的，只有村民建档立卡才能享受到政府最大的福利政策，村民才能被针对性地进行帮扶，从而提升脱贫的速度与质量。大部分村民的建档立卡是需要进行全部村民的公开选举而不是通过村干部内部讨论决定的。由于村子的地理环境制约与人口数量较少，村民之间对于彼此的经济状况比较了解，因此通过村民选举选出来的贫困户是更为真实的，是最需要帮助的。如果有特别贫困的村民，除了民主投票（以上提到的小组投选）之外，针对这类特别贫困的村民，村支部会开会讨论，直接提名报镇上，然后给予帮助。选出贫困户之后驻村工作队会对其进行一个月三次的对接工作，具体工作内容为下户走访、实地查看、询问基础情况。

修口村虽然是一个非贫困村，但是距离国家所制定的小康标准还是有很大的差距。在国家制定的2020年实现全面小康的目标下，修口村在这半年的时间内也享受到了一定的政府福利政策以及扶持政策。主要有以下几个方面。

（一）低保

低保是居民最低生活保障的简称，即在城市已经建立了国有企业下岗职工基本生活保障、失业保险和城市居民最低生活保障等"三条保障线"制度的基础上，建立实行最低生活保障的制度。修口村共有81人享有低保，按照国家标准每人每月发放255元低保补贴金。

（二）五保

农村五保供养，是中国农村依照《农村五保供养工作条例》规定对丧失劳动能力和生活没有依靠的农民实行五保的一种社会救助制度。修口村的五保老人共有16人，可以大致分为两类。一类老人是修口村村委会将其送至镇上的敬老院进行赡养，对于此类老人修口村每人每月会发放400余元的补助，这类老人在修口村有数十人；另一类是无子女、自己在家、有基本的生存能力的留守老人，对此类老人实行分散供养、村里进行补助，每人每月会有350元左右的补助。

二、工作中的问题

在为期七天的针对修口村的实地调查中，小组成员在学习国家乡村帮扶政策的同时也发现了一些实施工作过程中出现的问题。这些问题是客观的，是不可以忽视的，在一定程度上会影响乡村振兴战略的实施。经过小组成员的讨论与分析，总结的问题以及产生原因如下。

（一）村民

"农村工作难，主要是因为农民的素质问题。"何小满村主任在与小组成员交流中说道。不可否认，因为经济条件的落后、教育条件的缺乏以及时代对人的限制，老一辈农民的道德素质与文化水平相对来说还是普遍偏低的。因此政策在落实的时候这种低素质和低文化水平的不利条件客观上就会在一定程度上成为实施乡村振兴战略的阻力，影响其进度与质量。

很多低保、五保村民拿到补助金之后并不是感激，相反村民会嫌弃金额少，与预想的数额有落差。但是他们不知道的是实际总金额已经不算少了，而村民往往只在意自己手上的补助金数量，这样的因为欠缺整体意识以及长期的独立耕作、自给自足的经济因素所导致的利己主义在农村也是比较常见的。经过交流，笔者从村主任那里得知，一年接受的低保补助金额达到了近25万元；一年接受的五保补助金额也达到了近7万元。这样的补助力度是非常合理的，但是村民的基数大，导致补助金分发之后村民手中的金额相对较少，这其实都是按照国家的标准与政策进行帮扶的，是合情合理的。

修口村有一相当部分的农户的经济水平在贫困线左右，但名额是有限的。由于与其处于同等贫困水平的农户被评上贫困户，这部分没有评上的村民自然就会觉得不公平，怀疑选举过程的透明性、公平性，进而对政策表现出不满与怀疑。这部分贫困村民即使是对村民们自己公开选举产生的贫困户也会有不服气的情绪。例如，在本次的走访调研中笔者遇到两个农民：一个是身患坐股神经痛，却没有被评上贫困户，加上去年修河涨水自家的房子进水，心里更加不平衡；另一个村民自己患病欠外债，但是因有房有车评不了贫困户，村民对此不理解，有不满情绪。这两名村民的不满情绪都是因为只关注自身的条件而不与其他村民做对比。将自身的困难进一步放大，将其他村民的困难进一步缩小，加之并不了解政策的具体内容与扶贫的标准，从而对政策实施过程的无端怀疑造成的。

（二）村里工作者

村干部作为村里各项工作的执行者对于扶贫攻坚工作的完成度有着不可

小觑的作用，在一定程度上可以认为村干部工作的好与坏基本决定了乡村振兴战略的实施效果。在修口村，村干部队伍整体上还是做到了尽心尽责，但是不得不承认少数村干部自身也是有一定的问题的，如果不解决这些自身的问题，毫无疑问会影响乡村振兴战略的实行，从而影响村民们的利益以及整个修口村的发展。

就修口村来说，村干部队伍整体老龄化。要明确的一点是村里的工作不仅需要经验与技术，更需要体能与精力，因此偏于老龄化的干部队伍会在一定程度上影响工作效率与工作质量。以村主任为例，修口村的村主任何小满今年已经59岁了，32年的工龄，按照国家的规定60岁可以退休，但是由于修口村缺乏有能力的年轻干部，何小满村主任很可能会继续连任，鉴于其近60岁的年龄，在未来的工作中何小满村主任则可能会出现工作精力不足、热情不高等现象。像何小满村主任这样的老龄化村干部在修口村还有很多。

修口村大部分的村干部工作是勤勤恳恳、一丝不苟的，但在调查过程中小组成员发现还是存在着少数村干部工作不到位，工作敷衍了事的情况。极少数村干部对村民不够负责，一个月三次的下乡工作只是简简单单的巡视，并没有深入调查了解村民的实际需要。有些村干部自身对于政策也是一知半解，无法很好地回答村民的疑问与顾虑。这部分村干部需要加强责任感、加强自律；同时应该加深对政策的了解，这样他们的工作效率才会有所提高，以进一步推动乡村振兴战略的实施，确保村民享受到国家的福利政策。

三、村里扶贫工作面临的压力

在整个修口村的扶贫工作以及乡村振兴战略的实施工作中，整个村干部队伍还是面临众多阻力与压力的，在交流过程中笔者切实感受了村级工作的不易。这些压力与阻力来自很多个方面，笔者总结为以下四个方面。

（一）国家层面的政策性压力

中共中央向江西省下达了要在2019年实现全面脱贫的目标，也就是说至2019年年底，江西省的建档立卡贫困户必须全部脱贫。但是修口村的现状却不容乐观。在过去的几年中，修口村脱贫速度不断加快：2014年村里脱贫1户，2015年脱贫4户，2016年脱贫7户，2017年脱贫数量增至10户。但是截至2018年，修口村还有40户村民未脱贫。依此推算，修口村在2018年一年中至少要脱贫20户，2019年也必须脱贫20户以上，这样才能顺利完成国家制定的目标，这样的工作压力是非常巨大的。而从往年的经验来看，即使脱贫的速度在不断增长，每年脱贫的户数在不断增加，这依然是非常艰巨的任务。因此笔者担心为"强行"实现指标可能出现"为了脱贫而脱贫"的现象。

（二）村民自身条件限制

修口村的村民目前多为老年人与孩童，因各方面的条件限制，他们的科学文化素质普遍不高，很容易对政策解读不到位甚至歪曲解读。大多数村民对于扶贫工作的成果也不会进行科学的分析与思考，只要没有满足他们自身的需要，就会对扶贫工作的进行无端的质疑与责问。同时，笔者在调查过程中发现村民存在着普遍的利己主义思想，小农经济长期占据修口村主要的生产方式，由此带来的自给自足的生产关系是这种狭隘利己主义产生的主要原因。这些问题都是因为村民自身文化水平不高造成的，这样不仅不利于政策在修口村的实行，长远来看也不利于村子未来的发展。

（三）政策扶持力度不足

由于修口村不是贫困村，政府的福利政策力度相对不足，因此很多村里工作的展开因为缺乏政策支持显得比较吃力。相对于相邻的村子——马祖湖村的政策实施情况而言，修口村的扶持力度明显不足。马祖湖是被评选上的贫困村，并且今年已经成功"摘帽"，但是按照国家的规定一直到2020年每年依然可以发放100多万元的国家补助，而修口村作为非贫困村每年只有10万元的补助。两个村子的扶持力度一经对比已经有了很明显的结果。单单从资金方面来说，政策的倾斜力度不同会直接导致资金投入的不同，资金的缺少则是目前修口村的扶贫工作难以展开的重要原因。

（四）村干部老年化

与修口村的村民老龄化现象相对应，修口村的主要村干部年纪也都比较大了，无论是明年即将退休的村主任，还是村支书，都是鬓角斑白。但由于村中的干部队伍缺乏年轻人，干部队伍的梯队建设比较差，人才候补资源稀缺，导致这些老干部有极大的可能会继续担任村委会的工作。这不仅对老干部的体力以及精力是一个考验，老龄化的干部队伍对于村里工作的开展在一定程度上也会有所影响。村主任有32年工龄，工作态度认真，踏实负责，但是相比于投入的大量精力，村里的工作却收效不大，很大一部分原因是干部队伍无法给予及时的支持与帮助，人力资源配备拖后腿，导致很多事情都是村主任全程操办、亲力亲为的。例如，经过小组成员与村主任的深入交流得知，在前几年有一个村民的儿子被毒蜂叮了，不幸身亡。这件事是村主任忙前忙后、亲力亲为，历经一个月才妥善地帮老人办理了五保。因为缺少行动力强的年轻干部，村主任很多事情都必须全权管理，事无巨细，体力与精力对于近60岁年纪的村主任来说是一个不小的考验。

四、相关的解决建议

在修口村进行的为期七天的调查研究中，笔者认为修口村的整体的发展趋势是上升的。修口村不仅民风淳朴，在经济方面的发展潜力也是巨大的。绝大部分的国家帮扶政策在这个小小村落中得到了很好的实施，不仅是村里的干部队伍有能力有担当，村民积极配合修口村的工作，镇政府也对修口村进行了大力的扶持。但目前来说修口村的工作仍存在着上述一些问题，那么能否有效地提出解决这些问题的方案是能否加速乡村振兴战略实施的关键。笔者从四个问题的角度提出了对应的解决方案。

（一）开展村民教育，提升村民素质

修口村的现在居住的村民大多数为老人与孩童，针对老年人的文化、思想水平普遍不高、孩童受教育时间不足的情况，笔者认为修口村应定时定点对村里的老年人进行集中授课，从而提高村民的文化与思想水平。要

注意的是这样的授课应该采取积极引导、逐步推进的方式，不能操之过急、要求过高、转变过快，否则会产生抵触情绪。以了解扶贫政策的优越性引导村民们自觉地进行教育提高。村干部要对老人进行良好的引导，制定符合修口村实际情况政策，让他们自觉地进行学习，从而帮助他们更好地理解政府的相关政策，正确理解福利制度，从根源上消除村民的不满与抵触情绪。

（二）村干部队伍梯队建设加速

修口村与大多数中国农村一样，村干部队伍出现了老龄化趋势，虽然老年的村干部熟络修口村的各方面的情况从而便于村干部与村民进行交流和开展工作，但也会导致一系列问题。首先，村干部的年纪偏大的话，其体力和精力就不够充沛，在面对大量高强度的工作过程中可能会因为体力、精力问题从而影响效率；其次，老年的村干部与村民过于熟悉，因为一些私人的关系可能工作不好展开，威信程度不够；最后，村里的工作终有一天是要交给年轻干部的，这样的老年干部过多会使得干部队伍断层，没有合理的上升渠道，没有更多的锻炼机会就会导致没有年轻的有能力的干部，从而村委会干部队伍进行接任就会受到大大的阻力，这会导致农村的乡村振兴战略工作无法快速衔接，拖慢进度。

所以增强村干部年轻化的趋势刻不容缓，经过笔者的交流了解，修口村认识到并开始重视这一问题。

（三）村干部自身素质提高

笔者认为一个村子的贫富情况与村干部是否有作为有着直接的联系。修口村的村干部队伍质量在村主任的带领下整体上来说还是比较突出的，工作效率较高，工作质量过硬，但内部还是存在着个别浑水摸鱼的村干部。并且因为种种条件的限制，大多数村干部的自身文化水平其实是有限的，他们所了解的关于乡村振兴战略的内容也只是通过下达的文件，整体上对于国家的乡村振兴战略并不是非常了解，对于很多的时事政治以及国家大政方针并不是太了解，大多数的村干部将自己定位为执行者而不是领导者，因此笔者认为村干部队伍应加强学习，不断丰富对理论和相关热点的理解，找准自己的定位，提升自身的能力，这样才能更好地开展相关工作。

（四）工作方法的改进

任何的工作都必须讲究方法，方法对了就是事半功倍，方法不对路就会事倍功半。由于农村地理环境复杂、人际关系的复杂性、多样性以及发展前景的不稳定性等，村干部队伍在开展工作时必须要采取科学、合理的方法。正确的方法会帮助工作顺利进行，节约人力、物力成本，反之，错误的方法不仅不能帮助工作进行，还会阻碍工作的进行，加重村干部工作的压力与负担。修口村应结合本村的具体情况，从实际出发，发扬实事求是的思想精神，制定相对的适合修口村实际情况的工作开展方法——例如，建档立卡选举，这是建立在修口村的人数不多的基础之上，从而完全可以进行全民投票选举制，在加强公平性的同时进行透明化的选举，既保障了民主，也有利于选出真正的需要补助的贫困户，是一个民主的科学的合理的好方法。扶贫之路与振兴之路都漫长，修口村的村干部要面临的挑战还有很多，要面对的困难也有很多，必须时时刻刻谨记实践是检验真理的唯一标准，制定科学的方法。

五、总结体会

在为期七天的江西省修水县西港镇修口村的调查研究中，在镇里、村里的所见所闻令笔者很有感悟。整个西港镇民风还是十分淳朴的，这里的人生活方式很简单朴素，为数不多的商贩们过着朝九晚五的开门营业的有规律的生活。种地的村民们则在家里跟几个朋友坐一上午聊天，下午结伴去田里务农。我们调查小组这几天的伙食都是当地种植的蔬菜肉类，美味健康。每一天，村民们的欢声笑语都充满了这个不大不小的村落里。

但在这样和谐的表面下仍然暗流涌动，中国农村随着时代的发展正在经历着巨大的变革，前所未有的政府扶持政策正在无时无刻、真真实实地改变着中国的农村和中国农村里的每一位农民的生活。不可否认的是，只要是有政策落实的地方，那么一定有不平等，这种不平等是合理的却又是真实存在的。目前中国依旧有大量的农民，大量的农民中又有相当数量的贫困户，国家政策是帮助这部分农民集体脱贫，因此无法，也不可能顾及每一名村民的实际状况从而进行统一力度的帮扶。资源是有限的，村民的需求是无限的，这是一个永恒的矛盾。矛盾的解决绝不是以平均的分配方式而是以最合理的帮扶为解决方式，从而达到和谐。这次调研让笔者思考最多的不是修口村的发展应当如何进行，因为笔者认为在现在的大环境下农村的发展一定是向前的、积极的，不论速度快慢，农村正在变得文明起来，取而代之的，笔者思考的是关于如何在下发政策的同时更多地保持公平与公正。就笔者调研的两个村子——马祖湖村和修口村来说，马祖湖村是国家评定的贫困村，因此政府的福利政策很好，所获得的资源丰富，整个村子的建设较为快速，村民们的房子基本都装修过，大多数都是新盖的房子，村民的生活水平也得到了很大提升。而修口村作为非贫困村，村民的生活水平至少是居住水平是不如马祖湖村的。

虽然中国的农村相比较城市来说无论是经济方面还是文化教育方面都普遍落后，但贫困村的名额是有限的，相邻数百米的两个村子可能只有一个名额，在一个村子争取到名额之后会在扶持下实现快速发展，另一个村子在相比之下就显得尴尬了。两个村子在评选上贫困户之前可能只是年产出几万元的差距，但是在评选上贫困村之后，福利政策就可以拉开近百万元的差距。对于在一个村子里的个人而言也是这样的，一个村子的村民生活水平在精准扶贫之前大致都是一样的，但是在精准扶贫之后，可能出现生活水平被拉开的情况，之前的"好"变成了"差"，之前的"差"变成了"好"。精准扶贫是一个非常好的政策也是非常有实施必要的，但在中国农村很容易出现"扶了一个倒了一个"的情况。"先富带动后富"，但是在帮贫过程中很可能出现难以区分"富"的情况，政策很有可能难以跟上村民生活水平的变化。

所以笔者认为在关注帮扶的贫困户同时也应注意公平性的问题，小到个人的建档立卡，大到村、镇的扶贫政策的下放，都应该时刻注重公平性，政策的目的是脱贫，但是贫穷与富有一样永远是相对的概念，一定不要导致一方富起来了另一方又相对贫困的局面。马克思的辩证法里的矛盾分析法告诉我们，分析问题不仅仅要抓重点，也要抓两头，重点论与两点论相结合，在运动变化中灵活地去处理事情，才能有效地解决问题。

佛坳村基础设施建设调研报告

欧阳琪

　　摘　要：十九大报告中提出了乡村振兴战略，而生态宜居是关键，乡村基础设施建设是生态宜居的一个重要方面。目前，佛坳村的基础设施建设较为完善，但是依旧存在着一定的问题。垃圾处理的具体实施机制不完善；休闲健身设施存在安全隐患；道路修建缺乏相应的防护设施。本文就佛坳村目前所存在的问题，提出了相应的完善对策。

　　关键词：生态宜居；基础设施建设；问题；对策

　　党的十九大报告中多次提到乡村振兴战略，并将它列为决胜全面建成小康社会需要坚定实施的战略之一。2018年1月2日由新华社授权发布了改革开放以来第20个、21世纪以来第15个指导"三农"工作的中央一号文件——《中共中央国务院关于实施乡村振兴战略的意见》。文件按照产业兴旺、生态宜居、乡风文明、治理有效、生活富裕的总要求，对统筹推进农村经济建设、政治建设、文化建设、社会建设生态文明建设和党的建设作出全面部署。乡村振兴，生态宜居是关键。改善农村人居环境，建设美丽宜居乡村，是实施乡村振兴战略的一项重要任务。建设宜居乡村，改善人居环境，就要完善一系列基础设施建设，治理乡村垃圾、乡村污水，改进乡村规划，加强道路修建。2018年2月5日，由中共中央办公厅、国务院办公厅印发的《农村人居环境整治三年行动方案》正式公布，全国各地就生态宜居展开了工作。为了了解生态宜居成效，我们走进了江西省九江市西港镇的佛坳村，实地调查佛坳村的基础设施建设的情况。

一、佛坳村村情

佛坳村位于西港镇西边区，毗邻本镇湾台、西港、堰上、周家庄等村。全村面积约为9.3平方千米，是全镇版图面积最广的一个村，村民居住极为分散，全村共有16个村民小组，一个移民安置点。本村共有村民603户，人口为3170人，人均纯收入约4500元。拥有耕地面积2886亩，其中水田面积为1986亩；省级公益林4900亩，以水稻和玉米为主要农作物，同时以茶叶、油茶、菊花、油豆腐、杭母猪为主要经济产业。佛坳村村内交通便捷，道路修建、休闲健身设施较为完善，拥有一个较完整的垃圾处理机制，村内村民生活便利。

采取实地走访的方式以调查佛坳村的村情，结合问卷法、访谈法、文献法等方式调查佛坳村基础设施建设的现状，根据回收的数据、访谈所得信息以及实地走访过程中所了解的情况，总结了佛坳村基础设施建设的一些相关问题。针对各种不同的问题，通过网上收集资料、阅读文献，综合村民的想法提出了一些相应的对策。

二、佛坳村基础设施建设现状

佛坳村虽位于西港镇边缘地区，但村内的各项基础设施建设都较为完善。佛坳村有一套较为完善的垃圾处理机制，村内有统一修建的休闲健身设施，有平整的沥青马路。

（一）垃圾处理机制完善

佛坳村有一套完善的垃圾处理机制，机制启动时间极早。村里一共有6个保洁员，负责日常的垃圾处理。在佛坳村里，处理垃圾的工具以及分布在马路沿线的垃圾桶都是由村里统一配备的。佛坳村不仅有一套垃圾处理机制，还有一套完整的户上保洁机制，佛坳村的垃圾处理机制较为完善。

在佛坳村里，垃圾车每两天来一次，在春节假日时，垃圾车运输的频率会增加，每天都有垃圾车来运输垃圾。在平时生活垃圾较多时，村民也可以通过拨打电话的方式让垃圾车来运送垃圾。在田边垃圾的处理上，有的是通过填埋和焚烧的方式来处理，而不能焚烧、不能填埋的田边垃圾则采用同生活垃圾一样的处理方式，用垃圾车运走。据实地调查了解，村里的环境确实不错。在马路沿线，每隔一段距离就有一个大垃圾桶，每几户村民家门前也相应地配备了垃圾桶。在马路沿线的水田、河流、水塘中，很少看到垃圾。有村民说一般不会有人扔垃圾在河里，即使有也会有人去捡。村内的空气质量很好，没有看到焚烧垃圾的迹象。有的村民表示去年上半年还有焚烧垃圾的现象，但是现在由于垃圾桶的配备，焚烧垃圾的现象已经大幅度减少了。佛坳村垃圾桶的配备大大地改善了村里垃圾处理的方式。从整体上看，佛坳村的垃圾处理机制较完善，村内垃圾治理得较好。

（二）休闲健身设施完善

休闲基础设施是农村村民锻炼身体的重要载体，也是衡量农村村民生活质量的重要指标。在佛坳村里，有些村民家里配备有相应的休闲健身设施。据了解，这些健身设施是村里和户主共同建设的。户主让出门前的场地，用于修建健身基础设施，而村里负责出钱投资。同时，在村里的公共场地，村里出资修建了小凉亭、小木桥，以及各类基础设施。有篮球场，有太空漫步机、太极、仰卧起坐架、上肢牵引器、转盘、压腿杠、旋转机等符合儿童、青年、中老年各个年龄段村民健身的相关设施，并具备力量型、休闲型、娱乐型等多种健身方式。这些休闲健身设施是村民休闲时锻炼身体的必要设施，它们的出现，吸引村民进行健身、锻炼，使得健身成为村民日常生活中的一部分。这些休闲健身设施为村民提供了便利的健身条件，在不断提高社区居民身体素质，健身意识的同时，也不断增强了居民的健康意识。从整体上看，这些便利的休闲健身设施较为完善，丰富了村民的生活方式，改善了村民的生活质量。

（三）道路修建完善

佛坳村内的房子分布较为分散，房屋是以组的方式分布的。同一组之间的房子分布在一起，而组与组之间的距离则相距较远。虽然佛坳村的房屋分布较分散，但是道路修建却较为完善。佛坳村里的家家户户之间的连线不是坑坑洼洼泥泞的小路，而是平坦的沥青马路。佛坳村的地势较高，村子里有些组之间水平距离虽近，但相对高度差别很大，有时要翻越一个极高的岭，才能到达另一个组。即使组与组之间的相对高度差别大，但连接它们的依旧是修建得较为平整的沥青路。据了解，佛坳村的道路修建不同于其他地方。佛坳村的道路修建实际上是村里的一个扶贫项目，首先在村里向村民集资，利用集资的钱来修建公路，在修建好公路以后再向上级递交项目。项目递交之后再拨款，最后把上级拨下来的资金分发给村民。如今的佛坳村，村内的道路修建较为完善，交通便利，沥青马路是联系家家户户的纽带。这便捷的交通、平整的沥青马路为村民带来了更舒适的生活，进一步提高了村民的生活质量。

三、佛坳村基础设施建设存在的问题

佛坳村的基础设施建设较为完善，但依旧存在着一些问题。表现在垃圾处理的具体实施机制不完善，休闲健身设施存在着一定的安全隐患，道路修建缺乏相应的防护设施。

（一）垃圾处理的具体实施机制不完善

佛坳村的垃圾处理具体的实施机制不完善，具体表现在垃圾车运输频率低，周期长，处理田间垃圾的方式不合理，不及时、不合理处理粪便垃圾。

1.垃圾车运输频率低，周期长

佛坳村有着一套完善的垃圾处理机制。有统一配备的垃圾桶，有专门的垃圾车负责运输垃圾。垃圾车每两天来运输一次垃圾，在春节假日的时候每天都来。但是在实际的、具体的实施的过程当中，与理论上的垃圾处理机制却存在着一定的差距。佛坳村的一位村民梁先生说："平时，垃圾车一个星期才来一次，垃圾桶少，有时垃圾会倒在垃圾桶旁。"对于垃圾车来运输垃圾的频率，村民的说法不一，有的村民表示垃圾车来的频率很高，有的村民则表示垃圾车许久不来，有时垃圾桶旁会堆满很多的垃圾。据调查，生活垃圾中的厨房垃圾有时会有剩菜剩饭，同时不仅是生活垃圾，还有部分的田间垃圾也都是倒在垃圾桶里统一由垃圾车运走的。若长时间没有垃圾车来运输垃圾的话，厨房垃圾时间间隔久，味道会很重；而过多的垃圾有时会倒在垃圾桶旁影响村容村貌。这在一定程度上会影响村民的生活，不利于提高村民的生活质量。很显然，垃圾车运输频率低、周期长是佛坳村基础设施建设所存在的一个问题，是影响乡村卫生的一个亟待解决的问题。

2. 不合理方式处理田间垃圾

佛坳村拥有耕地面积2886亩，其中水田面积为1986亩，同时还种有玉米、茶叶、油茶、菊花，家家户户的院子里、门前也都或多或少地种了一些青菜、瓜果。这些农作物在佛坳村占据着一席之地，而这些农作物在生长过程中，或多或少地会产生一定的田间垃圾，如稻草、秸秆、杂草枯叶等。而对于处理田间垃圾的方式，村民的说法不一，有的村民表示是扔在垃圾桶里，也有的村民表示是焚烧。

把田间垃圾直接扔在垃圾桶里是浪费资源的表现。实际上，农作物秸秆有诸多用途，可以作饲料、肥料、食用菌培养料和工业原料。同时，焚烧田间垃圾是不恰当的处理方式。实际上，焚烧田间垃圾对环境和人体健康都非常有害。直接在田间焚烧秸秆，会污染环境。农作物秸秆燃烧产生的烟气不仅影响当地居民正常的生产生活，而且会对大气环境造成严重污染。有资料表明，焚烧秸秆时，大气中二氧化硫、二氧化氮、可吸入颗粒物三项污染指数达到高峰值，其中二氧化硫的浓度比平时高出1倍，二氧化氮、可吸入颗粒物的浓度比平时高出3倍，相当于日均浓度的五级水平。当可吸入颗粒物浓度达到一定程度时，人的眼睛、鼻子和咽喉含有黏膜的部分刺激较大，轻则造成咳嗽、胸闷、流泪，严重时可能导致支气管炎发生。焚烧田间垃圾，也会破坏土壤结构，造成耕地质量下降。焚烧秸秆使地面温度急剧升高，能直接烧死、烫死土壤中的有益微生物，影响作物对土壤养分的充分吸收，直接影响农作物的产量和质量，影响农业收益。

3. 不及时、不恰当处理粪便垃圾

佛坳村以油茶、菊花、油豆腐、杭母猪为主要经济产业，其中杭母猪是佛坳村的特色产业之一，杭母猪的市场价格很高。在佛坳村里，有专门的杭母猪养殖场——西港镇绿康万头猪场。根据调查发现，佛坳村不仅有一个大型的养猪场，同时村里的很多村民家里也饲养狗、鸡、鸭、羊、牛、猪等禽畜。

在饲养这些禽畜的过程当中，必然会产生很多的粪便垃圾。若不及时、不恰当处理这些粪便垃圾，就无法营造一个良好的乡村环境，无法实现乡村宜居。据调查，养猪场有自己专门的化粪池，有专门处理粪便的机器，粪便有时候会倒在山上的果林中作为肥料。但是其中有个别村民反映说："附近的养猪场的味道特别重。"在实地的调查过程中发现，养猪场的环境确实不是很好。显然，养猪场在粪便的处理上有待进一步改善。

而村民的禽畜，狗、鸡、鸭、羊、牛、猪等多采取放养方式，而不是圈养。在放养的方式下，会使得村里产生大量的狗粪、鸡粪、鸭粪、羊粪、牛粪、猪粪等。根据调查了解到，佛坳村的禽畜粪便垃圾大多是直接倒在统一的垃圾桶里，然后由垃圾车运走。这些粪便垃圾若没有得到及时、恰当的处理，会影响村容村貌，会影响佛坳村村民的生活。

（二）休闲健身设施存在安全隐患

在地处边缘的佛坳村，村里共同帮助修建的健身基础设施是村里村民主要的休闲健身设施。佛坳村里的休闲健身设施的种类较为齐全，设施也较为完善，场地多。但是却缺乏及时的维修，这对村民的健身锻炼会造成一定的影响，也存在着安全隐患。

大多数村民家门前的健身基础设施多布满锈迹，没有得到及时的维修。太空漫步机、仰卧起坐架、转盘、压腿杠、旋转机等健身器材以及篮球场里的很多篮球筐布满了锈迹。健身器材由于安装时间较长，到处都是锈迹；大部分的健身器材有着不同程度的破损，虽已伤痕累累但却仍在服务。大部分的健身设施没有专人管理，又长期处于闲置；部分健身器材在户外环境下出现生锈或损坏的情况，都没有得到及时的维修和保养。佛坳村的休闲健身设施虽完善，但存在的安全隐患是一个不容小觑的问题。

（三）道路修建缺乏相应的防护设施

佛坳村位于九江市西港镇边缘地区，地势较高。佛坳村村内各组之间相距不远，但地势的高度相差较远。虽然村内交通较便利，组与组之间沥青路修建完整，直通各家各户。村内的道路修建较为完善，但是却存在着安全隐患。

佛坳村的地势高低不平，有时要翻过一个很高的上坡后，又要越过一个较陡的下坡。组与组之间地势相对高度较大，虽有平坦的水泥路，但是却缺乏相应的防护设施。在较陡的上下坡没有护栏，在危险路段没有相应的警示牌，在学校附近的路段没有警示牌。佛坳村里有很多的老人和小孩，而老人和小孩在日常的生活当中避免不了串门、邻里之间的走动。而较陡的上下坡对于老人和小孩而言，如果不小心，很容易发生意外。这种缺乏防护设施的道路，对于老人和小孩来说是有一定的危险系数的，不太安全。因此，佛坳村的道路修建较完善，但是加强防护设施是一个亟待解决的问题。

四、佛坳村基础设施建设的完善对策

就目前佛坳村所存在的垃圾具体实施的处理机制、休闲健身设施、道路防护设施方面所存在的问题，提出的相应的完善对策。

（一）进一步完善垃圾处理机制

由于目前佛坳村在垃圾处理方面的具体的实施机制上依旧存在着一定的问题，要及时处理生活垃圾，加大垃圾车运输频率，合理处理田间垃圾，用于家禽、渔业养殖，及时、恰当处理粪便垃圾，用于农业发展。

1.及时处理生活垃圾，加大垃圾车运输频率

村民每天都会产生一定数量的生活垃圾，虽有统一配置的垃圾桶，但是有时垃圾车的运输频率很低，周期过长。为了提高村民的生活质量，应进一步完善垃圾处理机制，及时处理村民的生活垃圾。加大垃圾车的运输频率，缩短垃圾车的运输周期。同时在一定程度上增加垃圾箱的数量，为村民提供更多的放置生活垃圾的空间，以免垃圾堆在垃圾桶旁边，甚至堆在道路沿

线，影响村容村貌。改善村里的卫生条件，可以为村民营造一个良好的生活环境，建立美丽乡村。

2.合理处理田间垃圾，用于家禽、渔业养殖

佛坳村仍有一部分田间垃圾是焚烧处理的，焚烧处理不利于健康发展。由于科学技术的发展，大部分的田间垃圾都作为废物丢在垃圾桶被垃圾车运走。实际上，田间垃圾是极好的资源。水稻收割后的秸秆晒干后不仅可生火做饭，还可以用于机械化还田，实现变废为宝。这不仅能缓解资源约束、稳定农业生态平衡，还能促进农民增产增收。对秸秆进行综合利用，可以实现可持续发展，有利于保护乡村生态系统。而种植农作物所产生的杂草可以当作饲料，用于喂鱼。合理地处理田间垃圾，用于家禽和渔业的养殖，促进农村的经济发展。合理地处理田间垃圾，用于家禽、渔业养殖，能够保留乡土气息、保存乡村风貌、保护乡村生态系统，实现人与自然和谐共生，让乡村人居环境绿起来、美起来。

3.及时、恰当处理粪便垃圾，用于农业发展

佛坳村里，有时养猪场里的粪便没有得到及时、恰当的处理，因而使得养猪场的臭味会扩散到村民家里，影响村民的生活。因此要及时、恰当地处理猪的粪便。可以选用的生态模式很多，其中"猪—沼—作物"生态农业模式可以在农村中广泛推广。这种方式不仅不会产生过重的臭味，同时也能获得一定的经济利益。沼气池可消化猪的粪便，而产生的沼气可用作生产、生活燃料，同时它的剩余物沼肥又是种植业所需的优质有机肥料。通过"三沼"（沼气、沼渣、沼液）的综合利用，实现农业资源的高效利用和生态环境的改善，提高农产品质量、增加农民收入等目的。在猪粪的应用方面，猪粪渣经分离后拌入草糠充分搅拌，加入菌种发酵，造粒可制成复合有机肥。同时可制成颗粒饲料，作为鱼的好饲料。也可以供花卉、农作物施肥，能改造土壤的有机质。村民饲养的家禽的粪便垃圾加以合理的处理，也可以作为肥料，用于种植农作物，以发展农业。得到及时、恰当处理的粪便垃圾，不仅可以为村民营造良好的生活、居住环境，也可以用于发展农业。

（二）及时、按时维修健身等基础设施建设

佛坳村的很多休闲健身设施锈迹斑斑，没有得到合理的管理和及时的维修，以至于存在着一定的安全隐患。休闲健身设施使用不当或常年无人维修，器材损坏影响正常使用，平时对器材的管理与及时的维修是延长器材使用寿命的保障。器材的使用时间增加，才能更好地利用器材。及时、按时维修休闲健身设施，能够增长器材的使用时间，能够更好地起到良好的锻炼效果。拥有完善的休闲健身器材，并配备有完善的管理、及时的维修，能够让村民拥有更加良好、适宜的生活环境。

（三）加强道路的防护设施建设

佛坳村的地势高低不平，村里的老人和小孩不在少数。而陡峭的上坡、下坡没有相应的防护设施建设，对老人小孩的出行造成一定的安全隐患。加强道路的防护设施建设，在危险路段增加护栏，以保障老人、小孩行走的安全。在靠近危险路段时，增加适当的提醒标志。在较陡的上坡、下坡路段，增加"谨慎慢行"的提示语或醒目的符号，在急剧的转弯地区设置相应的警示牌，提醒路过车辆慢行，以降低危险指数。在靠近学校的路段设置相应的警示牌，以减少危险。拥有平整的道路，并建有齐全的防护设施，能够为村民提供更为安全、便利的生活。

总体上看，佛坳村的基础设施建设较为完善，但依旧存在着一些问题。对于目前所存在的问题，应进一步完善佛坳村的基础设施建设，以实现生态宜居，建设美丽宜居乡村。

佛坳村枫露茶叶产业扶贫调查报告

谢伊女

摘　要： 消除贫困、改善民生、逐步实现共同富裕，确保到 2020 年农村贫困人口实现脱贫，是党中央、国务院作出的重大战略决策，是全面建成小康社会的重大历史任务。如何落实这一战略决策，发挥科技的支撑引领作用，推动产业扶贫，切实增强贫困地区内生发展动力，是当前各级政府面临的重大课题。笔者通过对佛坳村枫露茶叶产业扶贫的相关调查研究，发现其存在运作模式不当、人力资本缺乏、产业"短、小、散"以及内生动力不足等问题，并针对这些问题分别提出了对策建议。

关键词： 产业扶贫；存在问题；对策

一、导言

（一）调研地点及目的

本次调研的目的是考察当前地方精准扶贫的工作在各方面的情况，发现相关问题并总结扶贫经验。主要走访了江西修水县西港镇周家庄村和佛坳村两个行政村，调查对象主要是当地村落的村干部和扶贫工作小组以及当地农民。在西港镇下属的几个村落的调查走访，我们发现，政府的扶贫工作取得了较好成效，但也存在一些问题，主要表现在精准识别、精准帮扶和扶贫效果的认同度不高。而本文主要是从精准扶贫中"产业扶贫"这一扶贫工程来进行相关的探讨，由于调研时间和资料限制，仅以佛坳村枫露茶叶产业扶贫为例。

（二）调查地点情况介绍

西港镇位于修水县域中部，全镇总面积50.8平方千米，有耕地1.28万亩，2008年末全镇人口26569人，列全县第二，现设10个行政村，126个村民小组。西港原设乡管辖，1999年4月经省政府批准，撤乡建镇，定名为西港镇。

佛坳村地处西港镇西部，面积9.3平方公里，辖16个村民小组，人口3170人。佛坳村现有产业为：枫露茶叶有限公司、杭母猪养殖场以及油豆腐加工厂。

二、产业化扶贫的概念

通过发展产业带动贫困地区和贫困农户增收致富这种工作手段从20世纪80年代大规模实施扶贫开发的时候就已经开始出现，但是产业化扶贫这个概念是在2001年《中国农村扶贫开发纲要（2001—2010）》中正式提出来的，国务院扶贫办当时把它作为"一体两翼"（"一体"是指扶贫开发整村推进，"两翼"是指产业化扶贫和劳动力转移培训）扶贫模式中的重要内容。但是，关于产业化扶贫的概念却一直没有一个统一的定义。国内专家学者在研究时给出的定义也不同。有的将产业化扶贫等混同于农业产业化，有的侧重产业发展，轻扶贫带动；有的强调扶贫功能，却又忽略了产业发展的规律。

因此，要准确把握产业化扶贫的概念首先应该分清楚产业化扶贫的内涵和特征。在贫困地区，产业化扶贫首先是一种扶贫的手段，它是通过扶持产业发展来实现贫困地区的经济发展和贫困群众增收致富。但是在这个过程中，同时也要遵循产业发展的客观规律，要以市场为导向，让产业化扶贫的各参与方按市场经济规律办事，实现扶贫产业的可持续发展。

产业化扶贫工作中主要有四个利益相关方：政府、龙头企业、农民专业合作社和贫困户。政府是产业化扶贫的倡导者，负责制定指导政策，提供资金补助，开展工作管理，评估实施效果；龙头企业是产业化扶贫的带动者，负责按照市场规律组织产业发展，实施生产、供应、销售、服务等产业发展各个环节，带动农民专业合作社和贫困户一起参与产业发展并实现增收；农民专业合作社是产业化扶贫的服务者，负责将市场和贫困户联系起来，并做好组织、协调、服务工作；贫困户是产业化扶贫的参与者和受益者，在政府的指导下，在龙头企业的带动下，在农民专业合作社的组织下，参与到产业发展中来，主要负责生产环节。这四个利益相关方，角色和地位不同，作用和参与形式也不同，他们以什么方式参与到产业化扶贫工作当中来，直接影响产业化扶贫的工作效果。产业化扶贫工作要能长久，必须能够满足各方的需求，在各自的利益需求中找到一个平衡点。当然，根据产业选择的不同、产业发展模式的不同和产业发展水平的不同，有的地方产业化扶贫工作中会缺失龙头企业和农民专业合作社这些利益相关方。

产业化扶贫作为中国农村扶贫开发战略体系中的一项重要措施，其内涵是以贫困地区经济发展和贫困农户增收致富为目标，以政府部门的支持为依托，利用贫困地区优势资源，通过发展合作经营或将龙头企业、农民专业合作社与农户家庭通过多种方式联系起来发展生产，提高专业化和规模化经营水平，增强市场竞争能力，提高经济发展水平和扶贫效益的一种扶贫开发方法和手段。

三、佛坳村枫露茶叶有限公司的产业扶贫实施情况

（一）佛坳村枫露茶叶产业扶贫的概况

近年来，佛坳村党支部，结合本村丘陵山地多、有种茶传统等实际，引导村民大力发展茶叶产业脱贫致富。2014年，村党支部积极引导和扶持本村返乡创业青年梁天柱建生态茶园200余亩，建立占地面积3000多平方米并具有国内领先水平红、绿茶加工设备的茶叶加工厂，继而组建"修水县枫露茶叶有限公司"，实现本村茶叶生产加工销售一体化，解决过去茶叶发展"有茶无处卖"的难题。在茶叶发展过程中，梁振潮、梁正明、梁学华等6名党员模范带头建茶园。

枫露茶叶有限公司采取"公司+农户"的运作模式，与茶叶大户订立茶叶销售合同，并提供种苗便利和无偿技术指导服务，使佛坳村茶叶产业得以迅速发展。目前，全村茶叶面积达1000余亩，其中种茶3—50亩的户达40余户，

枫露茶叶有限公司2016年产茶20余吨，产值2000余万元，2017年被评为九江市农业产业化龙头企业。

如今，茶叶已成为佛坳村村民脱贫致富的主导产业，仅枫露茶叶有限公司每年在茶园管理及采摘、加工、销售、运输等方面解决本村剩余劳力50余人，人均年务工增收1.5万元以上，同时，40多户（其中建档立卡贫困户15户）年种茶增收2000元以上，2016年有4户（19人）种茶户增收脱贫。

（二）佛坳村枫露茶叶产业扶贫存在的问题

1."公司+农户"的运作模式的效用和不足

枫露茶叶有限公司采取"公司+农户"的运作模式，这种方式使枫露茶叶有限公司作为龙头企业，运用自身优势把千家万户带向市场，弥补了贫困农户生产规模小且分散、信息渠道缺乏等劣势，实现了产业发展的规模化和市场化。同时，企业也获得了比较可靠、稳定的产品来源，实现了自身的发展壮大。

但是，此种模式下，由于扶贫企业因其各种优势在与农户合作中明显居于主导地位，容易导致两种情形。一是农户对企业的生产经营有较强的依赖性。所以，如若枫露茶叶有限公司出现问题，将极易影响整个扶贫产业和农户利益。二是容易出现企业侵蚀农户利益的现象。比如，当遇到茶叶大量积压而导致市场滞销时，厂家可能压价或毁约，农户的利益得不到保障。

2.科学技术文化低，人力资本缺乏

通过对佛坳村的调查发现，群众的科技文化素质普遍不高，许多群众还是小农经济的思想，对先进的科学生产技术没有能力去接受，并且保持着原先落后的耕作方式进行自我生产、自我销售。虽然枫露茶叶有限公司在一定程度上为农户提供种苗便利和无偿技术指导服务，但是存在技术指导不全面、不透彻的现象。这种现象一方面是因为农户的科学文化素质普遍不高，学习能力不强。另一方面是由于从佛坳村走出去的接受过更高层次教育的寒门子弟不愿意再回到闭塞的山区耕作。这让扶贫工作小组和茶叶扶贫企业开展农业产业扶贫工作受到了一定的阻碍。

3.产业短、小、散，未形成完整产业链

产业是发展的根基、脱贫的主要依托。佛坳村虽然具有资源优势和良好的生态条件，但是茶叶产业规模化程度不高，结构单一，发展活力不强，粗放式资源开发，产品技术含量低，市场竞争力弱，对拉动脱贫能量不足。现有的茶厂与浙江、福建等地相比，其加工设备和工艺科技水平仍存在较大的差距；茶园茶树品种单一，无规范化的无性系良种繁育基地；茶园投入少，分布零散，基础设施薄弱；农民种茶积极性不高，茶园管理粗放，产值低。另外，茶叶加工环节过于简单原始，也未形成集产品加工、包装、销售、茶园休闲旅游于一体的完整产业链。

4.内生动力不足，形不成活力

目前脱贫攻坚工作还存在"上热、中温、下冷"的现象，各级政府、党员、班子成员高度重视；少数部门及驻村工作队员更是将产业扶贫工作等同于一般性的日常工作，工作重心满足于为挂包帮的村争取两个项目，要几万元的工作经费。而部分贫困对象将扶贫攻坚工作理解为以往的政府救助，自身不谋求发展之路，一心只想享受国家救助，致使农业产业扶贫的内生动力不足。枫露茶叶有限公司只是在一定程度上解决了贫困户的短期就业问题，并没有使其产生内生动力。

（三）佛坳村枫露茶叶产业扶贫问题的对策及建议

1."公司+合作社+农户"模式更适合当前背景下的产业扶贫

第一，专业化发展是产业发展的必然选择，只有实现专业化，产业才能做细、做精、做强。在实践中，龙头企业和专业合作社发展是推动产业专业化的两类强大主体。

第二，"公司+合作社+农户"模式效用非常明显，在一定程度上能够克服"公司+农户"模式的缺陷，更有效地推动贫困地区产业发展和贫困农户脱贫致富。

第三，地方政府、龙头企业、农民专业合作社和贫困农户共同参与产业扶贫过程，符合参与式治理多方共同治理的理念。在产业扶贫领域运用参与式治理模型、这已被越来越多的学者认同。因为此种模型下，除了直接帮扶外，政府还通过指导公司和合作社的发展对农户进行间接帮扶，公司、合作社、贫困农户也相应地对政府的行为进行反馈。而且公司、合作社、贫困农户之间都不是单个，孤立的个体，它们每一个主体都和另两个主体存在利益联系，通过共同参与，从而达到共同受益的目的。因此，佛坳村茶叶产业扶贫应改变传统的"公司+农户"的运作模式，建立多方联结效用机制。

2.提高贫困农户科技文化水平，增加人力资本

佛坳村作为贫困地区相对于其他地区而言，在各种教育资源方面都是相对比较欠缺的，无论是义务教育还是专业技术教育等。农业产业扶贫的最终目标是让贫困群众自我发展，自我脱贫。因此，应从以下两个方面进行提高。

（1）提高贫困农户的文化教育水平，吸引大学生返乡创业

要通过教育、文化、观念的改变来实施脱贫，在提高贫困群众的科学文化水平和综合素质的同时继续加强教育服务精准扶贫水平，充分发挥贫困群众的主观能动性，发挥广大基层干部的示范带头作用，积极引导贫困群众摆脱旧观念，接受新思想，丢掉"等、靠、要"的依赖思想，靠自身的辛勤劳动改变贫困落后面貌。另外，政府应制定相关优惠政策吸引接受过更高层次教育的寒门子弟返乡创业和就业。

（2）加大技术培训

首先，要对农户进行实用性的技术培训（如培养茶叶种植、加工技术等），培育新型的职业技术农民，让贫困农民通过自我的技能提升来增加自己的生产效率。其次，要根据高校和农业局的农业技术推广服务对贫困农民加强种植、养殖等农业产业方面的专业培训。最后，在培育新型职业农民的基础上加强茶叶产业扶贫的产业链后续的加工技术培训，提高贫困农户的科学技术水平，增强贫困农户的各方面水平来提升他们的脱贫致富水平。

3.打造完整产业链，实现地区农业产业优化升级

农业产业扶贫是精准扶贫和农业供给侧结构性改革的重要内容，农业产业扶贫的关键在于扶贫产业的选择，要围绕当地的优势资源来打造当地特色

产业，走特色化、品牌化、规模化的扶贫道路。在供给侧结构性改革的大背景下，在农业产业扶贫规划时必须要做到规划先行，并做好全产业链的统筹布局。要重点对扶贫产业的需求和定位进行强化研究，对扶贫产业的定位精准、资金精准、带动精准、实施精准等方面多下功夫，选择对贫困群众带动性强的项目与扶贫产业。在考虑茶叶产业原材料的初始环节基础上，配套建设茶产品深加工和销售等环节，形成有规模、有竞争力的产业链，延长产业链价值，不断推动茶叶产业的第一、二、三产业融合发展，实现可持续脱贫。

4.增强扶贫内生动力，实现精准扶贫

充分发动群众，培养群众自力更生的精神。切实发挥好党的政治优势、宣传优势、组织优势和制度优势，进一步强化政策宣传和舆论引导，充分调动贫困群众的积极性、主动性和创造性，增强贫困群众的主体意识，发挥群众的主体作用，让贫困群众转变"我要脱贫"，牢固树立"脱贫先立志，致富靠自己"的理念，激发群众的内在潜力和主观能动性，靠自力更生改变贫困局面。

周家庄村精准扶贫现状调查报告

廖冬梅

摘　要： 当前我国正处于全面建成小康社会的决胜时期，如期全面建成小康社会，必须全力打好精准扶贫、精准脱贫攻坚战，力争到2020年达到贫困人口全部脱贫、贫困县全部摘帽的目标。本次社会调查深入周家庄村贫困户了解实际情况，以直接探查的形式，将获得的各方面信息整理为文本材料，并且在这个过程中提出自己的所思所想，契合"精准扶贫"的主题，对于周家庄村在实施精准扶贫过程中存在的不足提出了建议。

关键词： 精准扶贫；周家庄村；存在问题；解决措施

2013年11月，习近平总书记到湖南湘西考察时首次作出了"实事求是、因地制宜、分类指导、精准扶贫"的重要指示。2014年3月，习近平总书记参加两会代表团审议时强调，"要实施精准扶贫，瞄准扶贫对象，进行重点施策"，进一步阐释了精准扶贫理念。2015年1月，习近平总书记新年首个调研地点选择了云南，总书记强调"坚决打好扶贫开发攻坚战，加快民族地区经济社会发展"。5个月后，总书记来到与云南毗邻的贵州省，强调要科学谋划好"十三五"时期扶贫开发工作，确保贫困人口到2020年如期脱贫，并提出"扶贫开发贵在精准，重在精准，成败之举在于精准"，"精准扶贫"成为各界热议的关键词。2017年10月，习近平总书记在中国共产党第十九次全国代表大会开幕会上再次提出，要坚决打赢脱贫攻坚战，指出，扶贫开发工作已进入"啃硬骨头、攻坚拔寨"的冲刺期。各级党委和政府必须增强紧迫感和主动性，在扶贫攻坚上进一步理清思路、强化责任，采取力度更大、针对性更强、作用更直接、效果更可持续的措施，特别要在精准扶贫、精准脱贫上下更大功夫。

2018年7月，我们在指导老师的带领下，到江西省九江市修水县西港镇，开展主题为"实施精准扶贫，助力乡村振兴"的社会调查工作。本次社会调查中，笔者和笔者的组员实地深入周家庄村，到户调查该村实施精准扶贫的状况。

一、基本情况和工作成效

（一）基本情况

周家庄村位于西港镇西北部，距离镇政府6千米，面积约6.5平方千米，东北与溪口镇大坑、下港毗邻，西与湖洛村接壤，处三镇交界之处，辖15个村民小组，542户，2472人。贫困户共102户，其中因病致贫的有32户、因残致贫的有12户、因学致贫的有20户、缺技术致贫的有20户、缺劳力致贫的7户、缺资金致贫的有11户。耕地面积1460亩，其中水田1200亩，小Ⅱ型水库1座，山林面积4700亩，省级公益林3120亩，传统产业以水稻和桑蚕为主，畜牧业以饲养杭母猪为主，新兴产业以种植油茶、果树、吊瓜为主。现在产业发展势头良好，油茶面积达1200亩，果园基地面积200亩。

（二）工作成效

1.扶贫攻坚政策保障体系完备

强化政策保障、健全脱贫攻坚支持体系是打好脱贫攻坚战的重要举措。修水县以习近平新时代中国特色社会主义思想为指导，围绕全县脱贫攻坚目标，按照"核心是精准、关键在落实、确保可持续"的要求，出台了一系列脱贫攻坚政策：首先是组织保障，县委县政府成立修水县脱贫攻坚领导小组、修水县脱贫攻坚工作督查推进考核领导小组、修水县扶贫驻村工作领导小组；其次是决策实施，公示出台《修水县2018年脱贫攻坚工作要点》；再次是具体操作，主要出台了县扶贫开发领导小组关于十大扶贫实施方案、《修水县深度贫困村和深度贫困人口脱贫攻坚实施方案》等文件；最后是制度保障，展开为精准识别、精准帮扶、精准退出、资金绩效和责任压实，在这些方面都有严格的政策规定。

2.大力培育富民多元产业，增收途径各具特色

各贫困村坚持把产业扶贫作为贫困群众稳定增收脱贫的重要途径，因地因村制宜确定脱贫致富思路，初步形成各具特色的多元增收产业。周家庄村的特色产业有杭母猪、化红、桑蚕、寿皇菊和光伏产业。经调查发现，周家庄村的产业扶贫政策也进行了对象甄别：对于有劳动能力的贫困户，主要支持发展特色优势主导产业、鼓励加入合作组织，推进村干部与能人带头领办和村党员主动参与、村民自愿参与、贫困群众统筹参与的"一领办三参与"模式，建立利益联结机制，形成贫困户稳定增收长效机制；对于无劳动能力的贫困户，主要探索以光伏扶贫、投资入股为主要形式的资产收益扶贫进行扶持。在多元化产业扶贫政策的支持下，周家庄的贫困户较之前有了更多的增收的途径。

3.基础设施建设逐步完善

坚持把夯实农村基础作为重中之重，积极回应贫困群众需求，整合项目资金，集中力量改善农村生产生活条件，大力推进贫困村水、路、房等基础设施建设，借着"十三五"重点扶贫村这股东风，周家庄村的基础设施建设有了以下发展：一是修通一座6.5米宽的空心板桥、拉通一条一千米长8米宽的路基；二是硬化全长5.7千米，宽6.5米的村级公路；三是整治农村"六乱"清理垃圾；四是争取上面资金，新建村小校舍300平方米；五是维修山塘5座，完善全村组级公路硬化；六是修建水圳2000米；七是连接第三自来水厂西港饮水工程；八是建200平方米便民服务中心一栋。

二、存在问题

本次调查我们重点走访了周家庄村贫困户周衍兵先生家，他们家共5口人，周衍兵是户主，妻子是梁林艳女士，两人育有1个儿子，上有两个老人。他们家的基本情况是：在2015年被确定为建档立卡贫困户，于2017年脱贫，但仍享受政策。他们家的致贫原因是梁林艳女士二级肢体残疾，无劳动力，全家只有一个劳动力，小孩上学，父母年迈多病。家中无人在外务工，家中经济主要靠周衍兵先生在附近工地做零工维持，再加上政府的低保补助。

（一）贫困人口自我发展能力较弱，有返贫风险

我们访问的贫困户周衍兵家，据其妻子梁女士反映，在2009年因病致残后家中欠下较大数额的债款仍然没有还清，家里的主要劳动力是其丈夫，他没有专业的技能，只能在附近工地做一些零散的活，因此抚养全家的压力较大。而且在周家庄村实地走访时我们发现：那些贫困人口中留守老人、肢残智残、重大疾病患者等失能人口居多，脱贫难度较大；有劳动能力的贫困人口则因受教育程度普遍偏低，科技意识不强，生产经营能力较低，缺乏致富能力。经过帮扶和自我努力实现脱贫的人口，也会由于基础不够牢固，贫困人口脱贫抗风险能力弱，很容易出现因病、因灾、因学、因婚丧嫁娶等导致再次返贫。

（二）扶贫产业单薄，增收效益不明显

从资料上看，周家庄村有四种主要产业，分别是化红、杭母猪、桑蚕和寿皇菊，在扶贫对策中，产业脱贫规划最为重要，以产业脱贫实现脱贫是最根本最长远最稳定的。但是经过调研发现，在产业方面，虽然有种类繁多的产业规划，表面上看起来做得热闹，但实际上稳定的、规模较大的、吸纳较多贫困人口的、发展较稳定效益较明显的产业较少。以化红和杭母猪为例，我们发现，化红的种植呈现零散的状态，没有较大规模的种植面积，产业链也比较单薄，只是在收成的时候出售果实作为收益。而且产业管理也比较薄弱，没有为种植户提供定向的市场资源，这就导致化红收成时由于市场信息的不明确，各种植户的产品聚集于一个小市场中，出现供过于求，产品价格达不到预期的情况，使种植户增收减少。杭母猪的养殖也同样如此，经询问，周家庄村没有大型的杭母猪养殖场，都是每家每户圈养少数几头猪，不能形成产业所具有的规模和应达到的效益。

（三）劳动技能培训政策难落实

首先，部分农村劳动力对职业技能培训认识不足，参加培训的积极性不高，还有部分人存有"宁肯苦等，不肯苦干"的"等、靠、要"懒惰思想，宁愿等待就业，也不愿接受培训后再实现就业。以梁女士家为例，当

问及周家庄村是否组织过劳动技能培训时，回答是肯定的，但问及他们家是否有成员参加时，回答却是否定的，原因是他们认为劳动技能培训并不能给他们解决就业问题，对劳动技能培训的信心不足，即使村里为参加劳动技能培训的人提供每人每天几十元的补助，他们也不愿意花费时间或精力去学习，即使去参加了，也只是奔着补助去的，走个过场，却没有真正学到什么。

其次，周家庄村的面积较大，村户比较分散，而劳动技能培训点往往是确定的，距离某些住户较远，而且就时间安排来说，劳动技能培训很难确定一个大家都有空闲参与的时间，因为住户们大多是以种植业为主的，白天的时候需要下田干活，一天下来已经精疲力竭，根本不想去参加培训。

最后，周家庄村劳动力年龄偏大，文化素质偏低，大部分农村劳动力为小学文化程度，培训工作难度大，大部分农村劳动力在技能操作方面还可以基本掌握，但理论考试较难通过。

（四）小额信贷政策难落实

小额信贷是一种以城乡低收入阶层为服务对象的小规模的金融服务方式。小额信贷旨在通过金融服务为贫困农户提供获得自我就业和自我发展的机会。小额信贷政策较难落实的原因主要有两点，一是资金较少，据梁女士反映，他们家收到的扶贫资金是1300元，这笔钱相对来说是比较少的，1300元根本不能用于支持自我就业和自我发展，按梁女士本人的话来说"1300块钱，用来交我家孩子一年的学费都不够"。二是资金使用不正确。获得了政府提供的低利率甚至免利率的资金，这笔钱该怎么用呢？用于投资，该用在哪一方面的理财产品呢？用于发展自己的产业或技术，那又该选择哪一种可以获得良好收益的技术呢？这都是贫困户需要考虑的，由于贫困户对小额信贷的认识不足，缺乏全面的市场信息或投资信息，所以他们不会轻易地使用这笔资金，于是他们选择把这笔资金先放起来，等到了该还款时再还给银行，这就违背了农村精准扶贫中利用小额信贷帮助贫困户发展的初衷了。

三、解决措施

（一）着力提高自我发展能力

脱贫致富的根本途径是增强贫困对象的造血功能。要教育培养贫困群众坚定战胜贫穷、改变落后面貌的信心和决心，克服"等、靠、要"的依赖思想，充分调动他们实现自我脱贫致富的积极性、主动性和创造性，有效激活自我发展内生动力。要统筹考虑健康、教育、技能等层面的长期治本措施，使贫困人口的自我发展能力和可持续发展能力明显提高，最终阻断贫困的代际传递。制订和实施有针对性的就业脱贫和创业脱贫计划，要着力扶志扶智，深入实施"农村劳动力转移培训计划" 乡村旅游创业、农村电子务商等培训项目，提高贫困人口致富能力，力争使每户有劳动能力的家庭都能掌握一项以上的就业技能。

（二）做大做强特色产业，助力农民增收

稳定脱贫和加快致富，关键要靠富民产业的发展。周家庄村较强大的产业是杭母猪和桑蚕，政府应该着力帮扶把这两项特色产业做大做强，并且在这两项产业的基础上延伸产业链条，发展农产品加工行业。加快推进土地流转，着力扶持发展专业合作社、专业种养大户、家庭农场等新型经营主体，培育壮大具有比较优势的增收产业，带动农民收入较快增长。加快发展旅游扶贫、电商扶贫、家庭手工业扶贫等扶贫新业态，积极探索建立促进扶贫对象可持续稳定增收的门路渠道和长效机制，不断增加贫困户的资产性收益，根治贫困人口的脆弱性返贫问题。

（三）加强劳动技能培训宣传

针对农民积极性不强的问题，可以充分利用宣传栏、广播、电视等新闻媒体，通过开展宣传讲座、发放宣传材料、书写固定标语、悬挂横幅等宣传方式进一步加大宣传力度，并通过劳动保障服务站筛查人员，做好培训发动工作，营造浓厚的培训氛围，不断提高广大农村劳动力参加培训的积极性。突出培训重点，提高培训质量，最大限度地培训农村劳动力，提高农村劳动

力技能水平，使农村劳动力能够掌握适应就业的劳动技能。

（四）争取最大额度的信贷资金，培训信贷使用对象

有了比较充足的信贷资金，对于农业发展或自主创业发展都是有利的，因此政府要尽可能为贫困户争取更多的小额信贷资金，帮助贫困户解决资金不足的问题。培训信贷使用对象分为"贷前"培训和"贷后"培训。贷前培训主要是向贫困户宣传一些概念性的问题，并介绍一些值得投资的、稳定性较强、收入前景较好的项目或技术，帮助他们制订较详细的投入计划。贷后培训主要是在贫困户将资金投入某一产业或项目时，要及时为他们提供市场变动的信息，在生产中合理地调动资金，调整自己的生产经营活动。

周家庄村生态环境建设状况调研报告

黄彬娴

摘 要：党的十九大报告中提出了全面建成小康社会，实现"五位一体"的战略布局。位于江西省九江市修水县西港镇的周家庄村积极响应党的路线方针政策，实施乡村振兴战略，全面开展生态环境治理，打造最美乡村，加快公共基础设施建设，落实精准扶贫项目，取得了一定的成效。通过我们在村庄实地调研中，发现不少村民的环境保护意识仍需加强，思想观念需要转变。在牢牢把握党的统一领导下，政府认真贯彻各项政策，加强宣传教育，从而让村民从被动走向主动，自觉地保护我们的美好家园，赢得一个天蓝、地绿、水清的适合人类生存的生态环境。

关键词：生态环境建设；问题；对策

一、导言

（一）调查背景

农业、农村、农民问题是关系国计民生的根本性问题。中国要强，农业必须强；中国要美，农村必须美；中国要富，农民必须富。当前，我国最大的发展不平衡是城乡发展不平衡，最大的发展不充分是农村发展不充分。乡村振兴战略，正是党中央着眼于"两个一百年"奋斗目标导向和农业农村短腿短板的问题导向所作出的战略安排。乡村振兴战略就是要坚持农业农村优先发展，进一步调整理顺工农城乡关系，在要素配置上优先满足，在资源条件上优先保障，在公共服务上优先安排，加快农业农村经济发展，加快补齐农村公共服务、基础设施和信息流通等方面短板，显著缩小城乡差距。

"生态环境建设"是乡村振兴战略中的一个重要组成部分。关系到农民们的切身利益和相应的保障，是我们调研的重点。因而，我们学院组织到九江市修水县西港镇周家庄村进行实地调查。在调查的过程中，我们了解到周家庄村"生态环境建设"取得了一定的成果，但是仍然存在不少薄弱的环节，需要党、政府和人民的共同努力，加强改善，才能打造出一个宜居的美丽乡村。

（二）调查方法和调查过程

我们在学院指导老师的统一带领下，分为两个小组，前往不同的村庄进行深入调研。我们小组首先来到的是西港镇的周家庄村。由于我们是第一次来到这个村庄，对村子里的情况还不太了解。所以先在村干部的带领下，简单熟悉了周家庄村的整体情况和相应的政策，也去参观了当地一些比较有特色的产业如光伏产业等，看了一些扶贫项目（危房改造、异地搬迁等）。我们在熟悉周家庄的情况后，具体开展的调查方法是入户调查，实地访问村民，设计一定的调查问卷，方便我们获得有效的信息。同时，也沿途拍照，对整个村庄的生态环境面貌做了一定的记录。在我们的调查过程中，遇到了一些不同程度的问题和困难。由于城乡差异大，不少年轻劳动力纷纷外出打工，家里只有老人和小孩，留守的村民文化素质不是很高，等等。所以经常碰到没有人在家的情况，或者双方沟通存在障碍，听不懂当地的方言，等等。也会有一些村民含糊其词，不愿意接受我们的访问，对我们所提出的问题通通说"不清楚、不知道"等。虽然我们在调查的过程中遇到这样那样的问题，但是我们都想尽办法克服，耐心倾听村民们的意见和想法，收集到一些很有价值性的内容，对我们的调研起到很有意义的作用。

二、周家庄村基本情况

周家庄村位于西港镇西北部，距镇政府6千米，面积约6.5平方千米，东北与溪回镇大坑、下港相邻，西与马坳镇湖洛村接壤，处三镇交界之处，辖

15个村民小组，542户，2472人，耕地面积1460亩，其中水田1200亩，小Ⅱ型水库1座，山林面积4700亩，省级公益林3120亩，传统产业以水稻和蚕桑为主，畜牧业以饲养杭母猪为主，新兴产业以种植油茶、果树、吊瓜为主。现在产业发展势头良好，油茶面积达1200亩，果园基地面积200亩。两委班子开拓进取，求真务实。一心一意谋发展，村民勤劳朴实，锐意进取。周家庄村村风淳朴，村况整洁，村民团结向上，借助"十三五"重点扶贫村这股东风，朝着改善基础设施，扩大农业产业化的农村目标大步前进。在调查中，我们注意到在村委会的墙上贴着它的五年规划：

1.修通一座6.5米宽的空心板桥、拉通一条一千米长8米宽的路基。

2.硬化全长5.7千米，宽6.5米的村级公路。

3.整治农村"六乱"清理垃圾，建立卫生长效机制。

4.争取上面资金新建村小校舍300平方米。

5.维修山塘5座，完善全村组级公路硬化。

6.修建水圳2000米。

7.长引进外资发展综合项目一个"上红水库"。

8.连接第三自来水厂西港饮水工程。

9.建200平方米便民服务中心一栋。

10.发展原有产业，另建100亩果园基地一个。

周家庄村积极贯彻党中央的政策方针，响应十九大的号召，深入学习"两学一做"精神，打造十大扶贫工程，主要是产业发展扶贫工程、搬迁扶贫工程、就业扶贫工程、危旧房改造扶贫工程、基础设施扶贫工程、村庄整治工程、生态保护扶贫工程、社会保障扶贫工程、教育扶贫工程、健康扶贫工程。周家庄村风景秀美，天蓝水清，生活富裕，生态良好，是党带领人民努力奋斗出来的成果。周家庄村的两委班子成员均能在勤劳致富上起一定的带头作用，能履行自己的工作职责。村党支部的作用发挥较好，该村的支部书记是多年的老书记，在长期的基层党建工作中，积累了丰富的经验，工作方式灵活多样，处事公道，也能充分利用该村的各方面条件，带领群众致富。去年更是办事大胆，在上级的支持下，投资85万元修建了村级水泥公路

6.5千米，受到群众的一致好评，同时也被县委评为2006年先进村级单位，成为西港镇的一块样板。

三、周家庄村生态环境建设存在的问题

我们通过实地走访调查，在与村民的交流中，发现西港镇周家庄村"生态环境建设"虽然取得一定的成效，但是也还存在着一些问题。主要包括以下几个方面。

（一）村民的环保意识仍然欠缺

村民的生态建设、环境保护意识的薄弱是农村生态环境遭到破坏、环境恶化的内在原因。由于在农村经济建设中忽视了对村民的环保教育，虽然人们生活水平得到了很大的提高，但环保意识却依然淡薄，生活中随意乱丢垃圾、废水排放的现象依然屡见不鲜，对环境保护没有任何使命感和责任感。在周家庄村的调查中，我们发现几乎各家各户门前都设有专门的垃圾桶，但是不少村民还是缺乏环保意识，并未做到垃圾入桶。相应的环境保护部门没有做好理论宣传，对村庄的环境问题、村民环保意识不够重视，导致村民环保意识低下，环境污染现象越来越多地影响到人们的生活。

（二）环境保护设施不够健全

作为环境保护的工具，基础设施的建设是否完善决定着环境保护的成效，在过去的时间里，一味追求农村经济的GDP指标，忽视了环境保护基础设施的建设，使得设施建设原本就落后的农村在面对经济发展的"附作物"时显得力不从心、捉襟见肘，生活垃圾无法集中处理只能随意丢放，没有配套的污水处理厂。各种废水也只能排放到河道，久而久之，河水污染，河道堵塞，基础设施的欠缺，已经严重制约着农村环境的改善和村民的身体健康水平。在周家庄的调查中，我们发现村内并没有设置统一的垃圾处理点，而是需要用车拖到镇上集中处理，村内的垃圾处理设施还是不够完善，村民对垃圾集中处理的设施也不清楚。

（三）生态环境保护体制、法制建设不健全

由于中国一直以来存在城乡二元构造，一些问题常常优先思考城市区域，在环境保护方面也是相同。中国农村在环境保护方面还没有一部比较单独的农村环境法律法规，与城市相对完善的环境保护监督管理比较，农村依然是空白。在我们调研的过程中，周家庄村虽然努力推行各项环保措施政策，但是仍然没有相应的法律法规，村民对环境保护没有上升到法律的高度。

四、对策及建议

（一）转变价值观念，提高村民环保意识

农村的发展应该是可持续的发展，因此应当转变当下片面追求经济高增长的观念，注重生态文明建设，以长远发展为目标，把生态建设纳入农村发展计划中来。加大对村民们的环保理论教育以及环境保护宣传力度，当地应建设完善的宣传体系，定期组织普法、讲法活动，鼓励村民因地制宜，自主创新，可以结合实际情况以及当地生态发展的需要，如周家庄村的特色产业（杭母猪、油茶、化红等）积极探索环境保护的措施，发明环境保护技术，在实践中不断增强村民环保的意识。

（二）完善环保设施，创新环境保护技术

财政支持力度不够是我国农村环境保护设施不健全的最根本原因。因此，当地的政府应当给予政策倾向，加大对农村环保基础设施建设的资金投入，在农村设置垃圾回收站并配备专门的垃圾运输车，实现垃圾的分类回收。由村支部牵头成立环保小分队，全部由村民担任队员，并由财政给予适当的补贴，对农村范围内的环保问题进行实时监督与排查。建立污水处理池，实现废水再利用和零污染排放。同时，在农村设立环保创新基金，激励村民们自主研发环保创新技术，逐步实现农村资源的循环利用。

（三）建设相应的生态环境保护责任制

增强对农村生态环境保护工作的领导与协调，进行年度和任期目标管

理。根据当地的状况拟定农村环境质量评价指标系统与考核方法，展开村环境质量考核，考核结果定期公布。乡镇环保机构要建设健全，配备环保专职人员及时传达政策，反馈信息。而对在农村环境保护中做出突出贡献的企业与个人给予表彰与奖励。

综上所述，改善农村生态建设现状主要需要政府的介入，健全相关制度，宣传相关知识，将新农村生态环境建设真正地落实下去。发展农村经济，保护农村环境，这是我国农村发展的客观要求，是我国的国情和农村的环境形势决定的。过去的一些教训告诫我们，在农村经济发展中，如果不注意环境的保护，不及时采取有效措施，经济的发展只是暂时的，若干年以后将会减缓农村经济发展的速度，制约农村经济的持续发展。实践已充分证明，没有一个可供持续利用的农业自然资源，没有一个良好的农村生态环境，就不会有持续发展的现代农业，就不会有持续发展的农村经济，也就没有广大农民真正的小康生活。农村生态环境作为与我们息息相关的基础，我们必须时刻提高保护意识，在不破坏它的基础上发展。从这次调查中，我们发现了一些问题，农村环境对整个生态环境影响甚大，我们必须提高警惕，作出积极的应对措施，提高农村的生态环境，以此提高整个生态环境。不仅如此，这次的调查让笔者明白了只有通过真正的实践才会发现真正存在的问题，才能据此作出好的整治措施或者方法，实践出真知，只有通过了解实际情况才能真正能找到解决的方法。

周家庄村医疗扶贫调查报告

杨逸兰

摘　要：精准扶贫是党和政府当前扶贫工作的一项重要政策，而医疗扶贫是精准扶贫的重要组成部分，是针对因病返贫、因病致贫、"一对一"救助贫困家庭和患者的重点和关键。政府为此采取了多种措施，起到了积极的作用，但也存在医保的范围有限、报销比例偏低、贫困地区财政兜底压力较大、卫生服务所作用有限、家庭医生供不应求等不足。因病致贫和因病返贫成为当前农村贫困的重要原因，成为全面建成小康社会的难点。本调查报告以江西省九江市修水县西港镇周家庄村为例，通过两天的走访，以小窥大，首先，陈述该村村情，其次列出该村医疗扶贫现状及问题，最后总结出相应的对策。

关键词：医疗扶贫；现状；问题；对策

周家庄村位于江西省九江市修水县西港镇西北部，距离镇政府6千米，面积约6.5平方千米，东北与溪口镇大坑、下港毗邻，西与马坳镇湖洛村接壤，处在镇交界之处，辖15个村民小组，542户，2472人，耕地面积约1460亩。传统产业以水稻和蚕桑为主，畜牧业以杭母猪为主，新兴产业以种植油茶、果树、吊瓜为主。现在产业发展势头良好，油茶面积达1200亩，果园基地面积200亩，领导班子开拓进取、全体村民勤劳朴实、锐意进取。如今，村况整治，村名团结向上，借助"十三五"重点扶贫村这股东风，朝着改善基础设施，扩大农业产业化的农村目标大步向前。

一、周家庄村医疗扶贫现状

（一）深入实行兜底保障，减少村民医疗费用

周家庄村实行可报费用2000元兜底，切实减少贫困户的医疗费用，并且所有建档立卡贫困患者住院发生的医疗费用经过基本医疗保险、大病保险、商业补充医疗保险和民政医疗救助报销后，个人自负医保政策范围内医疗费用（含用于抢救必需使用的目录外医疗费用）超过2000元以上部分进行二次补偿，实行兜底保障。同时将建档立卡贫困人员经批准使用的门诊特殊慢性病费用，也纳入二次补偿的保障范围，切实减轻慢性病患者的负担。

（二）贯彻落实"一站式"综合服务

各医疗机构设立"一站式"综合服务窗口，实现基本医疗保险、大病保险、商业补充医疗保险、民政救助和二次补偿五大保障的"一站式"结算，减少办理转换手续等一系列麻烦。

（三）实施先诊疗后付费，减轻患者负担

建档立卡患者到医院住院时，在上交身份证、医保卡、建档立卡贫困户登记证并签署《住院治疗费用结算协议书》后即可住院治疗。结算交费时只需缴纳个人自付部分，其他费用由医院垫付后与相关单位结算。

（四）对生活完全不能自理的建档立卡贫困人员发放困难补贴

据调查周家庄村村委会对生活完全不能自理的建档立卡贫困对象、1级精神病患者和服药没有效果的2级精神病患者且随时需要监护的对象，每年由财政给予2000元的困难补助。

（五）增设爱心卫生服务室以及卫生所

爱心卫生服务室由修水县人民政府出资11万元，江西赣商联合总会赣商企业家郑跃文捐资5万元，于2016年9月开工建设，2017年5月竣工，设备齐全、先进。设有注射室、休息室、值班室、治疗室、观察室、药房，并且给每一位值班医生配备电脑。不仅如此，在周家庄村比较大型的卫生所就达到

了2到3家，并且分散在各个居民聚居地，里面明亮宽敞，挂有执业医师资格证，相比以往，专业化水平得到大大提高。

（六）家庭医生逐渐普及，有效解决老百姓看病难问题

家庭医生的进入加强了常见病、多发病的预防，家庭医生与当地居民建立的契约服务关系有效拉近了医患之间的距离，家庭医生通过对签约居民的定期走访了解居民的健康状况并有针对性地提供健康指导，而居民也可以随时与自己的签约医生进行健康咨询，及时应对可能出现的健康问题，从而将病症控制在初发阶段。通过走访发现周家庄村很多贫苦户家中贴有家庭医生服务协议，并且将医生信息公开，家庭医生除了定期探视以外、还24小时接受电话健康咨询、电话预约出诊、上门诊治常见疾病等。总之，家庭医生服务协议的签订充分保证了农村群众生活中的基本医疗需求，并且得到了当地居民的普遍认可。

二、周家庄村医疗扶贫存在的问题

（一）医保范围有限、报销比例偏低

通过走访发现，周家庄村很大一部分低保户以及五保户的致贫原因为疾病，对于家中经济条件原本就差的居民来说，有的因为一人生病或者多人生病使得原本并不富裕的家庭雪上加霜。还有原本家庭条件可以算得上富裕的村民，由于一场疾病瞬间变成了贫困户，这种现象也是常有发生。即便农村与城居医保合并了，但也存在报销比例过低、自付部分过高、小病容易在高级别医院花费过大等问题。以周家村下涂家自然村涂姓村民为例，其妻黄氏患有乳腺癌，其子患有肝硬化，在2017年上半年涂氏携带其子去往上海某家大型医院诊疗，其间花费2万余元，后期补助到手仅为3000—4000元。

（二）地区财政兜底压力较大

跟随村委书记的路上，书记感叹到村里下发拨款有限，拨款的大部分还在易地搬迁和危房改造上，医疗卫生方面的投入并不大，虽然国家对贫困人口中完全或部分丧失劳动能力的人，由社会保障来兜底，但是由于贫困地区

经济不发达，财政收入有限，兜底压力巨大。

（三）爱心卫生服务所利用度不高

笔者清楚记得参观赣商爱心卫生计生服务室的开放时间为2018年7月10日10点03分，但是在该时间段卫生服务室大门还未开放，也没有任何村民来看病，大门紧闭。上文提到服务室于2016年9月竣工，距今约2年时间，但里面设备十分崭新，而且治疗室的被褥还未套上被单，桌面灰尘较多，因此推断该爱心卫生所应该许久未开放。

（四）家庭医生供不应求，医患比例严重失调

走访发现，大部分农户家中并没有贴上家庭医生服务协议，也没有享受到家庭医生的服务，甚至还不知道村里面已经引入了家庭医生。不仅如此，一个家庭医生往往需要走访几十户人家，这就造成了家庭医生的严重不足，医患比例严重失调。

三、针对周家庄村医疗扶贫提出的措施

（一）扩大医保补助范围，缩短补助发放时间，切实提高医保报销比例

村委会通过精准贫困人口普查，摸清贫困人口家庭情况，分好类别对不同贫困户进行不同层次的补贴，对于极度困难的家庭，应该扩大补助范围，提高补助金额。同时村委会应深入贯彻落实国家医疗扶贫政策，提高办事效率，缩短医保补贴时间，缓解贫困户经济紧张的局面。

（二）充分发展经济，增加乡村财政收入，提高医疗扶贫投入金额

周家庄村特色产品有油茶、油豆腐、化红、杭母猪、菊花等，特色产业还有光伏产业、药材等，但茶油、化红、菊花、药材等种植业规模较小，而且大部分分散种植，因此收益较低。而光伏产业也出现投入成本大，成本回收周期长，维修成本昂贵等问题。因此，应该科学规划乡村经济发展布局，在生产与销售的同时增加商品附加值，鼓励农民积极投身新农村建设，大力发展乡村经济，从而在提高农民收入的同时也提高乡村财政收入，让财政收

入更好地取之于民用之于民。

（三）严格监督机制，坚决抵制面子工程

基于上文对赣商爱心卫生计生服务室的分析，笔者认为应该完善监督机制，不仅要让上层领导监督，更重要的是要动员老百姓一块儿监督，并且对及时发现问题的村民给予一定的奖励，提高村民参与的积极性，让这些医疗卫生设施更好地为老百姓服务。

（四）必须加大人才引入，提高乡村医生待遇，激发更多医生投入医疗扶贫建设

医学毕业生大多不愿意前往乡村就业，因为乡村医疗资源少，农村人口少接触的病例少，不利于个人发展。加上待遇没有大城市那么好，使得医学毕业生都远离乡村。因此针对该问题村委会应该加强乡村医生队伍建设，提升乡村医生整体素质，完善乡村医生的职能定位、晋升制度、薪酬待遇等，将乡村医生这一岗位建设得更具吸引力，这样可以激发更多医生投入医疗扶贫建设中去。

农村精准扶贫驻村工作队的现状调查

方 婷

摘 要：本文旨在通过社会调查研究，采用实地考察、群众访谈和文献研究相结合的方法，深入了解江西省九江市修水县西港镇周家庄村和佛坳村的精准扶贫驻村工作队的现状，对驻村工作队的工作情况进行分析，进而提出相应的措施，从而能够更好地改善驻村工作队的工作，更有针对性地帮助贫困户脱贫。

关键词：农村；精准扶贫；驻村工作队

一、导言

党的十九大以来，全国大力推进贯彻党的十九大精神，以习近平新时代中国特色社会主义思想为指导，认真落实脱贫攻坚决策部署，紧紧围绕统筹推进"五位一体"总体布局和协调推进"四个全面"战略布局，牢固树立和贯彻落实新发展理念，深入实施精准扶贫精准脱贫，以实现贫困人口稳定脱贫为目标，确保贫困村驻村工作队选派精准、帮扶扎实、成效明显、群众满意。近年来，精准扶贫是扶贫开发工作中必须坚持的重点工作，其中驻村工作队则是农村落实精准扶贫政策的重要组织，不仅是上级与农民之间的桥梁，而且还是最能了解农民真实情况的负责人。因此对驻村工作队提出一系列的要求，要求对贫困户要一对一落实扶贫工作责任人，制定任务书，签订责任状，分户建档立卡，分户制订脱贫计划和时间表，提出项目安排和具体措施，确保贫困户按期脱贫。

本文旨在通过社会调查研究，深入了解江西省九江市修水县西港镇周家庄村和佛坳村的驻村工作队的现状，对驻村工作队的情况进行分析，进而提出相应的措施，从而能够更好地改善驻村工作队的工作，更有针对性地帮助贫困户脱贫。更有针对性综合采用实地考察、群众访谈和文献研究相结合的方法，对实地调查的驻村工作队的情况资料进行分析，从而做到发现问题、解决问题。

二、周家庄村和佛坳村精准扶贫的基本概况

（一）周家庄村

周家庄村位于西港镇西北部，传统产业以水稻和蚕桑为主，畜牧业以杭母猪为主，产业发展势头良好，村风淳朴，村况整洁，勤劳向上，借助"十三五"重点扶贫这股东风，朝着改善基础设施、扩大农业产业化的农村目标前进。在周家庄村成立了村扶贫工作室，重点把握扶贫工作，在周家庄村精准扶贫主要有爱心卫生计生服务室、易地扶贫搬迁安置、光伏扶贫；基础设施建设如沟渠、道路、桥梁。在周家庄村中主要的致贫原因如下图所示：

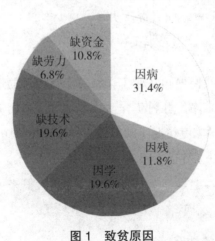

图 1 致贫原因

（二）佛坳村

佛坳村位于西港镇西边，以水稻和玉米为主要农作物，同时以茶叶、油茶、菊花、油豆腐和杭母猪为主要经济产物。其中有51户贫困户，43户低保户，2015年脱贫4户，2016年脱贫7户，2017年脱贫11户。村内有一个移民安

置点。精准扶贫项目主要针对高标准的农业改造、示范小学的建立、组集循环路的完成以及教育扶贫和危房改造等项目。目前动态教育扶贫和产业扶贫正在进行中，例如，学校的环形跑道、特色茶叶产业和养殖场。全村埋头苦干，抢抓机遇，结合当地的有利条件因地制宜，为早日实现脱贫致富，实现全面小康目标而努力奋斗。

三、驻村工作队的基本概况

（一）建设配置规范

根据调查得知，在精准扶贫任务的行政村上，明确分管领导，落实责任部门，选派得力干部组成工作队驻村帮扶。建立村级扶贫工作室，将乡镇领导干部包片、乡镇干部包村、第一书记和驻村工作队驻村、结对帮扶干部包户纳入了扶贫的格局中，着力统筹脱贫工作。这使得驻村工作队配置规范，能够及时将贫困户情况得以上报，让驻村工作队的桥梁作用发挥出来，有针对性地解决贫困户的问题，同时责任明确，减少推卸工作责任问题发生。

（二）对贫困户认知度较好

根据访谈情况，我们得知驻村工作队对于贫困户的情况已基本了解，对于贫困人口的熟悉度较高。驻村工作队人员与贫困户交流频繁，基本上是一月一次，对于贫困户的家庭情况了解得较为详细。相关访谈记录如下：

调查员：驻村帮扶工作队有没有来过您家？

村民：来过，基本上是一个月来一次，今年大概来了六七次。过年过节会送一些东西，油啊，今年端午节还送了一些粽子。

（三）具有清晰的档案管理

根据调查情况，贫困户家中有着详细的档案管理，其中有精准扶贫的明白卡以及驻村帮扶工作组和第一书记的基本信息公示栏。另外档案也清晰公示出扶贫项目补助，如教育补助、医疗补助。这有助于驻村工作队的管理以及贫困户对驻村工作队的监督。

四、驻村工作队存在的问题

（一）存在的关系差异造成帮扶差异

根据访谈可知，驻村工作队人员与当地老百姓之间关系远近不一，当帮扶负责人与某一贫困户关系较好时，则帮扶的地方比其他贫困户更多，关照也更多。相关访谈如下：

调查员：您对驻村工作队的第一书记认识吗？

村民：认识，对他也比较满意，对我们的情况都比较关注，所以说比较满意。

调查员：那您觉得他们来这里帮您，是不是真的起到作用呢？

村民：就是如果这些人跟干部关系比较好的，可能得到的帮助就比较多一些。

（二）帮扶方式多停留在慰问形式

根据访谈可知，驻村工作队虽然与贫困户交流频繁，每月都会来，逢年过节也会送一些礼品给贫困户，但是多停留在一种慰问形式上。并且有些贫困户并不会借此机会反映自己家庭的问题，因为他们认为这样的反映没有作用和意义。

（三）对"开源"重视不够

通过调查研究发现，帮扶人员多是简单地发放补助资金，虽然这种方式是必要的，但是并不能真正帮助贫困户脱贫。一味地发放补助金容易造成贫困户懒惰风气兴起，不去通过自己的劳动发家致富而是等着发钱。帮扶人员更重要的是帮助贫困户通过劳动发家致富，也就是开源，这才能真正帮助贫困户脱贫。

（四）精准扶贫政策宣传不深入

根据访谈可知，驻村工作队对于政策的宣传不够深入，贫困户由于自身知识能力有限，对于精准扶贫的内容并不是完全懂得，在对精准扶贫的项目的理解上造成差异，加上自身存在疑问却未能向帮扶人员反映。这样的做法不仅会影响双方之间的交流以及关系，而且也会使得老百姓对驻村工作队的监督形成障碍，因为老百姓不了解政策就无法真正监督扶贫工作的实施是否符合政策。例如，有户贫困户家中养了小山羊，却没有得到任何产业补助，自身存在疑问却没有反映给帮扶人员，造成贫困户对帮扶人员不理解。

（五）反馈机制单一和匮乏

根据调查研究，贫困户主要接触到的是驻村工作队人员，所反映的问题也直接到达帮扶人员手上，如果贫困户与帮扶人员发生矛盾，则无法真正了解贫困户情况，更不要说达到脱贫目标。其反馈的途径非常的单一，没有一个完善的反馈机制。一旦驻村工作队作为"桥梁"发生了断裂，则无法将脱贫工作真正做到位。

五、对驻村工作队的建议

（一）做到公私分明

在社会交往中无法避免出现人情交往，在帮扶工作中出现关系差异是正常的，那么为了确保公平以及脱贫工作能顺利进行，在帮扶工作中应该做到公私分明，严格按照扶贫标准以及扶贫政策进行扶贫帮助。

（二）深入了解贫困户问题

驻村工作队不仅仅要在形式上做到频繁访问，更重要的是访问的内容要能真正地反映出贫困户的问题。只有对贫困户问题有着详细和明确的了解，才能进一步针对问题做好帮扶工作，加快脱贫工作的完成，同时也能使贫困户生活达到质的改变。而非仅仅停留在慰问形式，使帮扶工作流于形式。

（三）努力开源

为了真正完成脱贫工作，驻村工作队进行资金补助是不够的，更重要的是通过了解贫困户的情况，结合贫困户情况以及村情和国家政策，提出开源手段的相关建议，让贫困户真正通过自己的劳动而发家致富。例如，佛坳村有特色的茶叶产业，能够带动农民的就业，可以对贫困户进行茶叶产业上的就业培训，引导贫困户进行就业发展。

（四）宣传落实各项强农和惠农政策，教育引导贫困村群众转变落后思想观念

要充分考虑到当地老百姓的实际情况，考虑到其知识水平、语言理解能力等，用通俗易懂的方式将政策宣传到位，使得老百姓真正懂得政策的实施。这不仅能够加强老百姓和帮扶人员的交流和沟通，也能加强老百姓对扶贫工作的监督。

（五）建立和完善反馈机制和方式

创立多种反馈方式，加强驻村工作队与老百姓之间的交流，将反馈工作做好，因为只有反馈才能反映出问题，从反馈中不断地改进，扶贫工作不可能一开始做就能做得很好，总是存在一些问题，因此需要不断地反馈，然后完善，再反馈，再完善，这样才能把扶贫工作做好。这是一个发展的过程，因此有必要建立完善的反馈机制。再加上反馈方式的单一，若是出现断接，这会很容易影响扶贫工作的进行。

马祖湖村精准扶贫情况实地调查报告

陈 卓

摘 要： 自党的十八大以来，以习近平同志为核心的党中央高度重视脱贫攻坚工作。在社会主要矛盾发生变化，新时代发展持续增力的背景下，如期完成精准扶贫任务显得更为突出和重要。习近平总书记在河北省阜平县考察扶贫开发工作时指出，推进扶贫开发、推动经济社会发展，首先要有一个好思路，好路子。基于此，精准扶贫方略应运而生。对于一个国家而言，重视基层精准扶贫实施的方式和情况才能保证在全面建成小康社会中稳步前行。

关键词： 精准扶贫；基层；小康社会

一、前言

自党的十八大以来，以习近平同志为核心的党中央，把脱贫攻坚任务摆在治国理政工作中的重要位置，以"六个精准""五个一批""四个问题"为核心内容的习近平精准扶贫思想对提升我国乃至世界贫困治理能力都具有十分重要的战略意义。精准扶贫政策重在"精"和"准"，单单依靠政策制导远远不够，精准落实才是关键。这就要求当地政府、基层工作人员必须要结合乡情村情制订切实可行的扶贫方案，以确保政策的"精准落地"，从而确保精准扶贫进入深水期后的每一步都踩在坚实的土地上，取得应有的效果。

二、基层政策实施基本情况

2016年5月，中共江西省委办公厅、江西省政府办公厅印发了《关于打赢脱贫攻坚战的实施意见》，修水县县委、县政府由此成立了修水县脱贫攻坚领导小组，并依据修水县的乡镇情况适时制发了关于十大扶贫的实施方案，以求在精准识别、精准帮扶、精准退出、资金绩效、责任压实及考核问责六个方面形成完善的制度保障。在精准识别方面，县委、县政府要求各下辖村镇执行"七步程序法"的识别程序，并依据人口自然变化等数据实行动态管理；在精准管理方面，形成政府、行业、社会齐抓共管合力攻坚的大扶贫格局，在此基础上修水县还统筹执行了定点单位帮扶、党员干部结对帮扶、工作队驻村帮扶等县一级政策；在精准施策方面，根据致贫原因，实行分类指导，精准施策，发展生产脱贫一批，易地搬迁脱贫一批，生态补偿脱贫一批，发展教育脱贫一批，社会保障兜底一批；在精准长效方面，着力通过激发内生动力和发展集体经济的方式巩固发展脱贫成果。

马祖湖村位于西港镇的西南部4千米处，共有10个村小组，由修水县党委统战部、九江市邮政公司定点帮扶，属于脱贫工作示范村。截至实地走访时，马祖湖村共有精准贫困户43户，计162人。根据《马祖湖村2018年度工作计划》，在2018年马祖湖村拟达到村贫困人口人均收入增幅达到或超过国家脱贫标准。在经济发展方面，马祖湖村的经济支柱产业以第一产业为主，无畜牧业，主要的农作物为皇菊、蚕桑等，日前为提高生态农业发展成立了修水县西港镇马祖湖村水果种植专业合作社，拥有面积105亩，有花红、柚子、文旦等品种；在社会生活方面，马祖湖村的人均年龄大于40岁，青壮年倾向于去往城镇从事劳动密集型产业，人口结构老龄化现象严重，常住村民整体文化程度偏低。在致贫原因上，因病、因残（丧失劳动力）致贫为主，其次为因学、缺乏技术等原因致贫。

（一）精准识别

马祖湖村在精准识别上，以村民委员会为牵头核心，主要经过公开报名、资格公示、村民小组评议确定初选名单、公布初选名单并公示、上级人民政府审核确定、县级有关部门审核复审、建档立卡并在村内公示等七个流程。

马祖湖村对精准识别中可能出现的六种情形进行了从严确定，具体如下：

1.在集镇、县城或其他城区购买或建造商品房、商铺、地皮等房产或装修豪华的房户；

2.拥有家用汽车、大型农用车等的农户；

3.家庭成员有私营企业主，或长期从事各类工程承包、发包等营利性活动的，长期雇用他人从事生产活动的；

4.人户分离的农户；

5.家庭成员中有自费出国留学的情况；

6.因赌博、吸毒、打架斗殴等被公安机关处理且不知悔改。

对精准识别中可能出现的四种情形进行了仔细甄别，具体如下：

1.现家庭成员中有担任村委会成员的农户；

2.现家庭成员中有在国家机关、事业单位、国有企业等工资相对稳定的单位工作的农户；

3.自费购买商业养老保险的农户；

4.对举报或质疑不能提出合理解释的农户。

经过调研走访，在实际的执行过程中，马祖湖村对于从严的六种情形执行到位，对因赌博、思想不积极等致贫原因进行了严格把关并通过村民评议的方式对此类农户进行排除，以确保政策的合理执行。此外在应当仔细甄别的四种情形中，马祖湖村通常采用利害关系人回避的处理措施。

（二）精准帮扶

经调研小组走访发现，马祖湖村扶贫办公室建档立案完善，从识别阶段到退出阶段的各类资料和原始材料保存翔实，可以完整复原精准扶贫的各个过程，符合县委、县政府关于建档立卡的工作要求。在扶贫举措方面，马祖湖村通过以下多种途径并举。

1.产业扶贫

对有劳动力的贫困户，通过大力发展特色产业和鼓励其加入合作社的形式进行帮扶。对于没有劳动力的贫困户，则更倾向于通过探索投资入股等资产收益途径进行扶持；对缺少资金的贫困户，则通过小额贴息贷款进行补助；对种植特定农业作物的农户按亩进行直接补助。

2.就业扶贫

马祖湖村预备建立扶贫车间、交通费用补助、生活费用补助、创业补助、求职和社保补助等多种形式进行扶持。

3.易地搬迁扶贫

对深度贫困区域农户实行易地搬迁并做好后续安置工作。

4.社会生活扶贫

即教育扶贫、健康扶贫、最低生活保障制度等。

（三）精准退出

马祖湖村的扶贫以贫困户为单位，精准退出也同样以贫困户为单位，主要衡量指标为每户年均可支配收入稳定超过国家贫困标准，吃穿不愁，义务教育、基本医疗及住房安全有保障（即"两不愁、三保障"）。值得一提的是，为坚持正向激励，贫困户退出后仍然可以享受各级扶贫政策和待遇，直至2020年才会停止帮扶。

三、基层政策实施难题及反思

（一）产业扶贫粗放化，存在信贷隐患风险

单就资产收益分红容易滋生无劳动力农户的惰性，不利于激发其脱贫的主观动力，极易存在农户安于现状、坐吃山空的消极现象。个人认为，应当转变思维，使无劳动力农户不但可以进行资本参与，同时可以出"智"，即通过组织贫困农户参与管理、参与规划讨论或视其劳动力丧失情况安排不同类型的轻劳动，以便多项举措稳定支持无劳动力农户实现脱贫。

通过调查得知，马祖湖村于2017年通过公开招标的方式修建光伏发电站，所有权属于村集体，但依然存在相关管理工作和劳动力雇用情况不明朗、不明确的现象。同时，单纯无抵押的放贷形式和不同村集体共同开展产业项目合作均可能存在一定的信贷失信风险甚至亏损的情况，这就需要对村集体项目风险控制问题进行明确分级和建立完善的风险补偿机制和预防机制。

（二）教育扶贫覆盖不全面

根据马祖湖村的情况，外出打工的青壮年劳动力居多，不少儿童跟随打工的青壮年劳动力一同到其父母打工市县就读，根据马祖湖村的实际情况，对于在修水县外就读的学生，义务教育阶段由户籍所在地乡镇政府发函至其学籍所在地教育部门给予资助，但此种形式无法做到完全有效覆盖，部分地区教育部门对外来函信流于应付，从而导致在资助政策上效果欠佳。个人认为，可以比照县内义务教育资助的实际情况，按合理标准直发补助，这也要求相关人员加强对不同情况、不同人员的甄别，视情况进行区分并划定标准进行帮扶。

（三）健康扶贫推进难

因病致贫是致贫原因中的主要原因。据调查，在二次补偿后，因病致残个人的医保报销水平一年最多不超过2000元。可是，贫困人口往往对于负担生计压力较大，在同时面临生活压力以及身患大病或特殊慢性病的窘境时，难免会陷入生计和治疗境遇上的两难。因此对于贫困农户的报销比例应当视情况合理提升；依据致病类型，严格区分并确保真正达到最低生活保障。

周家庄村贫困户致贫原因调查报告

潘天樱

摘　要：实施精准扶贫，只有先搞清楚致贫原因，才能对症下药，施治扶贫对策。因此，分析贫困户的致贫原因极为重要。每个贫困户的致贫原因存在个体差异，但是处于同一地区的贫困户又可能有导致贫困的共因存在，消除致贫的共因，可以为这一地区各贫困户制定更具针对性的扶贫对策提供便利。本文以江西九江修水县西港镇周家庄村作为调查地点，阐述了该村贫困户的主要致贫原因，并依据调查情况分析了周家庄村贫困户致贫的共因，在发现问题的基础上从镇政府、贫困户以及社会企业三个层面提出了扶贫对策和建议。

关键词：精准扶贫；致贫共因；扶贫对策

一、引言

贫困是一个世界性的问题，作为当今世界最尖锐的社会问题之一，由它引发的其他社会问题数不胜数，一直受到国际社会的广泛关注。我国是一个仍处于社会主义初级阶段的发展中国家，在我国贫困问题长期存在。尽管在持续的扶贫工作中，特别是党的十八大以来把扶贫开发工作放在突出位置，实施精准扶贫，使得经济发展不断上行向好，贫困人口也大幅减少，扶贫工作取得了巨大成效，但是又必须清楚认识到当前的形势，即贫困问题依然是全面建成小康社会的"拦路虎"，解决贫困问题依然是全面建成小康社会最艰巨的任务。为了扶贫工作的良好进行，2013年11月习近平总书记在湘西考察时首次提出了"精准扶贫"的概念，此后陆续提出建立精准扶贫工作机制和精准扶贫要求。党的十九大更是指出要积极动员全党全国全社会力量，打赢脱贫攻坚战，确保到2020年我国农村人口实现脱贫，扶贫对象可以实现"不愁吃、不愁穿，基础教育、基本医疗、安全住房有保障"的"两不愁、三保障"目标。另外，解决区域性整体贫困，实现贫困县全部摘帽，真正做到脱真贫、真脱贫。要发挥中国共产党的领导核心作用，消除贫困，改善民生，逐步实现共同富裕。

二、周家庄村贫困人口致贫原因分析

2018年7月中上旬，2015级思想政治教育班学生在江西九江修水县西港镇周家庄村进行了"精准扶贫"情况实地调查，周家庄村共有村民542户，其中贫困户有102户，经调查主要致贫原因有：因病32户，占31.4%；因残12户，占11.8%；因学20户，占19.6%；缺技术20户，占19.6%；缺劳力7户，占6.8%；缺资金11户，占10.8%。根据问卷调查情况可知，周家庄村被调查的农村困难家庭中，贫困家庭主要面临六大困难：即家庭成员患重大疾病负担重、家庭成员发生意外事故致残（需要长期照料）、子女教育负担重、家庭主要成员缺乏劳动技能、部分家庭缺少劳动力、缺少资金。通过进一步分析发现这些致贫原因可归于某些共同因素，有以下三点。

（一）外通道路狭窄，物流交通滞后

周家庄村位于西港镇的西北部，距离镇政府6千米，与较繁荣的镇中心相近，而且周家庄村东北方向与溪口镇大坑、下港毗邻，西与马坳镇湖洛村接壤，处三镇交界处，可以说地理位置优越。但是周家庄村没有利用好这一天然优势，多年来，村民依赖那条狭窄的机耕道作为外通道路和外界联系，滞后的物流交通严重制约了该村的经济发展，是导致该村贫困户贫困的共因之一。第一，外通道路的狭窄实际上对进出村的车辆进行了"筛选"，中大型的货车很难在这样的村路里通行，而且即便是家用小轿车的进出也很艰难。特别是遇上对头车的时候，必须有一方退让以便另一方先通行，这样极易造成车辆的长时间堵塞，严重浪费了时间，降低了效率，某种程度上也制约了资源的合理流动和有效配置，如社会外界资金投入概率小，技术流通渠道不畅等。第二，道路狭窄导致市场发育不足，难以与外部市场融合。周家庄村畜

牧业以饲养杭母猪为主，种植业以种植油茶、果树、吊瓜为主，在发展种植业、养殖业等产业时，交通运输成本较高，收购商进入成本也高，进而影响了该村产业的竞争力。另外作为买的一方来看，购买商品，建造房屋等成本也较高，加重了周家庄村村民的生活负担。第三，村子里许多道路坡陡弯急，路面坑坑洼洼，车辆行驶不畅，整体通行能力差。道路的不齐整不但会对村容村貌减分，还不利于村民在村里的走动，会带来一定的安全隐患。此外，道路修建不足，或是修建质量较差也是制约发展的一个重要因素，在一定程度上也阻碍了周家庄村部分贫困户的劳动力外出务工。在今天非农收入日益成为村民家庭主要收入来源的现状下，外出务工的比例数无形在村庄的发展中起着重要作用。都说"要想富，先修路"，可见道路对于经济发展的重要性。

（二）基础设施落后，不能满足需求

基础设施是一个地区发展的基本条件。在实地走访中，我们发现周家庄村的基础设施较为落后，不能够满足村民们的实际需求，是导致贫困户贫困的又一个共因。具体有以下几个方面：首先，在调查中有村民反映村里的健身设施不足，即缺少村民锻炼身体的场所和器材设备，实际看来确实如此，而且周家庄村政府缺乏对健身设施的统筹规划与科学管理，出现了建设成本加大但是建设质量却不高的问题，新修的又破损，投资效率明显比较低。其次，村里的沟渠中建造了石头阻隔，沟渠里的水无法正常流到农田里，致使庄稼缺水，影响了农民的农作，给农业带来了不便。再次，就是周家庄村里之前的卫生所极少，新建的卫生所还未正式运行，在参观了新卫生所的设施后，值得肯定的是部门设置比较全面，各种设备也相对齐全，但受条件限制，还是存在设备、技术落后，医务人员业务素质不高，服务水平较低等问题，因而不能满足广大群众治病健康的需要，对于突发的公共卫生事件应急处理能力弱，只能处理诸如感冒、发烧等小病，医治重大疾病或救治慢性病则较难。最后，在教育设施上，周家庄村的村小学也相对不足，规模小、校舍破旧、教学设施不完善、仪器不完备、运动场小等是村小学比较重要的亟须改进的方面。教育是改变贫困最有效的手段。习近平总书记指出："扶贫必扶智，让贫困地区的孩子们接受良好教育，是扶贫开发的重要任务，也是阻断贫困代际传递的重要途径。"总之，贫困根在教育，脱贫重在教育，因而决定了教育在扶贫工作中的重要地位，搞好教育的基础设施工作必定要重视起来。

（三）人力资本不足导致贫困的长期性

人力资本是指通过教育、培训、保健、劳动力迁移、就业信息等获得的凝结在劳动者身上的技能、学识、健康状况和水平的总和。人作为财富的创造者和经济活动的主体，其素质和蕴含的人力资本内容在经济发展进程中发挥了极大的作用。但是，在一些农村，普遍的村民的人力资本比较薄弱。例如、总体的受教育水平低，使得他们文化水平、学识不高，因而只能从事体力劳动工作，长期进行体力劳动，日积月累带给他们身体这样或那样的毛病，健康水平较低，严重影响了他们的劳动期限和日常生产生活。同时低水平的收入、支付能力与村里较差的医疗条件使得他们在健康恶化之后处于丧失劳动能力状况下收入更少，贫困加剧，造成了因病致贫的恶性循环，这是人力资本中健康资本不足导致长期贫困的原因。另外大部分村民都未接受过专业的技术技能培训，比如说在周家庄村进行的关于精准扶贫问卷调查中的就业指导、劳动技能培训这块内容的填答情况为：收到的所有填答都是从来没有参加过劳动力就业培训。这一技能培训的缺失将影响村里村民的就业竞争力，同时他们获取、吸收知识能力的匮乏对于新观念的接受程度也一定不会高，甚至可能会影响一个地区政策方针的执行，这是人力资本中观念落后造成的长期贫困。这些人力资本的缺失和不足都直接或间接成为这些地区部分人民贫困的共因。

三、基于致贫共因分析的对策建议

（一）乡镇政府方面

首先，政府要加大投入，完善交通设施建设。通过建设农村公路畅通工程以扩宽并硬化村级公路，形成较大空间的交通路网，利用优越的地理位置和改进的交通条件带动周家庄村养猪业、种植业等产业的经济辐射，充分发挥好当地产业资源优势，外售本地产业生产加工的产品，作出特色，将其转换为经济效益，促进这一地区的发展。另外交通设施的完善不仅能使人员、车辆、资金进出更便利，加快资源的流动和有效配置，还能构建互通多元的信息网，新颖的经济发展观念能及时传递过来，在吸引各种外商往村内投资的同时，当地人也能更多地走出去，便捷的交通为外出务工创造了良好的条件。

其次，镇政府要投入一定的资金完善村内基础设施，满足村民的生产生活。周家庄村有15个村民小组，有些是集中在一起，但很多组都是分散在村里，彼此间相距较远，可在各个村民集中居住地选购相当大小的空地修建健康设施供村民在日常生活中锻炼身体。据调查，该村的102户贫困户中有将近5成的家庭的致贫原因是疾病或主要劳动力残疾，较差的医疗卫生条件不能满足村民的需要，因而完善医疗卫生设施也是必需的，尽快开放新建的卫生院，与当地县、镇上具有相当规模的医院签订互助协约，让专家能轮流驻村卫生院坐诊，为村民请来业务素质高的医护人员；还有投入资金去完善医疗设施，改善村卫生院环境，等等，为村民提供优质服务。在教育上，要贯彻强调"扶贫必扶智"的理念，建设新的村小学，吸纳人才建设一支强而有力的师资队伍，从娃娃抓起重视文化素质教育，增强这一地区的内生发展动力。当然，基础设施不是建设好就可以了，为了更好地促进生产和村民的生活要再建立长效管护机制，对属于村里的公共设施定期维护管理并呼吁村民们共同保护这些基础设施，为早日脱贫建设良好基础环境。

再次，改变周家庄村部分村民因缺乏一定劳动技能而长期处于贫困的现状，镇政府应为他们提供农业技能培训、养殖技术培训等劳动力就业培训，通过这种短期教育培训使村民掌握一定技术，提高劳动力素质，并且增强自己的就业信心，从而提高就业的竞争力和成功率。这样不仅能培养实用的劳动力来助力本地的产业发展、提高经济效益，还能使外出务工人员掌握实际操作能力，实现自我脱贫，从源头上改变部分贫困家庭长期贫困的困境，推动精准扶贫战略的实施进程和最终实现预期的良性效果。

最后，现代社会企业普遍具有丰厚的资金、一定的人才和技术，乡镇政府应重视并积极引导和动员社会企业的中坚力量参与精准扶贫，达到以政府为主导、以贫困户为主体、社会企业参与的协同合作，发挥出某一单独力量不可比拟的优势。为此，有关政府要出台相关政策吸引和激励社会企业进入。如对投资当地产业的企业给予一定的补贴和税收优惠；在本地发展并为本地村民提供相当就业岗位的企业给予优先批地和厂房租赁优惠的政策；为本地基础设施建设等出资的企业或社会组织提供收购当地产业产品的优惠；企业对贫困户进行技能培训并吸纳部分优秀培训学员到其企业就职，政府给予企业一定的补贴和优待；等等。并在扶贫工作中明确双方合作中的职责权利义务，实现高效的协作。

（二）贫困户方面

作为扶贫帮扶的对象，各贫困户的态度和思想在扶贫过程中发挥了不可忽视的作用，因而针对贫困户，首要的是要改变贫困村民因长期陷于贫困的消极心态，用一点一滴的进步发展使他们相信脱贫不是遥不可及的梦想，让他们认识到自己在脱贫中的重要地位，真正以当事人的身份主动参与扶贫事务，积极配合政府的工作和政策执行，尽早脱离贫困现状。另外在扶贫过程中一定要谨防"靠"别人的错误思想，一心等着政府、企业或社会组织拿钱来帮助自己，明明可以脱贫却不愿脱贫，装贫。这些错误的态度想法极大影响了精准扶贫工作的实施，把好事反而变成了坏事。

另外，贫困户要提高发展自我的能力，把目光放长远些，消耗必要的时间成本参与镇政府发起的劳动力就业技能培训中，提高自己的各项能力和素质，为自己充实人力资本中的知识资本和观念资本，创造自我发展的基本条件。他们既可以加入有关企业，在实实在在的岗位中获得收益，也可以利用本地的优势产业，习得相关知识技术进行自主创业，增强自己的发展能力，获取效益。而外出务工人员中有较高收益者可以实现脱贫而不返贫，同时亦可为本村的发展出资出力，回报帮助过自己的政府、村民等。

（三）社会企业方面

在扶贫工作中，除了要发挥政府和贫困户的作用之外，社会企业也应该主动履行自己的社会责任。比如，生产符合标准的产品，特别是食品类、餐饮类和医药类企业更要保质保量，提高警惕，做到既不辜负消费者的信任又对得起自己的良心；对于自家企业的员工，要有合同精神，养成保障员工安全和健康的意识和责任。在周家庄村进行的关于精准扶贫的实地调查过程中发现贫困户致贫原因最多的是因病致贫，因病致贫中很多都是职业病，还有因工伤致残导致的贫困。因为农民工外出务工进入的企业多半都是中小企业，而且由于知识的匮乏普遍从事的是体力活，在工厂做机器操作工，受伤的风险极大，又缺少医疗风险保障。农民工的工作流动性也比较大，得了病或是残疾之后很难获得赔偿或者只能得到些许赔偿，这些赔偿根本无法医治病，无法保障病残后的生活，最后回到家乡只能陷入贫困的境况。如果中小企业都能够重视企业职工的身体情况，定期体检和做好医疗保障保险工作，那么因病、因残致贫的贫困户就会减少，一定程度上保护职工健康可以减少贫困的发生。

周家庄村建设生态宜居乡村现状调查

李靓怡

摘　要：乡村振兴，生态宜居是关键。良好生态环境是提高人民生活水平、改善人民生活质量、提升人民安全感和幸福感的基础和保障，能给人们带来一个干净的居住环境，这是重要的民生福祉。本文通过概述周家庄村建设生态宜居乡村的基本情况，分析周家庄村建设生态宜居乡村过程中出现的村民环保意识缺乏、村庄环境管理力量薄弱、村内环保设施不健全等问题，提出了村庄在建设生态宜居乡村过程中要做好环保宣传组织工作、创新农村环境治理监管机制、加大农村基础设施建设的改善意见，希望周家庄村在建设生态宜居乡村过程中能不断取得新进展和新突破，打造出蓝天碧云、山清水秀的美丽乡村。

关键词：周家庄村；生态宜居；建议

习近平总书记在十九大报告中提出要实施乡村振兴战略，指出要"按照产业兴旺、生态宜居、乡村文明、治理有效、生活富裕的总要求，建立健全城乡融合发展体制机制和政策体系，加快推进农业农村现代化"。其中，产业兴旺是农村发展的物质基础；乡村文明是村民的文化基础；治理有效是和谐的制度保障；生活富裕是村民生活的动力源泉；生态宜居是确保农村农业绿色发展的基本要求。乡村振兴战略与建设社会主义新农村的要求相比，明显立意更高了。建设生态宜居农村，是实施乡村振兴战略的一项重要任务，而其中最重要任务就是改善农村人居环境，建设美丽宜居乡村。为了了解江西省在实施乡村振兴战略，特别是建设生态宜居农村的情况，我们在学校的组织下，来到江西省修水县西港镇周家庄村进行了为期七天的调查走访。通过调查走访，我们发现，周家庄村在建设生态宜居乡村过程中，取得了不小的成绩，也存在一些亟待解决的问题。同时我们也认识到，只有以新的发展理念作为根本指导思想，将农民作为生态振兴的主体，才能不断改善乡村生态环境，再现乡村生机活力，满足广大农民对美好生活的强烈期盼，在实行乡村振兴战略过程中真正实现农村在生态领域的振兴，从而带动农村其他领域的大发展。

一、周家庄村生态宜居乡村建设的基本情况

修水县西港镇周家庄村位于西港镇西北部，距离镇政府6千米，版图面积约6.5平方千米，东北与溪口镇大坑、下港毗邻，西与马坳镇洛村接壤，处三镇交界之处，辖15个村民小组，542户，总人口2472人。该村耕地面积达到1460亩，其中有水田1200亩，有小Ⅱ型水库一座，山林面积4700亩，省级公益林3120亩，传统产业以水稻和蚕桑为主，畜牧业以饲养杭母猪为主，新兴产业以种植油茶、果树、吊瓜为主。当前村里的产业发展势头良好，其中油茶面积达1200亩，果园基地面积有200亩。近年来，村两委班子开拓进取，求真务实，一心一意谋发展，对于村中的建设项目都采用"一事一议"的方法，充分尊重群众意愿，让村民参与村里建设项目评议，并由群众选出由老党员、老模范、老干部及村民代表组成筹备委员会对建设资金进行监管。通过"一事一议"的方法，面对村中各项建设项目，全体村民能一同参与、团结向上，脚踏实地，共解决修路、修水库、建移民点等事情20多件，清理违章建筑5处。例如，前几年周家庄村的涂家埗自然村通过"一事一议"成功发动村民冬扩桑园50多亩。总之，如今的周家庄村村风淳朴，发展良好，并借助"十三五"重点扶贫村这一东风，朝着改善基础设施，扩大农业产业化的农村目标大步前进。在建设生态宜居的乡村过程中，分别从生产、生活、生态三方面入手逐步实施各项工程，在生产方面：坚持发展原有的杭母猪养殖、化红、蚕桑等基础产业，带动全村经济发展；建立一个100亩果园基地，着力打造特色产业；大力发展光伏产业这一财政扶贫资金项目，提高居民收入。在生活方面：修通了一座6.5米宽的空心板桥、板桥、拉通一条长1千米、宽8米的路基；硬化全长5.7公里，宽6.5米的村级公路；争取上面资金，

新建村小校舍300平方米；维修山塘5座，完善全村组级公路硬化；修建水圳2000米；引进外资发展综合项目一个"上红水库"；连接第三自来水厂西港饮水工程；建200平方米便民服务中心一栋。在生态方面：整治农村"六乱"清理垃圾，建立卫生长效机制。总体来说，周家庄村在打造生态宜居乡村的五年规划中，从生产、生活、生态三方面入手已卓有成效，但是在实施过程中却存在一些问题，尤其是在调查过程中发现，村内人居环境治理这一方面的工作还需不断改进。

二、周家庄村建设生态宜居乡村过程中出现的问题

"生态宜居"意味着农村环境必须是青山绿水，必须是和谐、美丽、适宜人们居住，其首要改善的就是人居环境，据我们的问卷调查数据反映，当前周家庄村在人居环境治理过程中还存在不少问题，主要表现在以下几个方面。

1.村民环保意识缺乏。据调查，当前周家庄村的村民居住房屋附近几乎都设有垃圾桶，但是依然有村民将垃圾倾倒于河边的现象，也有村民在道路旁临时堆放垃圾、焚烧垃圾、垃圾堆肥等不良现象出现。虽然经济社会的发展、新农村建设的推进极大地改进了农民传统的生活方式，但农民传统生产生活陋习依然存在。据调查发现，大部分有知识文化的年轻人都常年在外务工，留守的基本都是老人、儿童，文化水平较低，部分农民环境保护知识缺乏，环境污染危害认知度不高，导致环境保护意识淡薄。一是空气污染。周家庄村仍存在焚烧垃圾和秸秆的情况，这不但会造成空气污染严重，而且还极易引起山林火灾。二是水源污染。村民生活垃圾倾倒至河流，畜禽养殖业废水等排入水体，造成水源污染。三是垃圾污染。村民生产、生活的垃圾不丢进垃圾桶，还在道路旁临时堆放垃圾，而农药瓶、不可降解塑料制品（塑料袋、农膜）等垃圾随便堆放在沟边、河边，对环境造成严重污染，不仅占用土地、破坏景观，而且还极易传播疾病。由于部分农民的传统思想根深蒂固，个人生活习惯、卫生习惯差，最终导致乡村空气、水源和生活环境受到污染，人居环境不容乐观。这些现象的存在，更加凸显出村里环保观念树立的紧迫性。

2.环境管理力量薄弱。据调查问卷反映，周家庄村的道路旁、河流边垃圾乱堆乱放，焚烧垃圾、垃圾堆肥，房前屋后杂草和积存垃圾，养殖场处理禽畜粪便不当等现象仍有出现。虽然村庄内都配备了垃圾箱、保洁员，但日常卫生清扫不及时、垃圾不入箱、垃圾没有分类等问题依然突出。长效机制严重缺失，依然是"治理—反弹—再治理"，突击式工作格局还没有改变，治理监督机制不够完善。面对这些问题，只有进一步加大工作力度，通过完善管理制度，做好特色建设，积极引导，创新治理，才能提高群众参与的自觉性和主动性，才能建设好生态宜居乡村。

3.村内环保设施不健全。据被访谈的村民反映，虽然村内垃圾桶里的垃圾定时有垃圾车来清理，但是村里缺乏综合处理垃圾的垃圾站、垃圾场，垃圾最后仍是由垃圾车拉到小山里进行掩埋和焚烧，对环境产生了极其恶劣的影响。同时村里存有的一些老式厕所未进行改造，对土壤、空气环境质量也产生了不良影响。另外，畜禽养殖产生的粪便等垃圾也缺乏良好的处理设备，对河流和土壤、空气造成污染。尤其是在调查期间，周家庄村河流下游的村民向我们反映，河流上游养殖场以及有些村民对垃圾处理不当，严重影响了下游村民的水源水质和生活环境。

三、周家庄村建设生态宜居乡村的建议及对策

建设生态宜居的美丽乡村，必须以新的发展理念作为根本指导思想，将农民作为生态振兴的主体，从人民群众的需求出发，着力改善群众反映最强烈的突出问题，才能不断改善乡村生态环境，再现乡村生机活力，满足广大农民对美好生活的强烈期盼。周家庄村要真正实现生态宜居，笔者认为必须抓紧做好以下几件事：

1.做好环保宣传组织工作。近年来，周家庄村通过环境整治工程，农村的村容村貌在一定程度上得到了改善。但是，人们环保意识还不够强，仍有破坏环境的不良现象出现。为了实现村内的生产生活环境的生态化，保护好村里的自然环境，让生态宜居乡村建设成为拉动地区经济社会发展的重要杠杆和载体，要唤起村民的环保、文明意识，通过开展多种形式的宣传活动，

激发周家庄村全体村民的积极性。第一，利用多媒体宣传。运用广播电视、网络、乡村剧团等多种形式，展现山清水秀的美好，展现现代文明的家庭生活方式。从理念上、心理上、行动上对村民进行生态观念的更新，树立"绿水青山就是金山银山"的强烈意识，要让村民"充分认识形成绿色发展方式和生活方式的重要性、紧迫性和艰巨性"。从内心自觉摒弃不文明、不卫生的生活习俗，倡导绿色消费，让村民树立"节约资源、保护资源"理念，减少使用化肥农药，强化村民的环保意识。第二，利用文化墙进行宣传。可以在一些醒目的位置上，比如，周家庄村村委会墙壁等地方建设传统文化墙、党建文化长廊进行宣传，让墙壁"文明说话"。此外，还可以利用每家每户的农家墙壁进行图文并茂的各种宣传。如家庭和睦、孝老爱亲、勤俭节约、婚育新风、邻里和谐、村规民约、法律法规、富民政策等，以墙壁文化带动农村文化教育，规范村民的言行，净化着群众的心灵，形成家喻户晓的舆论氛围。第三，定期开展农村生活环境卫生评比活动。可以通过户前屋后"三包"和星级卫生评比等方式，提高村民环境美化意识，鼓励村民参与垃圾治理，改变村内户前屋后脏乱差现象；通过开展农用膜回收评比，让农民自觉将废弃的农用膜收集起来，统一处理，改变当前周家庄村内出现的沟河池塘白色污染现状，使农用膜残留污染从根本上得到有效治理。

2.创新农村环境治理监管机制。生态宜居乡村建设，承载了广大农民的美好梦想。过去农民关心"有没有""够不够"，现在则更在乎"好不好""美不美"，对美好生活有了新的渴望。要实现这种新渴望，必须进一步探索法治、德治、自治"三位一体"的基层治理体系，着力解决周家庄村出现的环境治理力量薄弱问题，不断完善生态治理和监管机制建设。其一，可以在周家庄村的村一级，从制度层面着手，制定《村庄卫生治理和处置规范》，对村级组织提出明确要求，切实强化对村庄卫生的监督和治理，做到村级垃圾有人管、管得住、管得好，力求在较短时间内实现村级卫生治理的制度化、长效化。细则重点内容应该包括：一是户包卫生。周家庄村的各村小组按标准购置垃圾收集桶。各住户按照规定的时间、方式将生活垃圾投放到垃圾箱。二是村包治理。落实好本行政村的村内道路保洁和生活垃圾收集工作，杜绝乱倒垃圾、污物、污水和损坏环卫设施等行为。要建立严明的保洁制度，明确保洁人员责任区域划分，对外公示，让群众知道哪个区域是哪名保洁人员在负责清扫，形成良好的群众监督氛围，通过对村级保洁人员进行培训，使村级保洁员明确自身职责，知道每天应该做哪些工作，怎么去做，出现问题怎么处理解决，各项清扫保洁工作需达到什么标准，没有达到标准需承担什么责任，等等。具体细则要印发到全村各家各户，由党员、干部向群众说明、解释、宣传，做到家喻户晓，妇孺皆知。其二，集中整治和常态整治相结合。村两委要与驻村工作队密切配合，以"环境综合整治、建设美丽家园"为主题，广泛发动群众，每周开展一次村庄卫生大扫除，搞好本村庄的垃圾保洁、收集等环节工作，确保村庄环境卫生达到要求。村级治理应当把日常治理与集中整治结合起来，以强化日常治理为主，集中整治为辅，以此保证整治效果常态化。其中重点治理周家庄村内出现的乱堆乱放、焚烧秸秆、垃圾堆肥等乱象，并加强治理房前屋后杂草和积存垃圾，清除沟渠污泥，清除墙壁涂污，清扫畜禽粪便。同时加强农村建房管理，规范农民建房行为，坚决遏止乱搭乱建现象，同步推进村庄绿化美化工作，促进周家庄村的院落"田园化"。其三是要分类处理农村垃圾。我们要着力提升村内生活垃圾分类处理水平，持续健全完善农村垃圾收运处理长效机制，力争实现县域农村垃圾分类处理全覆盖。

3.加大农村基础设施建设。改善周家庄村内的环境状况，不仅要提高环保意识、完善管理机制等软件建设，还需要加快补齐基础设施建设等硬件短板。针对周家庄村内出现的由于垃圾处理站缺乏、老式厕所未改造、畜禽粪处理设施和水源地保护设施落后等基础设施薄弱造成的环境污染现状，村里要加大环境整治工作的资金来源，逐步建立政府宏观调控、企业和社会组织积极介入、农村农户广泛参与的"三位一体"的乡村环境治理联动机制和格局，鼓励社会资金参与本村的环境治理，大力完善本村的环保基础设施，重点支持饮用水源地保护、农村生活污水和垃圾治理、畜禽养殖污染治理、土壤污染治理等工程的基础设施建设。要管控好村里的污染源，探索将对村里污水管网建设进行全覆盖，要合理布局和建设本村的环保型垃圾中转站，提升机械化作业和无害化处理水平，加强村内的垃圾车等设备的运营维护，要深入推进"厕所革命"，根治村内的如厕卫生问题，要编制和实施农村环境保护规划，以规划带动项目，以项目争取资金，将本村的基础设施的完善落到实处。

总之，推进生态宜居乡村建设，是贯彻落实党的十九大精神的具体实践，是全面建成小康社会的客观要求，是加快推进农业农村现代化的重要途径。这一工作是新时期农村全面发展的全新探索，尤其是针对周家庄村村内人居环境建设方面存在的问题，我们只有着力建设好乡村生态环境、丰富乡村治理内涵、提升建设水平，才能确保建设生态宜居乡村不断取得新的进展和突破，才会打造出蓝天碧云、山清水秀的美丽乡村。

周家庄村医疗救助情况调查报告

陈雅莉

摘　要：精准扶贫是当前我国农村实施的一项重大政策，农村医疗救助作为精准扶贫在农村贯彻落实的具体表现形式，有着极为重要的意义。本文针对周家庄村的医疗救助情况展开，主要围绕三个方面来进行阐述。本文首先，根据实地调查情况简单地介绍了周家庄村医疗救助的现状：基本医疗保险制度基本全面覆盖和家庭签约医生服务全面覆盖，医疗救助及其相关政策的实施已取得了初步成效。其次，对周家庄村医疗救助中仍存在的救助范围窄、救助水平低，政府对医疗救助的资金投入不足、代缴费用过低，以及村民对救助政策和自身享有的救助情况知晓度低等问题进行了分析。最后，从目前存在的问题入手，从当地实际出发，提出改善措施。要完善当地医疗救助，政府要降低救助门槛、提高救助能力；要增加医疗救助资金的投入力度；要加大医疗救助的宣传力度。

关键词：农村；医疗救助；扶贫

精准扶贫政策是国家在农村实施的一项基本政策。精准扶贫是针对不同贫困区域环境、不同贫困农户状况，运用科学有效的程序对扶贫对象实施精确识别、精确帮扶、精确管理的治贫方式，主要是针对农村贫困居民而言的。精准扶贫政策涵盖范围很广，涉及教育扶贫、产业扶贫、健康扶贫、农业扶贫、社会保障扶贫等诸多方面。其中，农村医疗救助是精准扶贫政策在农村贯彻落实具体表现形式。农村医疗救助已经成为农村社会保障体系的重要组成部分。作为建设新农村的一项重要的惠民工程，农村医疗救助制度对改善农村居民医疗状况，减轻医疗负担，释放农村劳动力，发展农村经济具有重要意义。

周家庄村位于江西省九江市修水县西港镇。西港镇经营着蚕桑、林果、药材、生猪、山羊、洋鸭、豆腐等多种产业。西港镇是修水县蚕桑的主要产地，栽桑养蚕、化红种植、豆腐加工、养杭母猪是西港镇的四大特色。隶属于西港镇的周家庄村辖15个村民小组，村耕地面积1460多亩，共有人口2472人。村民大多以种田、养猪、养蚕为生。

一、周家庄村医疗救助现状

周家庄村积极贯彻落实了政府出台的精准扶贫政策。在医疗救助政策上，周家庄也贯彻落实到了多个方面，实行多道保障：贫困户县域内住院基本医疗保险、大病医疗保险、商业补充医疗保险、民政大病救助、二次补偿后，确保个人年度可报费用不超过2000元，自付比例不超过10%；积极落实"大病集中救治一批，慢病签约服务管理一批、重病兜底保障一批"的"三个一批"行动计划，全面落实健康扶贫政策；对于批准使用的门诊特殊慢性病的费用，在基本医疗保险报销后，继续纳入大病医疗保险、商业补充保险、民政医疗救助和二次补偿范围；对生活完全不能自理的建档立卡贫困人员由县财政给予每人每年2000元的困难补助等是周家庄村对医疗救助政策的具体贯彻落实。

目前，周家庄村在医疗救助及其相关政策的实施上已取得了初步成效。根据调查情况分析所得，周家庄村医疗救助取得的成效主要体现在两个方面。

（一）基本医疗保险制度基本全面覆盖

修水县医疗救助政策较为全面广泛。周家庄村村委会在落实贯彻的过程中，结合本村的实际情况对村内特困对象实施兜底扶持，对建档立卡贫困对象中符合农村最低生活保障条件的，全部纳入最低生活保障，确保其基本生活得到保障，建档立卡贫困户新农合、大病医疗保险、大病救助等健康扶贫政策实行全面覆盖，争取村民能够看得上病，看得起病。根据调查结果的反馈，周家庄村精准扶贫户基本上都享有基本的医疗保险制度，基本医疗有了保障。到目前为止，周家庄村精准扶贫户医疗保险制度已基本实现全面覆盖。

（二）家庭医生签约服务基本全覆盖

家庭医生签约服务基本全覆盖是周家庄村医疗救助政策实施取得成效的一个重要体现。周家庄村中所有的精准扶贫户家庭都明确安排了一名固定的家庭医生，家庭医生与之签订了相应的家庭医生服务协议。家庭医生签约服务的好处在于定时定期会有固定的医生到相应的精准扶贫户家中为村民检查身体状况、诊治疾病，提供连续的、全天候的综合保健服务。这一制度的实施充分地考虑了村民的健康情况，方便了村民的生活。周家庄村在家庭医生签约服务政策的落实上是比较彻底全面的，每个精准扶贫户家庭基本都已签约了家庭医生协议。并且根据入户调查结果显示，周家庄村村民对家庭医生的工作满意度总体较高。这也在一定程度上说明了周家庄村家庭医生签约服务制度的贯彻落实取得了成效。

二、周家庄村医疗救助中存在的问题

国家精准扶贫政策在周家庄村得到了很好的贯彻落实。在医疗救助实施方面，周家庄村已经取得了一定成效。但是经调查分析发现，周家庄村在医疗救助的实施中还是存在一定不足，主要有以下几点：

（一）救助范围窄，救助水平低

在周家庄村医疗救助政策和落实中，受助对象一般是五保户、低保户和优抚对象。如果是非贫困人员患了大病和慢性疾病，一般很难得到及时的救助，也得不到政府的补贴。更重要的是，绝大多数常见病、多发病、慢性病和大病，尽管已经在政策上被列入了医疗救助范围之中，但是在实施过程中，并没有实际的保障和救助优惠政策。此次社会调查的对象是周家庄村精准扶贫户，在对精准扶贫户开展调查的过程中发现，即使是精准扶贫户也存在着慢性病和大病未受保障的现象。这就说明了周家庄村医疗救助的范围比较狭窄。

　　周家庄村医疗救助水平低，主要表现为救助费用报销低和救助方式比较单一。政府政策规定，在实行五道保障后，确保个人年度可报费用不超过2000元，自负比例不超过10%，但在实际中并未很好地落实，贫困农民和患大病的农民所需要支付的费用远远超过了他们这个家庭可承担范围。而医疗救助主要还是以基本医疗保险为主，救助方式比较单一，在一定程度上也导致了补助水平的偏低。从医疗救助工作的总体补助效果来看，仍然与贫困人口的实际需求相差很远。

（二）政府对医疗救助的资金投入不足，代缴费用过低

　　长期以来，在公共产品等基础设施的供给和质量方面都存在着较大的城乡差距。按照规定，各级政府作为主体，应该是医疗资金的主要投入者，然而在实际操作中，并没有对其进行细化。政策上农村医疗救助涉及范围较广，然而很多都只停留在政策的号召上，没有实际的进步。周家庄村在医疗救助政策实施中也是如此。在对医疗救助方面，政府政策上较为理想，实行兜底保障，减少村民的医疗自付费用。但实际上，地方各级政府财政部门对农村医疗救助并没有明确的支出，政府资金投入不足，对大病救助、慢性病救助、大病保险、重大疾病医疗补充保险等诸多方面的代缴费用过低。调查结果所显示的一个突出问题，就是地方政府对周家庄村在医疗救助方面的资金投入不足，政府在对贫困户的医疗费用代缴方面还很不完善，政府投入的资金不足以推动农村医疗救助的发展和完善。

（三）村民对救助政策和自身享有的救助情况知晓度低

　　此次开展的周家庄村的精准扶贫的社会调查是入户实地调查，调查方法也主要是以与村民访谈为主。在与周家庄村村民的交谈过程中，反映出一些问题，主要是地方政府在贯彻落实农村医疗救助的过程中，忽视了村民的参与度，未能使得村民了解熟知国家对农村精准扶贫的具体政策，也未能使村民明确自身在医疗救助方面所享有的政策和具体落实的情况。周家庄村部分精准扶贫户家庭受生活条件所迫，家庭劳动力外出打工，留在家里的就只剩下老人和小孩。由于农村老人的文化水平大多不高，因此他

们对国家在农村精准扶贫方面的政策知之甚少。村委会在落实医疗救助工作的时候，没有将具体细节情况告知农民，使村民对自身享有的救助情况知晓度低。

三、周家庄村医疗救助不足的改善措施

（一）政府降低救助门槛，提高救助能力

针对周家庄村在医疗救助制实施过程中存在的救助范围窄、救助水平低的问题现状，可以在扩大资料救助范围与提高医疗救助水平两个方面来展开。

在扩大医疗救助范围上，一方面要扩大村内医疗救助对象的范围。周家庄村医疗救助的受助对象一般是五保户、低保户和优抚对象，救助对象的范围较为狭窄。要逐步扩大救助对象的范围，特别是在大病和慢性疾病的救助上，要从五保户、低保户和优抚对象逐步扩大到普通农户。另一方面也要扩大医疗救助的病种范围。在医疗救助的病种方面，应适时增加救助病种，将一些危害较大、所需治疗资金较多的常见病、慢性病也列入大病救助范围；将一些疑难杂症、慢性病和人为事故加入救助范围，从而扩大医疗救助覆盖面。周家庄村在大病救助、慢性疾病及其一些救助病种上的问题是落实力度不够，因此要在扩大医疗救助的病种范围的同时，积极制定相应的政策并使之落实到位，推进医疗救助工作力度，这样才能提高救助能力，突显救助效果，使更多的村民从医疗救助中获益。

在提高医疗救助水平上，要加大政府投资，提高报销比例，落实报销制度。政府作为医疗救助的规范者和主导者，强化政府是医疗救助主体的责任，要降低报销门槛，提高报销比例，降低额外就医费用，提高补偿比例及封顶线，提高村民医疗保险的受惠程度，并逐步建立起一个保障范围比较广，报销比例相对较高，大病大报、小病小报的新型农村医疗模式。

（二）增加政府对医疗救助资金的投入力度

目前，在我国农村医疗救助中存在着集体与政府补助不足、资金投入不

足的问题。由于农村医疗救助制度缺乏资金的大力支持，使得再好的政策也落不到实处，农民也不能从中受益。地方政府资金投入不足，对大病救助、慢性病救助、大病保险、重大疾病医疗补充保险等诸多方面的代缴费用过低也是周家庄村在医疗救助政策落实中一个明显的不足，不利于解决农民"因病致贫""因病返贫"等问题。要解决这一问题，就要从两方面着手。一方面各级政府要增加对医疗救助资金投入力度。政府要增强自身为人民服务的责任，从困难群众的基本医疗救助需求出发，帮助困难村民代缴部分大病救助、慢性病救助、大病保险、重大疾病医疗补充保险等的医疗费用。逐步建立村民"个人缴纳为主，集体补助为辅，政府予以支持"的救助体系。另一方面，要建立农村医疗救助基金筹集机制，拓宽资金来源。建立科学合理的筹资机制，从多方面、多渠道筹集资金。通过政府资助、社会帮扶、亲友支持、个人筹资的形式筹措救助基金，积极发挥社会力量在救助过程中的巨大作用，建立医疗救助基金和与本地经济社会发展相适应的基本医疗救助基金。

（三）地方政府和村委会要加大宣传力度

周家庄村村民不了解国家和当地政府对农村精准扶贫的具体政策，也不明确自身在医疗救助方面所享有的政策和落实的情况。这是西港镇地方政府工作和周家庄村村委会医疗救助政策贯彻落实不彻底、工作不充分的一个重要体现。针对村民对国家与当地政府关于医疗救助政策和村委会医疗救助实施情况的不知情问题，西港镇地方政府工作和周家庄村村委会要做好宣传工作，应加大宣传力度，积极采取多种行之有效的方式，做到政策的普及，提高村民对政府政策和村委会具体工作的知晓程度。比如，首先对周家庄村的村干部进行集体培训，增加他们对国家在农村医疗救助方面的各项具体的政策的掌握以及相关政策、制度的知识的了解，其次再由他们普及到村镇的每家每户，让村民们了解国家具体的医疗政策。同时，村干部在将具体的救助政策落实到救助对象的时候，要用简洁通俗的语言向受助对象说明他所享有的具体的救助政策以及落实情况。

　　总之，农村医疗救助是我国农村建设的重点，关系到农民的健康水平、农村经济的发展、社会的稳定，对于建设社会主义强国具有重要的意义。尽管周家庄村在医疗救助政策的实施中已经取得了一些成绩，但是更应该看到其中仍然存在的一些不足并加以改进。不过，农村医疗救助制度的建立不是一蹴而就的，需要积极稳妥地进行，不断地发展完善，才能逐步提高。

周家庄村、佛坳村精准扶贫工作调查报告

陈 霞

摘 要：精准扶贫成效关系着全面小康社会的建成。通过深入周家庄村、佛坳村的调研发现，精准扶贫实践取得了一定的成效，但仍然存在着若干亟待解决的难题：一是村民参与精准识别的积极性不高；二是贫困户内生动力不足，发展意识不强；三是劳动力资源外流，农村发展困难；四是扶贫政策宣传不到位，村民缺乏认识。为此应从以下几方面入手：其一，完善扶贫工作的瞄准机制；其二，加强农村精神文明建设，树立脱贫信心；其三，广泛动员社会力量，创新扶贫机制；其四，加大精准扶贫政策宣传力度。

关键词：精准扶贫；问题；机制

一、基本情况

周家庄村位于西港镇西北部，距离镇政府6千米，面积约6.5千米，辖15个村民小组，542户，2472人。耕地面积1460亩，其中水田1200亩，小Ⅱ型水库一座，山林面积4700亩，省级公益林3120亩。传统产业以水稻和蚕桑为主，畜牧业以饲养杭母猪为主，新兴产业以种植油茶、果树、吊瓜为主。

佛坳村位于西港镇西边区，全村面积约9.3平方千米，是全镇面积最广的一个村。村民居住极为分散，全村共16个村民小组，1个移民安置点，共有村民603户，人口为3170人。拥有耕地面积2886亩，其中水田面积1986亩，省级公益林4900亩，以水稻和玉米为主要农作物，同时以茶叶、油茶、菊花、油豆腐、杭母猪为主要经济产业。

二、精准扶贫工作取得的成效

（一）基本生活得以保障

我们在周家庄村走访的一家贫困户，只有老人和小孩在家，儿子儿媳都在外打工，每年回家一两次也带不回什么积蓄。老人又患有疾病，勉强从事些许农活，一家人的基本生活一度成为问题。直到被定为建档立卡贫困户后，享受了教育扶贫、健康扶贫、农业补贴、低保等一系列帮扶政策，家里的情况才有所改善。此外，考虑到他的家庭困难情况，村里还提供岗位让他负责村里的道路清洁工作。正是多亏了这些帮扶政策，他们一家人的基本生活才得以保障。相似的情况我们在佛坳村进行走访时也有遇到，家人患有癌症，医疗支出庞大，花光了家中的积蓄还欠有债务，儿子一毕业就外出打工，但工作十分不稳定。全家也是靠着最低生活保障和申请的小额信贷维持基本的生活。总体来看，精准扶贫的一系列政策在保障贫困户的基本生活方面发挥了较大的作用。

（二）贯彻落实精准帮扶，扶贫方式符合实际需要

通过在两个村庄的入户访谈，我们发现贫困户的致贫原因是多样的，综合来看，主要是疾病、残疾、教育、缺乏技术和劳动力。由于致贫原因的不同，贫困户对帮扶自然存在着不同的需求，如产业扶贫、就业扶贫、教育扶贫、健康扶贫、易地搬迁扶贫、危房改造、农业补贴等。精准扶贫就是要求根据每个贫困户的致贫原因，制定针对性的帮扶措施。习近平总书记曾指出："要实施精准扶贫，瞄准扶贫对象，进行重点施策，不能眉毛胡子一把抓，用手榴弹炸跳蚤，钱花了不少却没有见到应有效果。"这两个村庄就很好地贯彻落实了精准帮扶政策，从贫困户的实际困难和需要出发，因户制宜地制定帮扶措施。使帮扶方式突出差异性和针对性，只有这样才能真正帮助他们解决"贫困"之处，从而实现脱离贫困的现状。

（三）干部驻村帮扶，充实了扶贫力量

党员干部结对帮扶是修水县的扶贫相关政策之一，规定结对帮扶干部根据贫困户的具体情况，采取"定对象""定政策""定措施""定责任""定目标"的扶持方式，帮助贫困户脱贫致富，每月须走访一次。全县的贫困村和所有行政村全部实现驻村工作队全覆盖，贫困户全部实现结对帮扶全覆盖。那么贫困户对驻村帮扶干部工作的认知度和满意度自然是对驻村干部的工作成效进行判定的重要因素。我们的调查显示，多数贫困户对于驻村工作队和帮扶干部的工作都是满意的。大部分帮扶干部每月会对贫困户进行一到两次的上门入户走访，与村民面对面交流，充分了解和掌握村民的思想动态以及村民对干部人员的反映，取长补短，强化联系沟通，建立了较好的群众基础。此外，帮扶干部的工作也有落到实处，除了给贫困户送去慰问金、礼品等物质方面的行动，也会宣传相关的政策，帮助其解决一定的生产生活方面的困难。总之，驻村工作队和帮扶干部充实了扶贫力量，在扶贫工作中发挥了极其重要的作用。

三、精准扶贫工作存在的问题

（一）村民参与精准识别的积极性不高

扶贫识别作为精准扶贫的基础工作，其目的是找出贫困对象，避免扶贫资源的投放出现偏差，确保真正符合帮扶政策的个体得到有效的扶持。在当前阶段，我国农村都是采用建档立卡的方式来进行精准识别，由村干部对村民的基本情况进行逐一调查和登记，将符合贫困标准的村民基本信息录入贫困信息系统。但是，这一方式在实际操作中存在着不足。例如，当村干部在开展村民基本情况调查时，存在部分村民没有如实填写或未能参加的现象。有些人为了获取名额，将家庭收入往低了填写；而有些村民则因为家庭集体外出打工，没能参加识别活动。此外，还有些村民虽然家庭困难，但是他们认为这些调查都只是走形式，与贫困户的认定没有太大关系。总之，这些情况都反映了村民参与精准识别的积极性不高，他们对扶贫政策仍然抱着一种

"等、靠、要"的心态，这无疑严重阻碍了精准识别的有效实现。

（二）贫困户内生动力不足，发展意识不强

我们在调查过程中发现，多数贫困人口的文化素质较低、思想趋于保守，国家诸多惠农政策的实施和兑现，使部分贫困户产生了严重的依赖心理。在他们看来，精准扶贫只要依靠国家就可以了，沉溺于现状，对战胜困难缺乏信心，对新生事物接受能力不足，对生活改善不抱希望，没有脱贫致富的积极性，以致很难帮助其实现脱贫。同时他们如果一直抱有这样的心态，哪怕依靠某个短期项目脱贫成功，也极其容易因为后续动力不足而出现返贫。这正是应了那句古话"授之以鱼不如授之以渔"，我们在摸索一套切实可行的帮扶措施时，首先要解决这些内生动力不足的贫困户所存在的"心理贫困问题"，帮助他们树立战胜困难、摆脱困境的信心和斗志。

（三）劳动力资源外流，农村发展困难

发展是为了改善人们的生活，同时，想要谋求发展也自然需要人们参与其中。由此推之，扶贫开发为了贫困人口，但是扶贫开发同样需要依靠贫困人口。而目前许多农民感到仅仅靠土地已经难以维持生存，面对这样的现实情况，他们不得不外出务工以维持生存。在我们的调查数据中也反映出这一问题，许多家庭中的年轻人都选择了外出。大量的劳动力资源外流，使农村留下来的人口大多数都是妇女、儿童和老人。这部分人的共性就是劳动能力不足，尽管政府出台了相关的产业扶贫政策，但依靠这部分人在农村发展产业的难度仍旧太大，而产业发展不起来，扶贫开发也就难以持续。

（四）扶贫政策宣传不到位，村民缺乏认识

在走访调查的过程中，我们发现一个现象，当被问及是否为五保户、是否了解小额信贷、享受了哪些方面的帮扶等与扶贫政策相关的问题时，许多村民表示不太清楚，缺乏了解，有些甚至享受了政策却不自知。产生这种现象的原因是多方面的，可能是扶贫政策的宣传还不够到位，也可能是大部分村民所受的教育不高、老人的理解能力较差。总之，村民对于政府出台的扶

贫政策、采取的工作举措以及取得的工作成效等方面的内容呈现出一种知之甚少的现状。

四、工作建议及解决问题的办法

（一）完善扶贫工作的瞄准机制

对贫困群体的瞄准是精准扶贫的最基本要求。扶贫的各项措施最终都要落实到人，采取具有针对性的帮扶措施，让瞄准机制更加完善，使资金的利用率充分发挥。建档立卡作为瞄准贫困群体的首要工作，需要运用动态的管理方法，完善和推动建档立卡工作对于推进精准扶贫工作具有十分重要的意义。完善扶贫机制，首先要做的就是要摸清底数，逐村逐户地调查贫困人口基本情况，让贫困户自愿申报，进行民主评议，对比分析，有效、精准地识别符合标准的贫困户，对已经确认的贫困户进行登记造册，实行电子化管理模式，在摸清具体情况的前提下，深入分析致贫原因，并提出相应的解决办法。

（二）加强农村精神文明建设，树立脱贫信心

其实有时候能不能实现某个目标，首先要看我们头脑里是不是存在这种强烈的意识，脱贫也是如此。现在许多的贫困户之所以在帮扶下依旧无法实现脱贫致富，甚至有些出现越帮越穷的现象，就是缺乏脱贫致富的信心和勤劳肯干的精神。所以，做好思想工作是帮扶工作的重中之重。必须铲除"等、靠、要"、好吃懒做、不思进取等错误思想。那么，这就要求我们必须要加强农村地区的精神文明建设，促使农村地区的人们形成积极向上的心态，培育正确的思想道德观念，提高自觉践行能力，帮助他们树立脱贫致富的信心。只有这样，贫困户才会意识到只有靠自身的努力，才能真正实现脱贫致富。帮扶工作由被动转为主动，精准扶贫工作才能生机勃勃、硕果累累。

（三）广泛动员社会力量，创新扶贫机制

精准扶贫仅仅依靠财政专项扶贫资金是远远不够的，必须要广泛吸纳社

会力量的支持，拓宽扶贫资金的来源渠道，合力推进脱贫攻坚。具体而言，可以建立和完善社会各方面力量参与扶贫开发制度，鼓励引导各类企业、社会组织和个人以多种形式参与扶贫开发，落实到贫困地区投资兴业等相关支持政策，积极牵头或协调各种社会团体和善举人士大力参与扶贫事业。根据每个村的具体情况对症下药，发挥当地的特色，形成一批优势产业，这样也能在当地创造更多的就业机会，减少劳动力的外流，促进农村的发展。

（四）加大精准扶贫政策宣传力度

要想使村民对扶贫政策形成更深刻的认识，推动扶贫工作的顺利开展，就必须做好扶贫政策的宣传工作。而要想实现这一目标，仅仅通过帮扶干部面对面向贫困户进行宣传是不够的。我们可以试着将各类惠民、扶贫政策详细分类，认真制作脱贫攻坚政策宣传彩页，然后将其发放到户，面向社会广泛宣传。让广大人民群众了解精准扶贫政策、参与精准扶贫工作，营造出浓厚的氛围，扩大精准扶贫工作的参与面。针对那些对相关政策理解存在一定困难的村民与老人，可以请村委会的人员配合工作，将政策尽量以通俗化的形式进行讲解，以便于提升精准扶贫政策的群众知晓度和满意度。

周家庄村精准扶贫实施状况调研报告

王　婷

摘　要：实施精准扶贫，对于全面建成小康社会、实现中华民族伟大复兴的中国梦都是不可忽略的重要部分，所以精准扶贫工作在我国的经济社会发展中起着十分重要的作用。为了更好地了解我国的精准扶贫工作和实施情况，笔者就江西省九江市修水县西港镇周家庄村进行了调查。通过走访调查了解该村当前精准扶贫现状，对走访中所发现的一些问题进行总结，并根据当前该村扶贫工作中存在的一些问题提出自己的一些建议，以此希望能够推动扶贫工作取得更好的效果，促进扶贫工作取得更大的成功。

关键词：精准扶贫；周家庄村；建议

2013年11月，习近平总书记到湖南湘西考察时首次提出了"精准扶贫"的重要思想，并自此开始逐渐实施。精准扶贫是粗放扶贫的对称，是指针对不同贫困区域环境、不同贫困农户状况，运用科学有效程序对扶贫对象实施精确识别、精确帮扶、精确管理的治贫方式。一般来说，精准扶贫主要是就贫困居民而言的，谁贫困就扶持谁。习近平总书记在党的十九大报告中指出，要动员全党全国全社会力量，坚持精准扶贫、精准脱贫，确保到2020年我国现行标准下农村贫困人口实现脱贫，贫困县全部摘帽，解决区域性整体贫困，做到脱真贫、真脱贫。

实施精准扶贫，对于实现全面建成小康社会，促进我国的发展、促进人民生活幸福等都有重要意义。因此，为了更好地学习习近平总书记在党的十九大报告中所谈到的精准扶贫政策，深入了解我国精准扶贫的具体落实情况和实施效果，我们前往江西省九江市修水县西港镇周家庄村进行了调查，通过在村委会了解大致情况以及对村里精准扶贫户进行实地访问，对周家庄的扶贫工作有了一个大致的了解。

一、周家庄村概况

周家庄村位于西港镇西北部，距离镇政府6千米，面积6.5平方千米，东北与溪口镇大坑、下港毗邻，西与马坳村接壤，处三镇交界之处，辖15个村民小组，542户，2472人，耕地面积1460亩，其中水田1200亩，小Ⅱ型水库一座，山地面积4700亩，省级公益林3120亩，传统产业以水稻和蚕桑为主，畜牧业以饲养杭母猪为主，新兴产业以种植油茶、果树、吊瓜为主。现在产业发展势头良好，油茶面积1200亩，果园基地面积200亩。

二、周家庄精准扶贫取得的成果

（一）村庄环境治理取得了成效

第一天走访这个村庄的时候，第一感觉就是不论是道路上、村民的房前屋后还是田地里都看不到垃圾，村子的环境非常好。通过进一步的走访得知村子里进行了环境整改，村里每几户人家就发一个垃圾桶，生活中产生的垃圾都被要求倒在垃圾桶里，垃圾乱扔的情况大大减少。据了解，每隔一段时间，就会有垃圾车来运送垃圾。同时，村民的环保意识明显提高，村民严格遵循、自觉遵守村规制度，不乱丢垃圾。环境整治取得了明显的成效，相比以前农村环境的"脏乱差"来说有了一个很大的改变。

（二）异地搬迁得到了落实

在走访的过程中，我们参观了这个村的易地搬迁户，是一排修建得很整齐的房子。屋子比较宽敞，里面带有厨房和卫生间，居住条件总体来说很不错。村民已经入住，这大大改善了贫困户的居住条件和生活环境。周家庄村对国家的易地搬迁扶贫政策也贯彻落实得很好。

（三）光伏扶贫已经运行

光伏扶贫是国务院扶贫办2015年确定实施的"十大精准扶贫工程"之

一，光伏扶贫充分利用了贫困地区太阳能资源丰富的优势，通过开发太阳能资源、连续25年产生的稳定收益，实现了扶贫开发和新能源利用、节能减排相结合。周家庄村的光伏扶贫已经落实，并开始产生效益，在参观光伏基地的过程中，发现周家庄村光伏扶贫的地理优势，周家庄村有小山丘。光伏被安装在小山丘上，就不会因为洪水而被摧毁。小山丘上较为空旷，没有什么遮挡物，光照时间长。根据周家庄村的书记介绍，周家庄村的光伏产业已经开始获利。他们将光伏产生的电量卖出去，然后将卖得的钱平摊给贫困户，从而给贫困户一些补助。光伏扶贫是在保护生态环境的前提下，利用光照资源转化为经济效益的绿色脱贫方式，不仅有利于建设秀美乡村，也有利于建设"美丽中国"。光伏扶贫也能确保长期收益，后期管理力度也小，是一种非常好的扶贫方式，由此可以看出周家庄村的光伏扶贫落实得很好，也取得了好的成效。

三、周家庄精准扶贫存在的问题

在对周家庄村进行调查后，了解到了周家庄村精准扶贫取得了许多不错的成果，对国家的扶贫政策贯彻落实得非常好，这是值得肯定的。但是在调查过程中通过对精准扶贫户进行实地调查访问，也发现了在周家庄村扶贫工作中，也存在着一些问题。

（一）小额信贷没有发挥很好的作用

扶贫小额信贷是专门为建档立卡贫困户获得发展资金而量身定制的扶贫贷款产品。主要是为贫困户提供5万元以下、3年以内、免担保免抵押、基准利率放贷、财政贴息、县级建立风险补偿金的信用贷款。也是为了支持有意愿贷款的建档立卡贫困户用于发展产业，增加收入。小额信贷对于各个贫困户所起的作用不同，有的贷款金额较大，有的贷款金额较少，这取决于他们自身的需求情况。在笔者对周家庄村村民梁女士进行访问的过程中，笔者询问到小额贷款，梁女士表示她知道小额信贷。但是他们家只有1300元钱，不知道是否到账，也还没有去查询。当问及这笔钱的用途时，她说道，因为金额较小，也起不了多大作用，暂时没做打算。可以看出小额信贷的作用并没有得到很好的发挥。

（二）没有从根源上进行扶贫，只是给予补助

在访问的过程中，村里对贫困户的扶贫都是给予一些补助，除此之外笔者并未访问到其他有效的措施。就如梁女士家是因病致贫，她因残疾而没有劳动力，家中还有多病的公公婆婆以及刚读完小学的儿子，所以重担全落在了她的丈夫身上，因为要照顾家中老小，所以不能外出挣钱，只能在附近打打零工，条件十分困难。虽然梁女士家评定为精准贫困户，得到了一些补助，在一定程度上缓解了他们的困难。但实际上并为帮助他们脱离贫困，解决他们的贫困问题。所以，从长远来说，他们家的贫困状况仍然会持续，也无法得到根本的改变。所以扶贫工作需要进一步思考，如何才能更好地改变像梁女士家这样的贫困户，以及怎样才能更好地改善他们的生活条件。

（三）产业扶贫的作用发挥不大

通过历时两天的走访，以及和村民的访谈，笔者并没有看到周家庄村支柱性的产业，即使看到了有地里种植桑树和菊花，也只是小规模的，只是在小片土地上个别村民自己家种植的。畜牧业以饲养杭母猪为主，但从调查中也得知村民只是自己家里会养一两头，也并未形成规模性的养殖场。所以周家庄村的扶贫产业没有发挥太大作用。一个村子是否拥有自身的支柱型产业，对其的发展影响也是不容小觑的。一个村子，一旦有了支柱性产业，一方面可以带动村庄经济的发展，另一方面也可以带动贫困户、村民就业，从而改善贫困户的生活条件，一举两得。

四、对策分析

（一）适当增加小额信贷金额，帮助贫困户更好发展自己的产业

就贫困户梁女士的情况来说，她因行动不便只能待在家中，所以开了一家较小的商店，挣点生活费。但通过观察，我看到了商店里的商品种类单

一，大都以零食为主，而且规模也较小，总体来说盈利也不大。就梁女士而言，如果增加小额信贷金额，就可以帮助她适当扩大商店的规模，增加商品的种类。不仅仅局限于零食，还有一些简单的生活用品。因为周家庄村离镇里还是比较远的，如果村里有个小超市，村民们可能更愿意到这里买东西，方便又快捷。如果梁女士家扩大商品规模，那么梁女士将能获得更多的收入，在一定程度上能够改善他们家的生活条件。这仅仅是对梁女士家的生活条件所起的作用，如果是就整个村庄而言，那么小额信贷所起的作用将会更大。所以，村干部应该宣传小额信贷的益处，积极鼓励贫困户进行创业，在限制额度范围内根据贫困户自身实际情况去贷需要的贷款额度，帮助他们发展自己的产业，从而达到脱贫效果，逐渐实现脱贫。

（二）扩大扶贫产业规模，带动贫困户就业

周家庄村可以发展一个规模较大，具有特色的产业，形成规模产业。比如说茶叶产业，可以借鉴西港镇佛坳村的模式，种植茶叶，或者种植菊花，并在村里建立一个小型加工厂，将茶叶或菊花加工后外销。规模产业不仅可以带动村庄经济的发展，也可以带动贫困户就业。对贫困户进行劳动力技能培训后，可以雇用为加工厂的工人。产业扶贫不单单是给予补助，不单单是依靠资助来谋生，而是鼓励贫困户通过自身劳动取得报酬，实现扶贫、扶智同时进行，降低贫困户的依赖性。另外也可以解决像梁女士家里的困境，她的丈夫可以不用再到处奔波找零工，在村子里的产业里工作不再是零散的收入，一方面保证了收入的稳定性，另一方面在村子里工作离家近，也方便照顾家里，从而改善他们家窘迫的生活环境。

（三）加强对贫困户的意识教育，促进贫困户思想转变

扶贫工作不仅仅只是扶贫，更重要的是扶智，不能让贫困户养成只靠国家资助，国家养活的思维定式。所以，村干部在对贫困户给予资助的过程中也应加强对他们的思想教育，宣传脱贫最根本的还是要靠自身的努力，鼓励他们依靠自身努力走上致富路。在这过程中可以给予他们一些帮助，比如说给他们提供劳动力培训以及先进农业技术的经验传授，让他们掌握更好的技

术，拥有更强的能力，以找到更好的谋生工作，从而摆脱贫困，改善自身生活条件，走向小康生活。只有这样，扶贫才能达到最好效果和真正的目的。

精准扶贫工作做好了才能切实保障我国农村贫困人口的生活质量得以提升。在落实精准扶贫政策要确保措施的科学性和有效性，并在扶贫工作中听取村民和他人的建议，确保政策的顺利落实，取得良好效果。实现贫困人口的脱贫，使我国真正迈向全国的小康社会，全体人民的小康社会，实现中华民族伟大复兴的中国梦。

涂家村和佛坳村生活垃圾专项治理
工作调研报告

周 进 刘 宇

摘 要：改革开放以后，特别是进入21世纪以来，随着国民经济的持续、健康、快速发展，人民生活水平的日益提高，大批工商业产品涌入农村消费市场，农村垃圾也随之逐年增加，成为困扰农村生态环境建设的突出问题。党的十九大报告提出实施乡村振兴战略，并提出了"产业兴旺、生态宜居、乡风文明、治理有效、生活富裕"的总要求。探索农村人居环境的治理之道，要建立健全党委领导、政府负责、社会协同、公众参与、法治保障的现代乡村绿色治理体制，从自治、共治、法治、德治、精治、善治等多个维度入手，因地制宜探索各具特色的治理模式，以不断满足各地农村居民对美丽环境的强烈诉求。江西师范大学马克思主义学院2015级思想政治教育班调查小组通过实地调查走访了江西省九江市修水县西港镇周家庄下涂家村和佛坳村，了解乡村振兴生态文明建设的相关工作成果，同时客观记录了乡村垃圾综合治理工作中出现的问题，并依据实际情况提出相应对策，最终形成了调研报告。

关键词：生活垃圾；处理现状；治理对策

一、调查背景

为培养高校学生社会实践调查能力，江西师范大学马克思主义学院2015级思想政治教育班在学院的统一组织安排下，积极响应党的十九大号召，传达十九大报告精神，深入江西省九江市修水县西港镇展开暑期社会调查。本次社会调查，意图通过三个活动的结合，来助力乡村事业发展，为基层扶贫、扶志、扶智贡献属于大学生的一份力量。

（一）开展卫生环境调查，宣讲生态保护理念

学生通过进村入户，介绍此行来意，协助村民填写关于垃圾处理问题的调查表，了解村民对于本村环保事业建设情况的看法。在每次调查结束后，主动向受访对象赠送环保布袋，借此旨在表示对受访对象积极配合的谢意，以及帮助其加强环保意识，践行环保理念，使之在绿色思想与实际行动上得到有效统一，而这也是我们此次活动的初衷之一。

（二）走访建档立卡贫困户，记录生活生计改善度

扶贫是一项国家层面的重大政治任务，同时也是广泛延及基层的民生保障任务。学生在摸清本村建档立卡贫困户（以下简称贫困户）的地理分布后，可以两人一组的形式进入贫困户家内，深入调查贫困户致贫原因，受贫现状，得助情况，等等。精分微析，将得到的有效信息具体落实到下发的问卷上。

（三）向村民宣讲党的十九大精神，进行扶智扶志教育

积极对接村支部书记，召集村民前来坐听。学生四人一组，先后开始党的十九大精神宣讲，同时对乡村振兴、乡村精神文明建设等方面，充分表达自己的洞见。向村民系统介绍党的新时代路线方针政策，以及政府对于改善乡村人居环境、人文环境等所研讨的问题，所做出的努力。

二、调查对象及时间

江西省九江市修水县西港镇周家庄村下辖的涂家村、佛坳村

时间：2018年7月11日至7月13日

三、调查现状

（一）修水多措并举扎实推进农村生活垃圾治理

自2015年以来，修水县采取强化宣传发动，强化垃圾清理，强化督查调

度，强化资金保障四项举措扎实推进农村生活垃圾治理工作。修水县通过召开农村生活垃圾治理工作现场推进会，对农村存量垃圾清理工作第一次督查排位前三名的乡镇授予流动红旗并给予2万元奖励，对排位后三名的乡镇给予流动黄牌。这是该县推进农村生活垃圾治理的有效举措之一——强化督查调度。截至目前，全县共清理存量垃圾1万余吨，新建乡镇垃圾焚烧中心2处，新聘请保洁员800余人，购买各类垃圾清运车（含三轮车）80余辆，新配置垃圾桶7万余个，乡村面貌焕然一新。

为营造浓厚的工作氛围，该县36个乡镇通过召开动员大会、党员组长会、户主会，发放公开信，张贴"门前三包"责任牌等多种方式进行广泛宣传，动员广大群众积极参与农村生活垃圾治理工作。同时在《修水报》、修水电视台开设"抓好农村'六乱'治理、加强生态环境建设"专栏，做到电视天天播，报纸期期有，全县上下形成了良好的工作氛围。

该县把督查考核作为推动农村垃圾治理的重要手段，坚持"一月一督查、一季一巡查、半年一考核"机制，促进工作落实。每月颁发流动红旗和黄牌，对连续两次以上黄牌警告的乡镇，主要负责人要在县电视台作表态发言，并到乡镇召开现场会；对连续三次排名后三位的乡镇，对主要负责人和相关责任人采取组织处理措施。截至目前，全县召开大型调度会议2次，电视台曝光4次，全县通报批评6次，编发简报10期。

今年该县安排了县级资金1200万元用于农村生活垃圾治理工作。奖补资金主要用于密闭式垃圾清运车、垃圾桶、保洁员工具等购置，乡镇垃圾焚烧中心或乡镇垃圾填埋场、村庄简易焚烧炉等设施的建设和乡村保洁员薪酬的补贴。同时，各乡镇积极筹措资金加大了对农村生活垃圾治理的投入，36个乡镇本级投入均达到30万元以上。同时该县采取"一事一议"的方式，有效落实了保洁员工资待遇。

（二）周家庄相关情况调查

周家庄村位于西港镇西北部，村风淳朴，村貌整洁，借助"十三五"重点扶贫村这股东风，积极改善基础设施，朝着农业现代化的目标稳步前进。

2018年7月12日午时，调查小组来到西港镇周家庄与村支书会合并了解相关情况，随后来到周家庄村下辖的涂家村就垃圾处理的情况进行了入户调查。下面摘取组员与村民关于垃圾处理的部分访谈记录：

周进：涂大爷，平时您这儿的垃圾怎么处理？

涂大爷：每家每户门前都有个垃圾桶，我们扔那里去。

周进：那会有专人来收吗？

涂大爷：有的，集中到路口的垃圾箱，有人会来清理。

周进：隔几天来收一次呢？

涂大爷：有时两天，有时四五天，要打电话。

周进：村子里会不会有人焚烧垃圾呢？

涂大爷：没有没有，这个管得很严。

周进：你们会拿垃圾做肥料（堆肥）吗？

涂大爷：以前会，现在基本都不会了。

周进：那，大爷，你们这儿附近有河或者塘吗？

涂大爷：村口有一条小河。

周进：从您家走到那条河大概要多久呢？

涂大爷：要一刻钟左右吧。

周进：那平时会有人乱扔垃圾到河里吗？

涂大爷：没有的，这个管得挺严的。不过隔壁村有家养猪场，经常把猪粪排到里面，河水很臭，要人命哩！

周进：就是说你们这没有养殖场了？你们的垃圾是这样处理的啊，我知道了，谢谢您，涂大爷！

涂大爷：没事没事，倒是希望你们能多帮我们反映反映……

随后我们对其他户调查的结果也都大致类似，村民们总体对垃圾处理的方式和现状比较满意，但对邻村养猪场乱排污染物的行为都表示十分不满，对于垃圾集中清理的专员的守时度略有不满，对于涂家村环境美化效果给予了不错的评价。

（三）佛坳村相关调查情况

次日，调查小组来到西港镇佛坳村与村支书会合，听取村支书作佛坳村相关情况的报告，稍做整顿，下午分批次展开入户调查。以下是截取的部分组员访谈记录：

刘宁：刘大妈您好，请问你们自家的垃圾是怎么处理的？

刘大妈：我们的垃圾是自己先收集好，然后打电话叫专人来收的。

刘宁：附近没有垃圾桶吗？

刘大妈：有，就在前面，我们这每家每户都分有一个垃圾桶。

刘宁：我看到你们村有条河，平常会有人往里乱倒垃圾吗？

刘大妈：不会的，就连几岁的娃子我们都会看管好。

刘宁：那的确管理得挺不错，你们这儿有什么养殖场吗？

刘大妈：没有。

刘宁：你们对村子的垃圾治理的方法（模式）满意吗？村子的环境你们觉得怎么样？

刘大妈：老实说，以前真的很不舒服。你刚问的那些问题以前还是很严重哩！现在，我认为佛坳村的环境好多了，我每天都散步，路上都看不到什么垃圾，很舒服很舒服……

刘宁：嗯嗯，祝大妈您永远开心，身体健康，谢谢您的配合，这是我们学院的一点心意，请您一定收下……

随后的几户调查结果发现，佛坳村的村民们对本村的垃圾治理方式均持较为满意的态度，但组员吴晨辉访谈的几户人家反映的实际情况相反，综合对比结果能够得出：部分村民反映情况时过于情绪化或是主观性太强，对报告的分析有一定的影响。

下午4时，调查小组在佛坳村支门口部集合，结束调查返程。

四、问题分析

通过对西港镇周家庄村、佛坳村垃圾治理方式的实地调查与访谈，可以发现，两村在垃圾处理的方式上较为一致，取得了不错的效果，但在实际处理过程中也暴露出了一些问题。

第一，垃圾填埋场选址缺乏科学合理性。由于各乡镇垃圾填埋场选址时未通过环境影响评价进行可行性分析，从而未能充分考虑对周边敏感点（村庄、学校、河流等）的影响。少数乡镇垃圾填埋场存在选址不当的问题，对垃圾填埋场产生的诸如污水渗滤液、恶臭气体等污染物，对周边环境、群众生活以及水体的影响估计和认识不足。如西港镇部分贫困村的垃圾填埋场建在小河堤岸边上，距离居民区不足50米，填埋场产生的渗滤液、恶臭及焚烧过程中产生的废气对周边群众生产、生活造成极大不利影响。

第二，固定垃圾中转站设置数量不多，负责专人少。虽然村民对垃圾中转站的安置很满意，但由于数量过少，负责集中处理垃圾的人过少，导致村民积攒的垃圾不能及时处理掉，如佛坳村只有一个垃圾中转站，村民甚至通过打电话催促都不能及时处理掉垃圾，影响了垃圾处理效率，对农村的环境卫生造成了一定的影响。

第三，垃圾未进行科学分类。垃圾是一种放错地方的资源。垃圾处理应尽量实现资源化、减量化、无害化，对垃圾进行科学分类是最大限度地实现垃圾资源化和减量化。目前农村垃圾在收集过程中尚未开展垃圾分类工作，只是简单的收集，因而，垃圾成分复杂，一方面导致垃圾中许多有用的资源被浪费，另一方面增加垃圾处理的难度。村民并不在意，周家庄下辖的涂家村和佛坳村便没有能够做到垃圾的科学合理分类，这种意识也并未能在两村村民的头脑中形成。

第四，缺乏专业的运输工具。大多数乡镇以人力手推车作为主要垃圾收集车，垃圾运输车使用的基本是农用车或拖拉机，基本没有密封，运输过程中泄漏、散落情况严重，给二次收集带来极大困难。

第五，垃圾处理运转资金困难。经调查研究发现，由于资金问题，目前九江市修水县下辖的若干乡镇未建设垃圾填埋场。资金的短缺也是造成各乡镇垃圾填埋场建设不规范、垃圾收集率低、垃圾处理场运转困难的主要原因。据了解，镇区人口约3万人的码头镇，每年的垃圾产生量达到2万吨以上，采用集中填埋式处理，包括雇用专业车辆开挖及填埋土方、运输车辆维修、油费、人工工资等一年运转费用达到80万元，而收取的有偿服务费只有20万元，垃圾处理费则分文未收，其余60万元资金缺口需要码头镇政府财政贴补，给乡镇增加巨大的经济压力，这一情况在其他乡镇都普遍存在。

五、对策研究

（一）建立农村生活垃圾治理网格化管理体系

按照省、市关于农村生活垃圾治理工作的部署，进一步完善农村生活垃圾治理工作体制建设，根据责任主体不同，构建"以乡为网，以行政村为格，以自然村为点"三位一体的农村生活垃圾治理网格监管体系。即由乡农村生活垃圾治理工作领导小组为责任主体组织形成第一级网络，负责对全乡农村生活垃圾治理的指导检查调度；行政村内由包片村干部为责任主体形成第二级网格，受乡治理工作领导小组的检查调度，并对所包片范围内的自然村（组）保洁员进行管理，实行异岗同责；各自然村（组）保洁员为责任主体形成第三级网点，受乡治理工作领导小组、包片村干部及卫生理事会的监督管理。

（二）全面开展农村生活垃圾大整治活动

村内要进行广泛动员、集中力量开展农村生活垃圾大整治活动，消除卫生死角和盲区，巩固农村生活垃圾治理成效。对全村范围内的陈年垃圾进行拉网式、地毯式的排查和清理。组织乡镇、村党员干部，乡村保洁员、农村居民等集中整治村道沿线、河道沿线、村庄周边、学校周边、田边、树林竹林死角、沟渠塘库死角、桥下屋坎死角等"二线三边三死角"区域，做到农村环境"洁化、序化、绿化、美化"，全面整治"脏乱差"，做到垃圾清理无死角。

（三）优化农村保洁力量配置，提高保洁员待遇

严格按照每千人配3名保洁员标准配备专职保洁员，实现农村保洁队伍自然村庄全覆盖；组建稳定管用的农村环卫保洁队伍，保洁员选聘优先考虑贫

困户；鼓励有能力的保洁员承担更大保洁范围。实行多劳多得的保洁员待遇体系，按照保洁范围、服务户数不同，由镇政府划定保洁员基本工资标准，实行保洁员绩效工资管理，保洁员工资将由三部分组成，即基本工资+农户保洁费+绩效考核工资，乡环卫所将每月底对全乡保洁员进行绩效考核，按照绩效考核标准由乡财政所统一将保洁员工资发放到保洁员的一卡通内。

（四）完善长效管理机制

镇环卫所要完善各类农村生活垃圾治理工作的规章制度，村内要充分发挥村民自治组织作用，通过建立完善村规民约、签订"门前三包"责任书、定期组织开展卫生评比等，村内每月评选出三户"清洁文明户"并授予"清洁文明户"流动牌，镇每月评选出两个"整洁村庄"并授予流动红旗，广泛发动村民自觉参与生活垃圾治理，引导村民在参与中增强保护环境卫生的意识，提高农村生活垃圾治理的综合效果。

（五）深入进行宣传教育

通过各种宣传平台，积极宣传农村垃圾治理的意义、要求，及时反映工作动态和工作效果，形成人人知晓、人人参与的良好氛围。进一步健全长效的农村生活垃圾治理宣传培训机制，通过会议、标语、宣传册、微信等传统和新兴媒体进行宣传发动；要继续开展乡、村、组三个层次的培训，使广大农民群众成为农村生活垃圾规范收集分类、无害化处理的明白人。同时，还要组织开展对中小学生进行环境卫生教育，通过主题班会、征文比赛、演讲比赛、黑板报、宣传栏、广播站及志愿者活动等方式宣传农村生活垃圾的目的意义，以小手拉大手的方式，实现群众卫生意识和行为的转变。

修口村乡村振兴战略实施调查报告

刘　洋

　　摘　要：2018年是西港镇与江西全省、全市、全县同步脱贫的关键年。随着2018年1月2日《中共中央国务院关于实施乡村振兴战略的意见》文件发布实施，"乡村振兴"战略在西港镇各行政村积极地落实下来。为了更好地了解该项战略实施的生存土壤，更直观地感受战略实施的成果，更客观地学习我国国情与农情，江西师范大学马克思主义学院2015思想政治教育班积极贯彻党的十九大精神，扎根农村，切实开展调研活动。

　　关键词：乡村振兴；调查现状；问题总结；对策分析

一、调查背景

　　2017年10月18日至10月24日，中国共产党第十九次全国代表大会在北京召开；2018年1月2日，《中共中央国务院关于实施乡村振兴战略的意见》发布实施。2018年是修水县西港镇与江西全省、全市、全县同步脱贫的关键一年。调查政策实施过程中的问题，以期提出相对客观且可操作的对策，江西师范大学马克思主义学院2015思想政治教育班积极贯彻党的十九大精神，发挥实践的主体能动性，在学院的统一组织安排下，来到了江西省九江市修水县西港镇开展社会调查学习实践。

二、调查对象

　　江西省九江市修水县西港镇修口村。

三、调查方法

（一）访谈法

小组成员以调查问卷为主，采用口头形式，根据被询问者对问卷相应问题的具体答复记录客观的、不带私人感情偏见、不加主观修饰的事实材料，以客观准确的样本说明所要代表的总体的情况一种方式。

本组成员在调查中采用非正式抽样采访询问。

（二）观察法

小组成员以调查问卷为主，在访谈过程中，有目的、有计划地在自然条件下，通过系统观察和记录，对被采访者的心理活动进行合理猜测与分析。

四、调查现状

（一）西港镇政务信息公开

在调查活动开始之前，笔者抱着试一试的心态，竟然真搜到了修水县西港镇的政务官网。仔细浏览政务官网后，笔者发现西港镇的大小信息在该门户网站上有充分的透明化"表达"。

进入官网，网页左上角有几个醒目大字"西港镇信息公开"；从具体的"工作动态"（为增加可视化的直观性，另设主页），防洪工程的开建、领导的指导工作与慰问贫困户、主题党日活动等一应俱全；再到"领导之窗"，人性化的组织结构图设计，各层级主要负责领导一目了然；"乡镇概况"的介绍也是细致入微，具体位置、人口面积、自然条件、经济概况、社会发展、基础设施、镇区市政建设等全面覆盖，介绍全面具体；再到"规划计划"，具体到每一行政村，都有具体的年工作计划，计划透明。

除此，网页还有"政策法规及规范性文件"与"政府信息公开年度报告"浏览子条目，可以看到，各种信息全面且丰富，既有人性化的考虑，也有政务公开之实。由此合理猜测，该镇的日常工作应当是有条不紊地进行，有大的全局规划，也有具体的步骤引导，还有总结性陈述。

（二）修口村具体情况调查

在与修口村村支部书记的具体访谈中，我们对修口村的一些基础情况也做了一些了解，并结合我们在其政务网上查到的该村关于2018年的工作计划，做了部分核实和比较。

刘洋：村里有没有外出打工的年轻人？

修口村支部书记：有500多个年轻人出去打工。

刘洋：这些年轻父母外出务工，他们小孩的教育问题怎么解决呢？

修口村支部书记：有些父母会带出去，在外租房子让小孩接受（比这儿）更好的教育，享受好的教育条件。

刘洋：那没有带出去的呢？村里有没有自己的学校，怎么具体解决留在家里的适龄儿童的教育问题？

修口村支部书记：我们村里有自己的村小学，6个老师，90多个学生，5个年级。

刘洋：6个老师都是有编制的吗？

修口村支部书记：有几个是考编的，另外是我们外聘的。

关于学校的具体教育问题，以及教育设施，等等，我们在西港镇的政务网上也查到了修水村关于2018年的工作内容，其中"完善学校各项设施建设"居于前位，合理猜测应当是今年修水村实际工作的重点任务之一。

刘洋：怎么才算是"脱贫摘帽"？

修口村支部书记：根据建档立卡时村民各自写的条件，如果条件有所改善就是脱贫。比如因重病建档立卡，那么重病痊愈即是脱贫摘帽。

刘洋：关于这个贫困户标准，具体怎么设定呢？

修口村支部书记：通过小组投选来决定（是否是贫困户）。

刘洋：那我们这个驻村工作队的工作频率是？

修口村支部书记：一个月3次。

刘洋：每次去都有哪些具体工作内容，您能和我们大体说说吗？

修口村支部书记：一般都是下户走访，实地查看，再问问（各户）基础情况。

刘洋：我们修口村的主要产业是什么呢？

修口村支部书记：主要靠的是种桑卖蚕。

刘洋：咱村里有特别贫困的一般会怎么给予帮助呢？

修口村支部书记：除了民主投票（以上提到的小组投选）之外，特别贫困的农户村支部会开会讨论，直接报镇上提名，然后给予帮助（这样比一般投选速度快）。也就是积极帮村民申请低保，每月1000多元。

刘洋：我看到墙上的数据图有近半数致贫原因是技术缺乏，我们是怎么解决技术原因或者提供对应的帮助呢？

修口村支部书记：我们会（有技术员）入户培训村民，这样使他们自食其力，自己操作。

刘洋：村子里有没有自己独特的文化活动或者特色村风？

修口村支部书记：这倒没有。

刘洋：咱村子垃圾一般怎么清理呢？

修口村支部书记：村里放了垃圾桶40多个，由村民统一购置，基本能安排到一户一个。由专门的清洁员统一处理。

在修口村的2018年工作计划中，"创建美丽家园狠抓环境治理"也被作为该年的工作事项。访谈中关于村里垃圾回收清理的部分也相对可以看出该村在环境问题的解决态度上是积极配合"一号文件"的内容要求的，文件指出"农村环境和生态问题比较突出"，并在指导思想中提出了"生态宜居""治理有效"等总要求。可见该村的干部队伍是对文件做了细致学习，才有了政策上的相对精准把握。

（三）基层党组织建设情况调查

刘洋：村里有些党员是在外工作的，所以平日里支部的各种大会小会未必全勤，那么支部平时的党员生活会怎么召开？

修口村支部书记：电话联系（提前通知赶回来参会）或者在外有党员的"党团"，可以自行组织，定期汇报思想工作。

刘洋：党员平时怎么组织学习？

修口村支部书记：嗯，有啊，捡捡垃圾嘛。

刘洋：就定期组织捡捡垃圾吗？

村干梁女士：有理论学习，比如，我们在十九大召开后组织党员集中学习，也有心得分享之类的，我们也有实践学习，这不"一号文件"精神就是乡村振兴嘛，"生态宜居"也是指导思想，我们组织村里党员捡捡垃圾之类的。

刘洋：我们这个村党员发展的具体流程您能和我们简单说说吗？

修口村支部书记：嗯，先是村民递交（入党）申请书，我们再通过党代会开会（进行）评议，评议之后提交投选后的具体人员名单，上报到镇里（西港镇）审核，（审核通过之后）再宣誓。

刘洋：我们修口村现在有多少党员啊？

修口村支部书记：现在是32名党员。

刘洋：那我们是多少个村民呢？

修口村支部书记：1700多名村民。

1.党员发展过程完善

通过以上采访，可以直观地看出修口村的党支部在党员发展这一块的工作是按部就班，有条有理的。从申请入党到评议、审核等一系列流程相对完善，没有疏漏。据介绍，西港镇共设14个党支部，共有党员585名，平均每支部大约有41名党员。通过此项对比数据可以得出，修口村的党员发展情况较其他行政村而言，还是有点儿靠后。

2.党内组织生活较单一

在采访过程中，当提及支部是否定期安排一定的党内组织生活时，通过观察获悉，书记回答中略显犹疑，犹疑中该话茬被修口村刚调下来不久的年轻村干梁女士接了过去："有理论学习，比如我们在十九大召开后组织党员集中学习，也有心得分享之类的，我们也有实践学习，这不'一号文件'精神就是乡村振兴嘛，'生态宜居'也是指导思想，我们组织村里党员捡捡垃圾之类的。"通过合理猜测，本组成员对该回答的真实性难免有折扣。即使都是真的，也不难看出修口村村支部的党内组织生活略显单薄。

（四）战略实施实际情况调查

1.农村一线干部对政策实施的工作感悟

这里以采访修口村村主任何小满的实际材料为主。在实际采访中，我们了解到，修口村一线干部（如支部书记、村主任、年轻村干等）均反映在农村工作有难处。

首先，村民的眼光不够长远，思想素质有待提高，在政策的具体落实时常常表现出不满。

程前：您认为农村工作难，是具体难在哪里？

村主任：农村工作难，主要是因为农民的素质问题。比如，做扶贫工作的时候，不少村民有不满情绪，嫌给自己的补助金额少。

李嘉文：这个补助金额您可以给我们现在大致测算一下吗？

村主任：嗯。先是低保户，有81户，每户每月发255元，12个月共发放247860元，这是一年低保户接受的补助金额；五保户有16户，每户每月发350元，发12个月，共发放67200元，一年接受的补助金额就有6.7万多元，实际测算下来就会发现，金额已经不少，有些村民只考虑眼前金额的多少，这样怎么给都少。

通过以上采访材料，我们可以看出由于农民自身的思想素质不高，眼光多滞留在当前，大都有一种"一口吃个大胖子"的速成感，所以在村干部实际的工作中出现了村民不支持、不理解的现象。

其次，村民对政策了解不到位，利己心思重。

程前：这个接受补助有没有指标限制？

村主任：受补贴是没有指标限制的，只要符合条件即可。不满情绪怎么出来的呢？是有些农户在贫困线，但是和他相当水平的农户如果被评上，而自己没被评上的就会觉得不公平，对政策表现出不满。

在这则采访材料中，通过浏览村主任给出的相关数据，我们并没有发现扶贫政策的实际落实时，有村干部"揩油"的现象。但是暴露出的问题却很有代表性，即村民对政策的实际内容理解和把握不到位，以致在接受相关扶贫政策时总觉得自己"分不到羹"就是政策实施过程中出现了不公平现象。

2.农民对政策落实的反馈

在实际入户的走访调查中，我们小组有遇到这样"有趣"的"吐槽"：

事例1：修口村一农民，患有坐股神经痛，后由于涨水导致自家房子进水，按他"理解"的政策，自己患病且受到了自然灾害的不良影响，怎么说也应该"评得上"贫困户，结果没有评上，心里不平衡，便和访谈员吐槽。调查还发现，和该村民有相似经历的农户有类似的"待遇"而产生不满情绪的，不是个例。

通过以上事例，我们可以看出，村干部在政策落实时对农民情绪安抚工作做得不够到位，也间接性说明村干部把精力主要投在了政策的实际落实上，而同样关键的前期政策宣传，和后期回问反馈群众真正的获得感工作，做得不够彻底。由于这种负面情绪没有及时采取措施消除，引致更多的不满，甚至群众的不信任、抵触等。如下面的事例：

事例2：修口村有村民自己患病且欠外债，但是因为自家有房有车没有被评为贫困户，该村民很不理解，不满情绪严重。

该事例正说明了村干部在政策落实前夕宣传不到位、不彻底，存在部分村民对扶贫政策的不了解或者了解不深入，进而对村干部的事后调解工作抱有抵触情绪。

（五）村干部工作压力大

压力一：国家层面。国家要求江西省要在2019年实现全面脱贫；而村里的现状（村里现状：2014年村里脱贫1户，2015年脱贫4户，2016年脱贫7户，2017年脱贫10户，2018年有40户未脱贫）却不容乐观，目标实施过程中，为"强行"实现指标可能出现"为了脱贫而脱贫"的现象，工作压力自然无形加大。

压力二：村民自身政策解读不到位，科学文化素质及思想道德素质问题，村民利己心思重。

压力三：因为修口村是非贫困村，政策倾斜力度不大，政府辅助不强，执行工作压力大。

修口村村主任：修口不是贫困村，补助只有10万块钱，但是马祖湖村现在已经"摘帽"了，却享有补助多达100多万元。

压力四：扶贫干部队伍建设不到位，队伍老化，年轻的专职专干力量少，仅村干梁女士是从上面调下来的专干。村主任将退休，但是因为缺接班人，镇上不予批准，可能会出现返聘情况，由此出现工作精力不足、热情不高等问题。村主任32年工龄，工作态度认真，工作踏实负责投入精力却收效勉强，很大一部分是队伍不给力，人手配备拖后腿。

五、问题分析与对策思考

（一）问题分析

1.西港镇各行政村虽有具体的年度工作计划，也有对上一年的工作进行总结，但不论是本年的工作计划还是上一年的工作总结都不具体。例如，在修口村2018年的工作计划中，我们发现，整个2018年的工作计划就4项短句概括完毕："硬化六组至学校公路500米；完善学校各项设施建设；创建美丽家园狠抓环境治理；争取在居住密集地点安装部分路灯。"仅从短短的工作计划不免令人觉得有为了"工作计划"而做"工作计划"之嫌。

2.党内组织生活单一。通过采访发现，修口村支部的党内组织生活略显单薄。据小组通过对话实际内容合理猜测，该支部的理论学习可能因为农忙或者部分党员不在场而"任务型"组织或者取消组织。

3.村干部在落实政策之前的宣传工作不到位，对政策实施后的村民满意度与获得感的摸底调查工作欠缺，使得村干部与村民之间感情出现嫌隙，耽误工作正常进行或者无法取得理想中的成果。

4.村民自身思想素质、文化素质有待提高。村民的眼光停滞眼前，对政策具体落实存在不满，有"一口吃个大胖子"的速成想法，等等，都是思想素质不高的具体表现。

（二）对策思考

1.工作计划具体化

为防止工作计划有流于形式之嫌，或者出现空洞、不具体等问题，可考虑将工作计划细分，从月到季度到年计划。详尽且统筹清楚的工作计划会成为实际工作中的润滑剂。

2.丰富党内组织生活

如定期召开民主生活会，听听基层党员的心声，增进大家的感情与党组织的归属感；按期开展理论学习实践活动，选一两位学识深厚的党员带领各党员学习政策知识、学习理论知识，提高基层党员的科学文化素质；实行党内监督和党外监督两手统抓，有针对性地严格地提高党员的各项素质，提升基层党组织的整体水平。

3.政策落实前的前期宣传要到位

一则要用通俗易懂的语言解释政策，切实保证村民真正地理解政策、读懂政策内涵，不要为了宣传而宣传，使政策永远飘在群众的头顶；二则要屡次不厌其烦地对村民讲解政策知识，次数多了，难懂的自然也会解开，耐心回答村民的各类问题，不要小瞧这些问题；三则增进干部与群众之间的交流与联系，良好的感情基础是信任产生的土壤，建立在信任基础上的政策了解才是稳固的、牢靠的，才能有效预防嫌隙的发生。

4.提高村民的思想文化素质、科学文化素质

党员干部深入各家各户进行政策知识讲解或给村民讲解其他技术性知识、科学文化知识等，不要拘泥于党员的身份，真正地走进各家各户，为群众带去实质性的物质改善或精神面貌的改观都是一种为人民服务。

六、调查总结

为期七天的实践活动已落下帷幕，在开始之前预想了所有可能的糟糕的情况，却在真正结束提起它的时候，发现嘴角扬起满足的微笑。

7天里，40余人同吃同进。两年没说过10句话的同学在这几天"破冰"了；平时相看甚厌的同学也感受到了彼此的暖意，觉得世事可爱。有人说，有一种"知青"的感觉。而今想来也是，这种亲近得再不能亲近的集体生活，把班里的每个同学都紧紧地团结在了一起。

黄昏将近，看班里的男孩子打篮球，手机抓拍的瞬间满满的都是少年感；举头满天星辰，坐在宿舍楼前的篮球板上校稿聊天；在好友生日当天为她精心准备生日惊喜，陪她在星辰下话闺语而泪目……回忆里的这些点滴，都把这几天干硬的硌人的床板、闷热暴晒的天气、蚊虫叮咬过敏发炎的不开心一扫而尽，逊色得不值得一提。

感谢两位老师的照顾、陪伴，感念这些天在星星打起灯时的心动。写到这里眼眶湿润，像是在郑重地、煞有介事地和本科的课程做告别仪式。在本科论文的"致谢"还没落笔之前，我们都是时间宠爱着的孩子，长大什么的，再说。

马祖湖村精准扶贫状况调查报告

谢文洁

摘　要：精准扶贫、精准脱贫这一重要思想是打好脱贫攻坚战的根本指针，这一指针自提出以来，在实践中不断得到检验，取得了重大的成效。十八大以来脱贫攻坚战取得决定性进展，6000多万贫困人口稳定脱贫，为了了解农村脱贫攻坚的具体情况，本次2015级思政班同学深入西港镇进行实地调研。具体调查的内容主要包括了解当地扶贫现状、贫困户的致贫原因以及扶贫政策实施的效果，经过为期一周的实地考察，取得了较多的第一手资料，对扶贫政策的落实的进一步完善具有一定的参考价值。

关键词：现状；致贫原因；政策

按照2015级思政班专业社会调查课程的要求，笔者同本班部分同学组成马祖湖村精准扶贫入户调查小组，跟随本村扶贫专干深入马祖湖村开展实地调查，以了解马祖湖村精准扶贫项目实施的效果和质量，现将有关情况报告如下。

一、马祖湖村基本情况及脱贫现状

马祖湖村位于江西省九江市修水县西港镇境内，全村共有建档立卡贫困户43户162人，其中，因病致贫19户71人、因残致贫9户32人、因学致贫4户13人、缺技术致贫10户44人、缺劳动力致贫1户2人。据调查获悉，马祖湖村现已全部脱贫，但实际脱贫效果和质量并不乐观。例如，梁某一家共有6口人，原因是因病致贫。梁某本人身患冠心病，因心梗做支架治疗，肢体三级残疾，丧失劳动力，每月医疗开支较大。而家中医疗开支还有一部分来自梁某的女儿，其女儿和女婿是家中的劳动力，全年外出温州务工，但女儿回家的目的除了看望家中老小，还包括身体疾病治疗。家中还有两个孩子就读小学，即使每年得到政府教育补贴2000元，还是较难承受家庭开支。虽然在梁某家的贫困户精准脱贫明白卡上显示其已于2017年实现脱贫，但其实际生活依然并不富裕。

二、马祖湖村致贫原因分析

（一）全村总体致贫原因

一是村域经济基础薄弱。本村虽然有合作社，但无集体企业。并且村内产业的产品，如菊花、桑蚕和生猪等主要用于村民自给自足或者村民单独将其运送到集市售卖。

二是产业结构调整缓慢。由于马祖湖村地理位置偏远，多山人稀，贫困村民大部分住在地势较高的山脚下，住宅与住宅之间距离较远，并且容易遭受山体滑坡和洪涝灾害。全村农业用地较少，大部分农民由于农田较少，得到的农业补贴也较少。并且交通不便，每天村内有固定的班车，一天两趟。信息不畅，村内大部分村民使用移动信号，但信号较差。这些原因造成村内经济发展不成规模，产业结构调整比较缓慢。

三是基础设施建设滞后。道路交通条件差，公交车无法深入村内各处，只能停留在村口；据入户调查得知，村内有些路段的路灯照明仍在建设当中；手机信号没有覆盖全村，村民对外联系极不方便；全村贫困户基本实现危房改造，但仍需进一步房屋加固。

（二）贫困户致贫具体原因

贫困户致贫原因主要集中在因病、因残、因学、缺技术、缺劳动力等，主要为以下三点：

一是因病致贫是主因。在本次调查中了解到，马祖湖村贫困户43户162人，其中因病致贫19户71人，占贫困户的44.2%；缺劳动力1户2人，占贫困户的2.33%。例如，马祖湖村的梁某本人身患冠心病，因心梗做支架治疗，肢体三级残疾，丧失劳动力；其女儿近期因锁骨骨折，刚结束手术不久，短期内暂时无法务工；两个孩子就读小学，现家中经济来源主要依靠其女婿在外务工收入、医疗和教育补贴以及无息贷款。

二是观念落后是根源。调查发现，贫困户绝大多数年龄偏大，文化程度不高，既无劳动能力又缺乏技术，缺乏创业的激情，观念比较传统和保守，宁愿等着政府的救助，而不愿自食自力。例如，被调查者张某一家，主要致贫原因是缺技术。但其本人接受政府提供的月嫂培训，却没有坚持下去，几次放弃培训，而丈夫参加养猪和养蚕的就业培训，也是如此。现家中主要收入来自生猪和养蚕。其儿子初中辍学，但张某并未阻止其行为，现儿子在外闯荡，学习厨师烹调技术。

三是保障不足是诱因。在马祖湖村大病救助、农村低保、养老服务等社会保障不足，标准不高，一旦遇到天灾人祸，因病因残，极易返贫。例如，在本次入户调查中，我们发现梁某的女儿近期动了手术，但其贫困户精准脱贫明白卡下方的医疗救助登记表上填写的却是其儿子的名字。据了解，医疗救助补贴根据对象、病因的不同而相应的增加或减少。

三、扶贫政策以及实施的效果和质量

根据精准扶贫的"六个精准"的标准，即扶贫对象精准、项目安排精准、资金使用精准、措施到户精准、因村派人精准以及脱贫成效精准，马祖湖村大力推进精准扶贫政策，并取得一定成效，村总体贫困户的情况有所改善。主要体现在以下几个方面。

（一）家庭收入增加

马祖湖村有2户为五保户和低保户，剩下41户是低保户。贫困户得到的补贴主要有低保户补贴、五保户补贴、农业补贴、教育补贴以及医疗补贴等。其中，在我们所调查中，农业补贴在所有补贴中所占比重最大，例如，涂某一家一年农业补贴为9000元。并且在贫困户中，教育补贴为小学每年1000元，初中每年1250元，高中每年2000元，加之医疗补贴使得医疗支出较少。因此，对于贫困户而言，将政府的各项补贴归为家庭收入，他们的家庭经济能力有所提高，生活条件也有所改善。

（二）居住条件改善

马祖湖村的贫困户中只要是从2015年开始归为危房的住户，就能得到政府的危房改造帮扶以及住房补贴。例如，涂某一家主要是因残致贫，其丈夫打零工，收入较少，并且夫妻二人在涂某43岁时育有一子，现就读小学，家庭开支较大。在涂某一家的补贴构成中，住房补助所占比重最大，达到12万元。

在对陈某进行访谈的路上，我们询问其对村内基础设施建设有什么建议，他提出希望村里的路灯照明能够尽快完工。在我们结束调查返回集合时，我仔细观察的村内基础设施建设，发现村内道路由于地势原因大都比较陡峭，但是道路维修得比较完善。即使如此，车辆行驶也较为危险和不便。扶贫专干告诉我们，由于村内的地势原因，道路修建时遇到了不少障碍，现在修建路灯照明也是如此，这也是施工进程缓慢的一个原因。总体而言，马祖湖村村内基础社会有所改善，家家户户都配备垃圾桶，村内卫生较为整洁，居住条件较之以往大幅改善。

（三）产业帮扶成效较为显著

据调查，马祖湖村的主要产业包括油茶、蚕桑、菊花和生猪等。除了农业补贴以外，其贫困户发展产业奖补有：新栽菊花是每亩400元、新建养蚕大棚每平方米150元、新扩油茶每亩1000元以及肥猪一头500元等。例如，在我们对张某进行询问时，她给我们品尝了她所种植的菊花和芝麻的混合茶，据扶贫专干介绍，这种茶是马祖湖村村民自创的特色茶，家家户户都会这样喝。张某家中主要养殖桑蚕以及种植菊花，其丈夫养猪，在我们开展调查前不久，他们刚结束桑蚕的出售，因此获得了一笔不小的收入。虽然，其父母因生病，加重了其生活负担，但村内产业帮扶政策以及扶贫产业培训和引导使他们家的生活条件有所改善。

四、帮扶中存在的问题

（一）扶贫对象对政策项目缺乏了解

在本次调查过程中，我们发现在询问帮扶对象关于帮扶政策的某些内容以及政策的落实情况时，有些村民对其并不了解，并频频询问帮扶专干以得到确切的答案。例如，梁某的女儿由于常年外出，自己本身对帮扶政策可谓一问三不知。从交谈中，我们进一步发现，梁某的女儿并不主动去了解这些扶贫政策，仅限于得到医疗补助和教育补助的费用这方面就满足了。当提及小额无息贷款时，梁某的女儿告诉我们，她只是申请了小额无息贷款，但还没有办下来，具体用在何处，她也不愿向我们多加透露。又如，养殖生猪、桑蚕和种植菊花的张某，他们虽然得到产业帮扶和就业培训，但关于产业政策补贴的具体项目，他们也不清楚，反而多次向帮扶专干确认情况。这些村民都属于被动地接受帮扶政策，而不主动了解政策内容以及主动寻找脱贫的方法和途径。

（二）就业培训中个人意愿与政府提供就业培训项目冲突

在政府提供就业培训过程中，出现了个人意愿与政府提供就业培训项目可选择性的冲突。一方面是由于马祖湖村内缺乏多种工作以适合这些身体单薄或身患疾病但并未丧失全部劳动力的贫困村民，另一方面是由于村民的个人心理原因，希望能够得到既轻松又有较高收入的工作。在与涂某进行交谈时，我们又发现了另外一种情况，我们得知她患有白内障，视力一级残疾，其丈夫身体单薄劳动力差，只能做一些小工，其儿子就读小学，家庭十分贫困。虽然涂某的丈夫接受就业指导，但由于劳动力差，所得到的就业技术培训并没有得到良好的效果，而且其本人并非完全接受，因此经常打一些小零工，这是家庭以及身体条件的客观因素导致的冲突。涂某告诉我们，虽然他们已经脱贫了，但是政府不会抛下他们，扶贫一定会扶到底。在本次的调查中，我们发现马祖湖村类似情况非常多，家庭因病致贫，并且家中无劳动力或劳动力差，只能依靠政府救助，这是精准脱贫中的一个不可规避的障碍。

（三）扶贫产业项目单一

在对张某进行扶贫产业政策的有关方面进行询问时，我们发现，马祖湖村虽然产业项目比较多样，但是村民实际能够发展的项目比较单一，主要是养桑蚕、生猪和种植菊花，这些产业利润低，并且容易受到自然灾害的影响。因此，这些家庭所能积攒的积蓄较少，一旦遇到天灾人祸，便迅速返贫。例如，马祖湖村的贫困户居住的大部分地方都在山脚下，容易在长时间的暴雨过后受到山体滑坡的威胁。并且据扶贫专员描述，2017年，马祖湖村因暴雨导致村内低洼地区遭遇洪涝灾害，水位漫至一个正常成人的胸口处，给马祖湖村带来了重大损失，特别是村内农作物损失严重。

五、关于马祖湖村扶贫工作的几点建议

针对马祖湖村帮扶对象对扶贫政策缺乏了解的情况，在帮扶工作小组进行帮扶过程中，首先，要加强对村民扶贫政策的宣传。不仅要让他们得到救助，还要让他们知道这些救助是什么，从哪来。其次，适时召开扶贫工作宣传大会，村干部要向村民普及扶贫政策以及相关知识，并且可以邀请专业人员进行知识宣传，增强政策知识宣传的专业性和权威性。最后，要采取当地政府与村委会主导与群众参与相结合。政府和村委会在做好统筹规划、制定政策、组建扶贫专班专干、强力推进的同时，要充分动员本村村民，发动村民积极参与扶贫脱贫政策实施工作，这样才有不竭的动力推动扶贫政策的实施。

关于物质上的扶贫，笔者主要提出以下几个方面的建议：

一是针对客观条件导致家庭无劳动力，无收入，不得不依靠政府救助的农户。村内可以大力发展光伏产业，可以让毫无劳动力，毫无收入的农户从中得到一定产业分利。当地政府还要通过财政预算、向社会募捐等方式，为他们建立各类生存保障基金，不断提高这部分低收入户的生活待遇和生活质量，让他们老有所养、病有所医、幼有所教。

二要加大种植业、养殖业等各行业实用技术知识的培训，为农户发展多种增收产业、扩大就业渠道提供智力支撑。充分利用本村的种养大户，给予他们更多的优惠政策，增加他们对低收入农户中的劳动力就业帮扶的积极

性，让低收入农户中的劳动力能从当地得到稳定收入。这样既帮助了低收入户通过自身劳动解决贫困问题，同时又能促使他们掌握一到两门实用技术，为有条件的低收入户的创业积累经验。

三是增加社会保障投入。调查发现，马祖湖村的贫困人口绝大多数是因病因残致贫。因此要增加医疗救助的投入，放宽大病救助的条件，提高新农合报销的标准，加强基层卫生事业建设，切实提高村民健康保障水平，使贫困农户签署的家庭医生协议落到实处。同时要逐步提高农村低保标准，解决贫困人员的基本生活保障问题。

四是大力改善基础条件。马祖湖村的贫困有个很重要的原因就是交通不畅、信息不灵。帮扶小组要下决心集中一定资金，进一步改善其水、电、路、网等基础设施，尤其是通信网络建设，为面上的脱贫致富奠定基础。要致富，先修路，在新时期中国扶贫脱贫攻坚战中依然适用。

在精准扶贫和精准脱贫过程中最重要的是，不仅要从物质上扶贫，更要从精神上扶贫。

一方面，要推进基层组织建设，进一步壮大村级党员队伍。同时加大对村干部和农村党员的培训，使他们掌握党的路线方针政策、常用的法律法规、致富信息等知识。要持之以恒地把培训农户、提高素质作为根本之策，着力培养和增强村民的致富本领，要让村民主动寻找脱贫的方法和途径，积极脱贫。

另一方面，使扶贫工作小组成员以及帮扶干部通过谈心、交友等方式，向农户讲解知识的重要性和读书学习的必要性，使农户转变观念，重视学校教育以及家庭教育，为下一代孩子们的发展前途扫清保守思想障碍，从长远上提高农户家庭整体素质，也为长期改善全家的生活水平打好基础。

马祖湖村乡村振兴战略实施情况调查报告

李瑜雯

摘　要： 生态宜居助力乡村振兴，从"村容整洁"到"生态宜居"，不仅需要实施乡村振兴战略，更需要广大基层干部和乡村百姓实事求是地把政策变成实践。在马祖湖村的这次社会调查中，不仅看到了村上通过实践在改善村容村貌与生态环境中作出的努力，更感受到了村干部与村民之间和谐的关系。总结这次调查的感受，马祖湖村在"生态宜居"建设方面虽然还存在一些问题，需要改善和优化，但基层干部与村民和谐的关系更加证明了马祖湖村实事求是地实施了乡村振兴战略。

关键词： 乡村振兴；马祖湖村；生态宜居

一、研究背景

改革开放以来，我国经济发展取得了举世瞩目的伟大成就。在此过程中，我国城市发展在数量上和质量上都获得了空前的进步，但与此同时，广大农村地区的发展却一直较为缓慢，有些地方甚至出现停滞和后退。2005年10月，十六届五中全会通过的《中共中央关于制定"十一五"规划的建议》提出，要按照"生产发展、生活宽裕、乡风文明、村容整洁、管理民主"的要求，扎实推进社会主义新农村建设，从而开启了以工补农、以城带乡的新篇章。党的十八大以来，我国农业农村发展取得了历史性成就，农民的生产生活发生了显著变化，农村成为更加美丽宜居的生产生活新空间。但由于历史欠账较多，我国当前最大的发展不平衡仍然是城乡发展不平衡，最大的发展不充分仍然是农村发展不充分，全面建成小康社会征程上受发展不平衡和不充分影响最大的群体仍然是农民。中国特色社会主义的新时期，解决农业农村发展不平衡不充分的短板问题更加凸显,广大农民对缩小城乡差距、共享发展成果的要求也更加迫切。2017年10月18日,习近平总书记在党的十九大报告中指出,实施乡村振兴战略。农业农村农民问题是关系国计民生的根本问题,必须始终把解决好"三农"问题作为全党工作重中之重。

二、研究目的

建设生态宜居的现代乡村,是实施乡村振兴战略的一项重要任务。良好的生态环境是农村的最大优势和宝贵财富,坚持人与自然和谐共生,走乡村绿色发展之路,守住生态保护"红线",让良好生态成为乡村振兴的支撑点,让生态美起来、环境靓起来,着力呈现山清水秀、天蓝地绿、村美人和的美丽画卷,是新时代打造生态宜居美丽乡村的总要求。

通过对江西省修水县西港镇马祖湖村的农村生活垃圾治理入村调查,与当地村民进行交流,了解马祖湖村实行乡村振兴之前的村容村貌与现在的村容村貌之间发生了哪些质的变化,以及发生这些变化的原因。与农民近距离的接触的过程中,我们了解了农民对"乡村振兴"战略的认知程度,农民对于"生态宜居"概念的理解以及在建设马祖湖村生态宜居方面作出的贡献与努力。值得一提的是,这样的一次社会调查经历,不仅能让我们身临其境地感受到"乡村振兴"政策的必要性,也能让我们在实践中领会政策实施时的复杂与不易,明白乡村振兴的不易与重要性。同时,通过与村民和村内垃圾收运处理负责人的交流,找出马祖湖村至今在生态宜居方面还存在哪些问题,并针对这些问题提出一些整改措施的建议。

三、调研方法

观察法、问卷法。

四、调研时间

2018年7月9日至7月15日

五、调查过程

（一）确定调查对象：马祖湖村村书记涂云根、村内垃圾收运处理的负责人梁振华（村委副主任）、保洁员梁学付以及若干村民。

（二）确定调查方法：实地走访调查、问卷调查。

（三）确定调查步骤：准备调查问卷，与村书记沟通请求帮助，走访拍照、交流、记录，小组讨论总结，得出结论。

（四）带队老师与马祖湖村书记沟通，得到书记的帮助。

（五）村书记带领调查小组，实地观察拍照取证，到村民家以聊天的方式与村民进行交流。

（六）小组整合所有照片、笔记等材料，讨论调查结果，包括：马祖湖村在实行乡村振兴之前，在"生态宜居"方面存在的一些问题，马祖湖村为建设生态宜居的新农村而作出的努力，当前马祖湖村生态宜居的指数以及存在的问题，未来马祖湖村发展生态宜居可以参考的一些意见和建议。

六、调查内容

（一）调查小组走访马祖湖村，与村民交流

7月12日，马祖湖村的村书记带领我们到达马祖湖村，村民与村书记的互动很亲切，给人感觉是日常的打招呼，可见村书记在村上是有威信的，村民们也很信任书记，村民热情地接受了我们的采访，态度很配合。整个交流过程顺利，我们也收集到了第一手的材料，并且了解了乡村振兴政策对当事人的价值与实施的迫切之处。

以下是小组成员与村民交流时所提问的内容：

1.田野里、村头、道路沿线、村内空地等区域是否有陈年积存垃圾？

2.村内主要道路沿线是否有临时性垃圾堆放点？

3.村内是否有垃圾箱、垃圾桶、垃圾池等收集设施？

4.农户房前屋后是否有随意倾倒垃圾现象？

5.村内河流、沟渠是否有漂浮垃圾？

6.是否有直接将垃圾倾倒于河、沟、塘现象？

7.是否有垃圾直接焚烧现象（焚烧池、简易焚烧炉或露天直接焚烧）？

8.堆肥垃圾中是否含有非生化成分（塑料制品、织物、瓶罐等）？

9.在村内是否看到垃圾中转战（转运站）？

10.村内垃圾是否有除了乡镇、县市处理设施之外的处理方式，如垃圾填埋地、堆肥设施等？

11.在村内是否看到垃圾转运车（普通农用车、普通电瓶车、钩臂式车、压缩车等）？

12.村里是否有比较大的养殖场，如养猪、牛、羊、兔、鸡、鸭、鹅等？

（二）小组内部讨论总结

整理了走访马祖湖村所收集到的信息，我们总结出了马祖湖村的村容村貌状况与生态宜居的优势与不足。另外，以这些信息和情况为基础，有针对性地分析出了马祖湖村之所以在生态宜居方面有所成效的重要原因。

1.马祖湖村村容村貌

马祖湖村以其特有的红色思想文化内涵吸引着我们的视线。临街墙壁上大红的宣传标语随处可见，一幢幢贴着深红色瓷砖的二层小洋房，可以看出，在国家政策的扶持下马祖湖村已经改变以前贫困落后的形象，有了焕然一新的面貌。村子里面干净整洁，不管是主干道还是房屋之间的小路都没有任何堆放垃圾的现象，房前屋后自然生长的花和路旁郁郁葱葱的绿更添了一份闲适之感。

2.马祖湖村垃圾处理的方式

从与村书记和村民的交流中了解到，由于村子面积较大，垃圾处理范围广，垃圾车小，所以每家配备了一个小垃圾桶，用以整理垃圾，村上445户每户一个小的垃圾桶，15户共用一个大的垃圾桶。这些大垃圾桶内的垃圾会有保洁员每隔3~4天清理一次，由村到镇再到县，运到上饶统一处理，有效避免了乱倒垃圾污染环境的问题。另外，村上没有大型的养殖场，所以不存在垃圾堆肥的现象。

3.马祖湖村发展生态宜居的优势

一方面，马祖湖村通过村容村貌的建设和环境卫生的治理提供了一个绿色环保的生态环境；另一方面，马祖湖村当地有可以办生态旅游业的自然资本。

4.马祖湖村生态宜居的不足之处

村上多为老人与孩子，且日常生活中缺少了娱乐项目。走访时注意到村民大多在屋内，走在村子的小巷中总觉得少了些许生气，有种沉闷的气氛。个人建议村内可增加一些娱乐设施与活动，给村民在无聊的日常中收获额外的喜悦。

（三）个人社会调查心得

1.活动中的生活体会

这项为期一周的社会调查活动是我们班第一次全体参加的校外活动，也是大学生活中一次特殊的经历。最初，由于此次活动是必修的课程，期末考试结束不能马上回家，所以以一种被迫参加的心态做活动前的准备。在刚到西港镇时因为个人身体原因情绪也不是很高，但是住了两天后慢慢地心态开始发生变化。和全班同学一起围桌吃饭，说说笑笑；全班女生住在一起，白天活动结束，晚上还能一起讨论、玩游戏；在村子的小路上看着别样的风景，这些都是以前不曾有过的经历。有时候，躺在高低床的宿舍里还有一种回到了高中时代的感觉。

2.活动意义的个人想法

在村书记的带领和老师的陪同下，我们一起走街串巷，亲眼见证了马祖湖村文明和谐的村容村貌，可见马祖湖村对乡村建设政策的实施是实事求是的，用实践的方式将无形的政策变成了有形的呈现。这次活动不仅锻炼了我们的毅力，凝聚了我们2015级思政班的班魂，让班上的同学加深了对彼此的了解，也使我们与带队老师变得亲近，了解了为人师表的不易。活动中的一些细节使我们深刻认识到在乡村建设的过程中，基层工作要面临重重考验。这些考验来自各个方面，上级领导安排的任务与实际工作效率的匹配度，基层工作团队成员工作步伐的配合，村民对乡村振兴政策的了解程度与支持程度等一系列问题，都会在一定程度上对乡村振兴产生或好或坏的影响。这次活动对笔者来说，最大的意义就在于让笔者切身体会到了基层干部工作往往是民生政策实施的关键所在，也是最为烦琐的一环。

3.走访马祖湖村时的切身感受

跟随村书记一起走入马祖湖村，看见一幢幢小洋房，给人一种走进新农村的感觉。其中最为醒目的，便是每户人家都放置在大门口的绿色环保垃圾桶，这些垃圾桶仿佛也成为马祖湖村的一个特别标志。同样来自农村的笔者，在来到马祖湖村后第一次觉得农村也可以像大城市的街道一样，如同有清洁工人每天打扫那样干净。所谓生态宜居，首先就是要有干净的村容村貌，家家户户都注重垃圾的整理，不仅改善了村容村貌而且环保，减少了对自然环境的污染。村子里环境卫生得以改善，空气质量优化，没有水源污染的担心，这样的环境才能成为适宜长期居住的环境。在走访马祖湖村的过程中，笔者发现这位村书记与村上的人都很熟悉，打招呼时都很亲切，可见这位村书记的工作是受到村民支持的，这也反映出马祖湖村的乡村振兴工作是实事求是为村民着想的。回想起自己家乡的情况，村书记换了好几任我都没印象，也没有村书记走访村子的情况，我们村在乡村振兴方面也没有大的成效，可见能有一个办实事的村干部对村民来说是多么重要。

4.走访马祖湖村之后的个人建议

通过一天的走访了解，马祖湖村在卫生方面确实做得很好。不论是家家户户都有的环保垃圾桶，还是一周两次的垃圾车，都证明了马祖湖村非常重视生活垃圾的处理，在这样氛围下，村民们都很自觉地做到了保持村里大街小巷的卫生。走访后回想起一天的所见所闻，笔者发现村里面老人和小孩居多，所以提出以下一些建议，希望能对马祖湖村的生态宜居建设起到一些好的作用。

1.建议利用马祖湖村的特产来开展生态园区，一方面可以吸引游客来到马祖湖村，促进马祖湖村的发展；另一方面，发展旅游业可以提供工作机会，有些青壮年和外出务工的村民就可以回家，这样有利于村里的留守儿童和留守老人家庭团圆，有利于老人与孩子的生活。

2.开发一些类似"养蚕体验""农家乐""采摘无化肥果蔬"等的乡村生活体验项目，利用马祖湖村已有的自然环境优势获得收益，可以用来购买一些运动器材、娱乐设施，让村民在闲暇之时能够一起锻炼身体、放松心情。

3.定期安排乡村文明座谈会，由村内德高望重的人主持，宣传乡村文明建设的相关内容，让村民互相监督，共同促进马祖湖村的生态宜居建设，让一些不文明的旧俗为乡村文明建设让步。

修口村生态宜居美丽乡村建设情况调查报告

阮小霞

摘　要： 为了响应党的十九大报告中提出的"建设生态文明是中华民族永续发展的千年大计"的乡村振兴战略的号召，加上我们学习课程的需要，我们学院组织了为期一周的关于乡村振兴的社会调查。我们的两个调研小组对西港镇"生态宜居的美丽乡村"建设工作展开了调查。我们的调研小组实地考察了修口村的乡村振兴建设计划，并和村主任第一书记就生态宜居的乡村建设进行了交流，了解到了修口村在生态宜居的美丽乡村建设上的基本情况和存在的问题，并且就存在的问题提出了相应的解决对策。从而使修口村生态宜居的美丽乡村建设的目标进一步成为可能。

关键词： 生态宜居；美丽乡村建设；乡村振兴

为了响应党的十九大报告中提出的"建设生态文明是中华民族永续发展的千年大计"的乡村振兴战略的号召，笔者依据调研小组对西港镇修口村"生态宜居的美丽乡村"建设工作调查的实地情况及同村支部书记的谈话记录进行讨论分析并作出如下总结。

一、基本情况

在2018年上半年，修口村为了响应党的十九大提出的乡村振兴战略和西港镇乡村振兴战略"春风行动"活动，在全面建成小康社会、建设社会主义新农村的总体要求下，大力推动村内环境治理和脱贫攻坚工作，努力实现生态宜居美丽乡村的奋斗目标，以求更好地服务于新农村建设。在卫生清理方面，给每家每户统一发放垃圾桶并安排保洁员定期处理，还清除道路两侧的垃圾，拆移废弃障碍物，把水沟水渠的污水清理畅通，水面基本无漂浮垃圾。同时，对空闲场地进行了绿化、硬化，保证空地和间隙绿化覆盖到位；对进村公路路面破损、下陷等进行修复，平整路基，在路边准备安装路灯。在拆违拆旧方面，对危房进行拆除，统一安抚安置，并且相关人员还会清除破旧广告，在宣传栏张贴农村环境整治的宣传标语，增强群众爱护环境的自觉性。显然，"三清七改"的前期工作做得相当到位，环境卫生上也取得了一定成效。值得一提的是，在乡风文明创建上，修口村率先开展示范建设，开设红白喜事的固定场所，提倡新风尚，移风易俗，厚养薄葬，选择基础工作好、生活水平高的片区试点红白喜事"不收礼钱"活动，乡风愈显文明。

二、存在问题

修口村生态宜居的美丽乡村建设，对照西港镇政府提出的乡村振兴战略"春风行动"方案目标还有较大距离。虽然2018年上半年生态宜居的美丽乡村建设取得了一定成效，但是2018年度的前期建设工作比较落后，该村不同思想存在程度重视不够、项目开工滞后、建设进度缓慢和产业发展缺位等共性问题。具体表现在以下方面。

（一）思想认识存在偏差

生态宜居的美丽乡村建设宣传不够，没有形成高度重视的大环境，认识上存在偏差。修口村部分村民对生态宜居的美丽乡村建设政策了解不足，错误认为生态宜居的美丽乡村建设不是民生工程，而是政府行为，依然存在"上热下冷""干部干、群众看"的现象。同时，在涉及自身利益时部分民众不支持、不配合，开口要钱、伸手拿钱，不给钱不谈事，对乡镇村安排的任务或不理不睬或敷衍塞责。少数乡村重视程度不够，认识不全面，把生态宜居的美丽乡村建设当成一般工作来开展，工作被动应付，前期当甩手掌柜或等待观望，后期匆忙慌乱，造成工作脱节和落后局面。

（二）规划引领不够完善

生态宜居的美丽乡村建设是一项系统的长期工程，必须通盘考虑各村的实际情况，并结合各地的特性，编制完整、长远的规划，明确建设目标。今年年初，西港镇编制了乡村振兴建设，但乡村规划也还有不完善的地方，科学性、持续性和可操作性有待进一步提高，特别是乡村建设缺少通盘考虑，没有充分挖掘乡村文化元素，乡村特色性不够。部分项目建设规划频繁变更，存在规划建设脱节和"边干边看"的现象。突出表现在乡村水电管线规划布局不合理。

（三）产业发展相对滞后

生态宜居的美丽乡村建设是生产、生活、生态"三位一体"的系统工程。其中，产业发展和农民增收是建设生态宜居美丽乡村的根本基础。目前修口村生态宜居的美丽乡村建设普遍存在重视基础设施、污水处理等生活方面的建设和重点沿线村庄美化、环境治理等生态方面建设的现象，对如何培养农村创业创新人才、提升新型农民综合素质、加强农业产业培育、提高农业可持续发展能力、增加农民收入等方面则重视不够、投入不足。大多数乡村还没有支柱产业，现有的产业规模小，村级集体经济薄弱，农业专业合作社松散，农民增收效果不佳。

（四）体制机制有待健全

生态宜居的美丽乡村建设是一项系统性、长期性的工程，需要全镇一盘棋统筹，各相关部门共同参与，齐力管护和长期投入。当前生态宜居的美丽乡村建设涉及职能部门较多，各部门涉农项目安排时序、渠道不同，很多项目难以有效衔接，导致资源、力量难以整合。同时，在生态宜居的美丽乡村建设过程中存在着重建轻管的现象，政府投入了大量资金用于农村集中连片环境整治、污水处理设施、绿化、美化等基础设施建设，并为各乡村配备了保洁人员。但是，由于管护机制不健全，农民自我建设、自我管理、自我服务、自我监督等长效自治机制尚未建立，且对保洁人员履职缺乏有效的监督考核，一些中心村杂草、垃圾较多，乱搭乱建、乱拉乱挂现象还时有见到。

三、对策

建设生态宜居的美丽乡村是统筹城乡发展、造福百姓的最大民生工程，修口村必须在镇政府统一领导下，准确把握上级精神，进一步统一思想，提高认识，再加压、再发力，大干快干全力推进。

（一）加大宣传力度，统一思想认识

生态宜居的美丽乡村建设工作是现阶段西港镇修口村的中心工作之一，要抢时间，抓进度，举全村之力，打好攻坚。一是加大宣传，发动群众。充分利用新闻媒介、村务公开、宣传橱窗、宣传图册等多种形式，扩大宣传覆盖面，营造"人人知晓、户户参与"的生态宜居的美丽乡村建设氛围，让农民群众意识到开展生态宜居的美丽乡村建设是真正的惠民工程，并积极投身生态宜居美丽乡村建设。二是部门履责，做好服务。相关部门要与乡村多沟通、多协调，主动对接，并经常深入乡村指导帮助开展工作，排忧解难，分担压力。三是提高认识，精准发力。乡镇要把生态宜居的美丽乡村建设工作摆在当前第一要务的位置，党政一把手要围绕西港镇政府提出的乡村振兴战略"春风行动"方案，及时补差补缺，亲力亲为抓落实。

（二）注重规划实效，确保按规执行

创建生态宜居的美丽乡村需要有科学规划做指导。各级党政主要负责人要亲自过问项目谋划，切合实际做好规划设计。一是把合理布局、环境秀美、百姓宜居、生活富美作为解决修口村生态宜居的美丽乡村建设长远发展的根本，确保规划的科学性、操作性和可持续性。二是注重全域规划理念，把农业产业发展、村庄管理实施体系纳入规划的核心内容，多征求本地专家、乡镇干部和村民的意见，不搞一刀切、模式化，同时避免无序化发展。三是按照衔接配套的要求，修编完善土地利用总体规划、城镇体系规划、农村社会发展规划、农村土地综合整治规划、农村住房改造建设规划等，努力实现各项规划的无缝对接，做到严格按规划建设。

（三）科学发展产业，促进农民增收

建设生态宜居的美丽乡村，产业是根基，富民是核心。一是培育精品农业，大力发展生态循环农业。引导农民扩大无公害农产品、绿色食品和有机食品生产，提高农业可持续发展能力。二是推进土地流转，发展规模经营。加快优势特色种养业、农产品加工业、生态养殖小区建设，推进专业化生产、品牌化建设，扶持发展一村一品、一乡一业，兴起美丽产业。三是强化激励引导，拓展农民创业就业空间。制定鼓励外出务工人员回乡创业和农民自主创业的优惠政策，着力培养新型职业农民队伍，引导外出务工人员回乡创业和在乡农民自主创业，促进产业大户、农产品合作社、招商引资项目向美丽乡村示范点集中。

（四）健全工作机制，提升建管水平

建设生态宜居的美丽乡村必须坚持党政主导、农民主体、部门协作、社会参与的工作机制。一是坚持持续投入，充分发挥政府主导作用，合理分配公共财政投入，为生态宜居的美丽乡村建设提供有力的经费保障。二是各有关部门要积极整合项目，将各项涉农工程整合到生态宜居的美丽乡村建设项目中去，做到生态宜居的美丽乡村规划建设到哪里，相关项目和资金配套就跟到哪里，形成心往一处想、劲往一处使、钱往一处投的良好氛围。三是提升村民素质，统筹治理环境工作。要把生态、洁净、文明的理念渗透到农业生产、农民生活的方方面面，组织引导村里制定好村规民约，不断提升村民素质，规范村民行为。同时，还要建立长效管理机制，巩固和提升环境质量，防止"脏乱差"和乱搭乱建现象反弹。

西港镇教育扶贫情况调研报告

罗钦江

摘　要：扶贫开发事关全面建成小康社会，事关人民福祉，事关巩固党的执政基础，事关国家长治久安。扶贫先扶智，治贫先治愚。教育扶贫在扶贫攻坚中具有基础性、根本性的作用。教育扶贫任重而道远，深入西港镇进行教育扶贫调研，发现其在教育扶贫工作中存在的问题并提出相关建议，对推动西港镇打赢脱贫攻坚战具有重要意义。

关键词：教育扶贫；脱贫攻坚；全面小康

一、引言

目前我国正处于全面建成小康社会的决胜阶段，党中央、国务院高度重视扶贫工作。习近平总书记提出新时期坚决打好、打赢脱贫攻坚战的新论断，即"扶贫先扶智"。这一论断说明了教育扶贫是精准扶贫的基础性工程、先导性工程。百年大计，教育为本，教育不仅是衡量一个国家软实力的重要依据，也是当下从根本上摆脱贫困的重要手段和内生动力。

二、调查目的与方法

（一）调查目的

通过对修水县西港镇教育状况及教育扶贫工作的了解与调查，综合分析存在的不足之处并有针对性地提出建议，助力西港镇脱贫工作。

（二）调查方法

为了保证调查结果的真实性与有效性，在调研时既深入村委会与村民家中，也采用问卷调查和面对面访谈的方式。

（三）调查时间

2018年7月9日至7月15日

三、教育扶贫取得的成效

据了解，修水县在2017年教育扶贫工作中取得了阶段性成效。全年发放教育扶贫学生资助金2900多万元，资助建档立卡贫困家庭学生21155人；生源地信用贷款总人数3758人，发放贷款金额3018.2万元，普通高中建档立卡等家庭经济困难学生免学杂费共计3130人次，减免金额共计70万元。

位列修水县综合实力第一方阵的西港镇，在2017年的教育扶贫工作中也取得了一定成效。该镇目前有小学12所，在校学生2424人，专任教师97人，小学适龄儿童入学率100%；初中1所，在校生821人，专任教师41人。初中适龄人口入学率98%、小升初升学率100%、九年义务教育覆盖率100%。2017年财政预算内教育经费188.7万元，比上年增长18%，教育经费预计占财政总支出的比例为15%。

四、教育扶贫中存在的问题

从调研情况来看，西港镇有些村特别是贫困村的教育还存在一些问题，制约其脱贫致富的道路。

（一）部分村级学校基础设施薄弱、设备匮乏

1.基础设施薄弱。部分村级小学建设标准低，配套设施差，生活用房、运动场地紧缺。比如，马祖湖小学教室发霉严重，一进教室就能闻到一股霉味，且教室内没有安装电风扇、空调；厕所简陋；整个学校的运动器材就只有一张乒乓球桌。

2.教学设施匮乏。对比省定标准，贫困村的学校教学设施缺口很大，教学仪器配备不完善，课堂教学基本还停留在黑板加粉笔的简单模式上。由于如此简陋的教学条件和落后的教学模式无法满足教育需求，所以许多家长不惜花重金将子女转入城镇学校寄宿或者租房陪读，这在无形中增加了农村群众的教育开支，间接导致了部分村因学致贫贫困户的增加。

（二）村级学校教师普遍年龄老化、结构失衡

由于西港镇的农村学校位置偏远、工作条件较差，大部分年轻教师不愿意到农村小学任教。目前的师资主要是原来民办代课转正教师或家在本地的中年教师，在支撑村级小学教学点的教学。这部分教师年龄偏大、学历偏低、教学方法比较传统。同时，农村学校教师学科结构不合理，"教非所学"问题突出，很多村小都没有专职英语、体育教师，或由其他学科教师兼任。例如，修口小学有90多名学生，但是只有4位老师，有些老师同时教几个年级和多门学科。

（三）爱心助学重物质资助、轻情感激励

当前不少学生特别是一些留守学生、贫困学生、后进学生有自卑感、孤寂内向，存在腻学厌学心理，但无论是政府层面还是慈善机构以及爱心人士，对留守学生尤其是贫困学生只注重给予物质资助，而忽略了情感交流、精神激励和心理关注，以致部分接受过捐助的贫困学生的感恩意识和上进心不够强，少数学生还有被可怜、被施舍的消极心理。

五、对策和建议

针对西港镇教育扶贫的实际情况，特别是存在的不足和问题，要紧紧围绕推进村级学校标准化建设、全面加强农村教师队伍建设、开展多元化的心理辅导的思路，保障每个孩子都能享受公平、优质的教育，不断增强贫困家庭的"造血"功能，阻止贫困现象代际传递。

（一）推进村级学校标准化建设

教育部门应全面实施义务教育学校标准化建设，优先支持贫困村义务教育学校规划建设，全面改善其基本办学条件，使其与全县其他学校同步实现标准化，让山区孩子能就近享受公平优质教育资源，减轻贫困家庭子女乘车、寄宿等经济负担；加强贫困村学校教学仪器设备、多媒体远程教学设备和体育卫生、艺术教育器材的配备，开齐开足课程，全面实施素质教育；同时，还要实施城区学校结对帮扶贫困村学校的措施。每所城区学校都要结对帮扶若干个贫困村学校，要求一次5年，一包到底，一并考核，在教学设备、仪器、资金等方面给予支持，改善农村学校办学条件，实现优质教育资源的共享。

（二）全面加强农村学校教师队伍建设

合格的教师队伍是教育扶贫效益和质量的保证，也是教育扶贫的重要组成部分。提高贫困地区教师待遇、改善生活条件，是吸引和留住高素质人才任教的关键。因此，要改善农村教师的待遇和工作生活条件，尤其是对长期在农村基层工作的教师，在工资、职称等方面实行倾斜政策，以便吸引更多的城里优秀教师及刚毕业的师范生来农村小学任教。同时，鼓励和引导城镇办学水平较高的学校与农村小学建立长期稳定的"校对校"对口支援关系，通过"结对子""手拉手"等多种形式，落实城镇骨干教师支援农村教育工作，推动优质教育资源共享，并且农村小学每年也要选派一定数量的教师到办学水平较高的城镇小学跟岗学习、进修提高。

（三）开展多元化的心理辅导

在开展教育扶贫活动过程中，不仅要关注贫困学生"物质上的贫困"，更要关注这部分学生"心理上的贫困"，要将物资资助与精神激励、情感交流与心理关怀有机结合起来，开展多元化的心理疏导，让所有贫困生生活学习有保障，情感心理无障碍。首先，要扎实开展学生心理辅导工作，以建好用好学校心理咨询室为依托，以活动为载体，努力构建"三位一体"的心理健康教育网络。其次，每年应选派一定数量的教师参加心理咨询师职业资格考试，培养一批强有力的心理辅导师资队伍，扎实推进学生尤其是贫困学生、留守学生和后进生的心理健康教育辅导工作，积极引导他们乐观、勇敢地面对困难、挫折。同时，还要充分利用家长开展多种形式的家庭教育心理健康探讨交流活动。

　　教育在脱贫攻坚中具有基础性、根本性的作用，是拔掉穷根、稳定脱贫的前提。扶贫先扶智，治贫先治愚，用教育为扶贫助力，才能更好地打赢脱贫攻坚战。教育扶贫既任重道远，又大有作为，在西港镇教育扶贫的工作中，要瞄准重点，定向施策，精准制导，让每一个孩子都能享受公平优质的教育，打通孩子通过学习改变个人和家庭命运的广阔通道，为同步过上小康生活奠定坚实基础。

西港镇精准扶贫政策实施情况调查报告

曾琴华

摘　要： 为贯彻党中央精准扶贫的政策，早日全面建成小康社会，修水县西港镇政府凝聚各方力量，推进扶贫攻坚战略，重点抓好精准扶贫工作。首先，先调查西港镇的致贫原因，大概分为哪几种情况，逐一分析。其次，针对西港镇所面临的扶贫问题和精准扶贫一些做法所产生的问题，提出相对应的对策，以便更好地帮助西港镇实现振兴。经过几年的精准扶贫，西港镇发生了巨大的变化：基础设施建设明显改善，产业扶贫不断壮大，贫困群众收入增加。西港镇的扶贫工作取得显著成效，人民生活更好了。

关键词： 精准扶贫；乡村振兴；问题与对策

十八大以来，党中央高度重视扶贫开发工作，这项重要工作事关全面建成小康社会，事关人民的福祉，事关国家的长治久安，事关我国的国际形象，也事关中国共产党的执政基础巩固。近年来，在中央和省市县扶贫政策的支持和关心下，修水县凝聚全县上下各方力量，大力推进扶贫攻坚战略，突出抓好精准扶贫和产业扶贫，贫困镇村基础设施明显改善，扶贫特色产业不断壮大，贫困群众收入明显提高，贫困人口大幅减少，扶贫工作取得了良好的成效。

一、基本情况

暑假期间，在江西师范大学马克思主义学院两位老师的带领下，全班同学前往九江市修水县西港镇参加了活动主题为"助力乡村振兴，实施精准扶贫"的社会调查，时间长达一周。我们实地调查的地方主要是西港镇的马祖湖村和修口村，由于距离比较远，我们先坐车到马祖湖村，先后实地走访调查了村委会、询问有关村民，初步了解了贫困情况和精准扶贫实施情况。"纸上得来终觉浅，绝知此事要躬行"，通过这次社会调查，笔者学到了许多书本上没有学到的东西，增长了见识。

（一）调查地点的具体情况

修水县是著名革命老区，近年来在脱贫攻坚工作上取得显著成效。2013年年末，全县精准识别建档立卡8.8万贫困人口，到2017年年末减少到4万人，贫困发生率降至5.2%。小组此次调查走访的西港镇位于修水县中部，修河与北岸水汇合处，距县城9千米，面积50.8平方千米，2018年末人口达26569人，主要包括西港、佛坳、周家庄、堰上、修口、马祖湖、占坊、东山、楼前、湾台等10个行政村。

（二）致贫原因

经过快六年的扶贫开发工作，修口村的人居环境整体良好。该村目前还有70户左右（还有正在脱贫中的，具体数量一直变动）没有脱贫，其主要原因有以下三个方面：

一是大病医治拖累和先天不足。很大一部分贫困户因患重病，医治花费大导致负债累累，陷入贫困。据调查，在贫困人口中，有很多身体不健康，患有各种慢性疾病不能从事体力劳动的贫困户，甚至有的已经彻底丧失劳动能力且需常年吃药并要有人照料，此类贫困户平均每年医疗消费为1056元。与此同时，还有种种原因导致入不敷出，必须依靠农村低保维持基本生活。

二是缺劳力、缺技术。一种情况是大多数贫困家庭因为缺劳动力，有的家庭因为残疾或患有慢性病而无法做事，只能赋闲在家。另一种就是虽具有劳动能力，但因文化程度偏低，无法掌握技术技能，生产开发效益低，只能依靠收入不稳定的打工出卖苦力维持生存，最终导致致富无门、增收无力。

三是增收渠道狭窄。由于地理环境较偏、市场信息不灵、产业化龙头企业太少等，以粮为纲仍然是村里大多数贫困户的主要生产模式，已经发展了蚕丝、化红等农作物产业的贫困群众也由于后续投入资金不足、市场化程度较低、销售渠道较窄、加工业落后，致使种养业增收速度缓慢，难以形成规模。

二、精准扶贫的主要做法和存在的问题

（一）精准扶贫的主要做法

从扶持重点扶贫产业项目到对贫困户、种养大户、专业合作社产业直补和贴息，再到实施精准扶贫，西港镇一直在不断地探索着扶贫开发的新思路。2016年，制定了《修水县建档立卡工作方案》《修水县精准识别和精准退出整改实施方案》，选派得力干部组成工作队驻村帮扶队伍，并接受群众的监督。

一是精准识别，深入开展建档立卡工作。找好对象，建档立卡，是精准扶贫最基本的工作。只有基础掌握了、底子摸清了，才能谈得上"精准"。首先，根据一户村民的年收入多少、积蓄多少、是否欠款、孩子上学情况、房子好坏、有无车子等情况，通过民主评议、张榜公示、县乡审定等方式，准确地找出扶贫对象。其次，根据贫困村实际情况，将农户划分成小组，由小组提出贫困人口对象，经群众代表评议，可减少矛盾，便于工作开展。最后，根据国家制定的贫困标准，确定具体的贫困户，并张榜公示，保证确定的扶贫对象公开、公平、公正；还要对贫困村、贫困户进行登记造册，录入系统，建立动态档案和帮扶台账，实现全省联网，使每一个贫困村、贫困户的基本情况和挂扶单位的帮扶情况一目了然。

二是全面摸排，阳光操作确定帮扶对象。修水县现有4万左右贫困人口，每家每户、每村每组的情况都不同。在各乡镇人民政府的指导下，由村委会、驻村扶贫工作队和帮扶责任人，深入贫困村、贫困户开展调研，了解贫困村集体经济发展情况、贫困户生活生产情况，找出每一户贫困户的致贫原因，为制定扶贫规划和措施提供可靠的依据。全县把21个深度贫困村和4万户贫困人口的帮扶任务具体落实到每一个县直机关单位，进行定点、定人、定

责帮扶，明确了"谁去扶贫"和"扶谁的贫"，为贫困户选定产业帮扶项目打下了坚实的基础。

三是因地制宜，科学指导选定扶贫项目。在找准扶贫对象的基础上，该县每一名科级干部对每户扶贫对象都制订了具体的帮扶计划，做到了"一户一策"，有效确保帮扶贫困对象的措施落实到具体项目上，让措施看得见、摸得着、见实效。据调查得知，该县的精准扶贫工作结合了农户实际和各地资源优势，因户制定发展短、平、快的产业帮扶项目，大力发展效益好、能稳定的项目，保障了农户脱贫后能持续增收致富。

四是精准考核，完善扶贫攻坚体制机制，要求规划到村、扶贫到户、责任到人。建立健全机制，有利于切实做到对贫困户的基本情况进行调查摸底、登记造册、建档立卡的动态管理。同时，为确保精准扶贫工作顺利推进并取得真正实效，还需要各乡镇、各部门甚至是每个科级以上领导干部的通力合作与互相配合。

五是健康扶贫和教育扶贫。针对因病致贫的，要求在全面筑牢基本医保、大病保险、补充保险、医疗救助"四道保障线"的基础上，对深度贫困人口探索建立"爱心"救助兜底机制新防线，确保贫困患者县域内住院年度个人自付部分不得超过2000元，自付比例不高于10%。针对因学致贫的，在加强学籍管理系统数据与建档立卡信息系统动态衔接的基础上，实行义务教育扶贫资助政策学校校长与乡镇属地双负责制度。

（二）精准扶贫过程存在的问题

当然，在看到修水县西港镇取得了扶贫工作一定成效的同时，我们在调查过程中也发现了一些问题：

一是经济社会的转型增加了农民收入估算难度。改革开放以来，随着经济体制的深刻变革，新型工业化和城镇化进程加快，社会经济成分、组织形式、就业方式、利益关系和分配方式等发生了巨大的变化，多元经济相互交织混合发展，在一定程度上给准确调查核实农户收入增加了难度。加之，受农业经济效益低而不稳影响，近年来大量农村剩余劳动力纷纷外出打工，劳务收入成为农民增收的主渠道，其中群众的一些隐性收入较难掌握。修口村的村主任曾说："农民不会真正把收入告诉他们，比如说赚3000元，有的会只说1500元，有的说2000元，对此你无可奈何，你并不能做什么"。可见，在开展扶贫攻坚工作中，核算每家每户的平均收入具有一定的难度。

二是贫困群众素质偏低增加了精准扶贫难度。由于农村教育的不均衡，贫困群众的文化素质相对较低，思想觉悟有偏差，面对利益之争时，互不相让，给精准识别增加了难度。同时，贫困群众经济基础不同，智力能力差别较大，劳动力素质普遍不高，劳动技能单一，科技意识淡薄，自我发展能力有限，导致帮扶要求千差万别，扶贫措施在短时间内难以满足差别化要求。

三是贫困群众抗击风险的能力弱。近年来，一些农产品、畜产品价格受市场经济波动较大，贫困群众难以摸清市场规律，无法规避市场风险，长期以来形成的习惯性经营思维，导致产品滞销或亏本出售，这给一些贫困群众带来灾难性的打击，因而未能形成一些竞争性的主导产业。

四是农民"可持续"发展问题。虽然现在贫困人口在国家、政府等的帮助下，一步步摆脱贫困，可是当失去这些政策对他们的帮助时，他们又会返贫。因此，我们要做的不仅仅是解决现在的贫困问题，还要为未来贫困人口的"可持续"发展提供一些出路。

五是不仅要扶贫还要扶"志气"。中国农村有一个很奇怪的社会现象：以拿国家补贴"为荣"，认为以"贫困户"的身份无条件领取固定补贴是一件值得提倡的事。特别是中国部分贫困人口并不是因为不可抗拒性因素而致贫，而是因为自己的懒惰、受不了苦，他们往往认为农村吃穿用行花销少，裤兜里有点小钱就去赌博或者娱乐消费，没钱便赋闲在家。看来，扶贫不仅仅要"物质""文明"两手抓，不仅扶"经济"，还要扶"志气"。

三、对精准扶贫工作落实的一些建议

在为期一周的调查过程中，个人认为扶贫工作一直存在着农民收入估算难度大、贫困人口素质较低、抗风险能力弱、如何实现"可持续"发展等问题。为此，小组进行了深入分析和总结并有针对性地提出如下建议：

一是加强扶贫干部队伍建设。各级党委、政府要有搞好扶贫攻坚工作的紧迫感、责任感，把扶贫攻坚工作摆在更加突出的位置，落实和强化扶贫工作目标责任制，以更坚决的态度和更有力的措施带领群众脱贫致富。同时，县乡两级必须加强扶贫干部队伍建设，保持适当的稳定性，这样才有利于精准扶贫的顺利进行。

二是加强对扶贫工作的监督。从建档立卡到贫困户退出，村民的监督发挥重要作用。贫困家庭作为村子的一部分，其名单的形成过程和确立过程均应受到村民的监督。因此，加强对扶贫的监督，提升精准识别水平，确保扶贫扶到真正要"扶"的人。

三是动员社会力量积极参与。由于贫困人口素质较低和抗风险能力弱，需要一定的外力才能脱贫。第一，要积极组织群众参与。农民是扶贫攻坚的主体，要尊重农民主体地位，充分发挥贫困群众参与决策、实施和监督的积极性。第二，要引导企业带动扶贫。引导和动员更多的企业和相关单位支持、参与扶贫，拓宽投入渠道，增加资金投入力度。同时，在转变发展方式、调整产业结构、增加农民收入的过程中，还要善于发挥各级龙头企业的带动和辐射作用，建立稳定的企业与农户互惠互利的共同发展机制。第三，大力动员社会广泛参与，最大限度地动员和组织社会力量参与扶贫攻坚，让更多的人了解、关心和帮助贫困群体，唤醒和激发社会的扶贫济困意识。

四是精准长效，着力解决扶贫的"可持续发展"问题。第一，激发内生动力。激发贫困群众内生动力，把扶贫、扶智、扶德、扶勤贯穿脱贫的全过程，增强"造血"功能，为脱贫致富奠定可持续的发展基础。第二，发展集体经济。支持贫困村通过集体自办、能人领办和发展合作经济组织等方式兴办经济实体，增强集体经济收入。比如说可以合办蚕丝厂。修水县西港镇很多地方都有种植桑树、养蚕，可以把它作为一个集体经济来做，而不仅仅是局限于一家一户的个体行为。

五是帮扶贫困人口的"志气"。自古，中国就有勤劳、勇敢的优良品德。一个健全的人，只要不懒惰、能吃苦，就不会太贫困。村里的工作人员应积极开展宣传教育，发扬中国人勤劳、吃苦的精神，鼓励家家户户抛掉惰性，勇于承担自己应负的责任，为能过上美好幸福的生活而奋斗！

马祖湖村精准扶贫状况调查报告

舒秋杰

摘　要：确保2020年实现全面脱贫，进而实现第一个百年奋斗目标，一直以来都是国家和社会、个人奋斗的方向。近年来，随着国家"精准扶贫"工作不断推进，扶贫过程中取得了值得赞扬的成就。但同时也伴随有一些困难与问题。如何破解这些困难与问题以消除贫困是我们党的重要使命，也是习近平新时代中国特色社会主义思想的重要体现与历史使命。本文借助实地走访和抽样调查的方法来分析"精准扶贫"政策的实施效果和其中遇到的问题，努力阐明其原因，并提出解决问题的对策。

关键词：马祖湖村；精准扶贫；社会调查；扶贫政策

自2015年6月18日习近平总书记在贵州召开部分省、市、区党委主要负责同志座谈会后，江西省委、省政府就精准扶贫、精准脱贫采取了一系列重大的行动部署和安排。而为了解和掌握精准扶贫、精准脱贫在基层进展情况，且将社会调查理论从课堂学习应用到实践当中，实现理论到实践的重大飞跃，2018年7月中旬，2015级思想政治教育班同学到九江市修水县西港镇点对点以进村入户的方法进行调研。而我们精准扶贫调查小组对接马祖湖村，对马祖湖村进行了深入调研，获取一手资料，就中央精准扶贫政策落实情况深入了解。现将调研情况报告如下。

一、马祖湖村与贫困户基本情况

马祖湖村位于江西省九江市修水县西港镇，属低山丘陵区。全村马路硬化率高，道路起伏不平、弯道较多，但整体通行条件较好。村庄与外界道路联系单一，区域位置偏僻，多山环水，自然环境良好，但耕地面积较小，人均耕地面积不多。另外村子里几乎没有工业，经济来源单一，导致生活困难、致富困难，移民整体搬迁资金压力大。经济来源基本靠种地，增收困难。

全村共有建档立卡贫困户43户162人，其中，因病致贫19户71人、因残致贫9户32人、因学致贫4户13人、缺技术致贫10户44人、缺劳动力致贫1户2人。在调查过程中共走访6户，其中两户五保户，其余皆为低保户，因一户人家并不在家，所以实际走访5户。各户致贫原因基本不同，数据具有代表性，普遍性。在深入实地调查后与村干部交流中了解到，马祖湖村现已全部脱贫，但实际脱贫效果和质量并不乐观。

二、致贫原因与脱贫意愿

（一）村民致贫原因

第一，地理位置较为偏僻。马祖湖村是九江市修水县西港镇的一个小山村，整体地理位置较为偏僻。我班社会调查组从学校乘大巴出发经过近4个小时才到达马祖湖村所在乡镇，而从镇政府到村上还需要近半小时。同时整个村子只有一条进出硬化马路，没有火车经过，交通出行方式选择单一，而马祖湖村到西港镇也只是每天有两趟班车。因而村子上所出产品大多自给自足或运到集市上销售，没办法发展成大型对外产业，扩展居民收入来源。

第二，村上农民整体素质偏低，这一点也是导致贫困最为主要的原因。在与受访家庭聊天过程中了解到，村子上只有一个村小，师资力量较弱，且孩子只能读到五年级，村上在村小读书的孩子五个年级加起来大概只有90人，父母都希望自己孩子能够主动努力去学习，但是自身文化不够，为了挣钱养家，大多数时间要外出打工，无法对孩子的学习进行有效监管，最终一代一代如此延续下去。劳动力文化素质低，既是贫困的结果，又是造成贫困的原因。许多贫困人口因贫困而失学，又因失学而成为新一代贫困人口。由于他们文化素质相对较低，发展家庭经济缺计划、缺技术、缺管理能力，即便是外出打工也只能从事粗重的体力工作。加之贫困户小农意识根深蒂固，思维方式和行为方式落后，小富即安，"等、靠、要"的依赖思想严重，凡事都希望国家和社会的救助，甚至因为扶贫不均埋怨政府与社会。尽管有些贫困户有摆脱贫困的愿望，并不断努力尝试，但由于思路不清，观念不明，缺少引导，最终失败，导致失去脱贫致富的信心和勇气。

第三，子女上学致贫。近年来，随着国家经济的发展，外出务工虽不太稳定，但比在家务农收入要高得多，因而村上绝大部分青壮年常年外出打工或创业，有的甚至举家外出，村上村民基本只剩下老人和儿童。马祖湖村村上只有一所小学，并没有幼儿园，导致农村孩子幼儿阶段就被迫外出上学。还有一些家长为了照顾子女上学，只能寄居或租住在有学校的城镇，这样在客观层面上加大了家庭经济负担。而对于部分举家外出打工的农民而言，带孩子去城镇或城市上学，同样无形中也加重了经济负担，对于尚未根本脱贫的农民更是不堪重负。经调查了解，一个高中生每年需支出8000元左右，大学生需10000—20000元。一些贫困户家庭往往为了子女上学负债累累，正是在这一基础上有的孩子为了避免给家庭增加负担早早辍学，哪怕考上了也不去读，自我扼杀了脱贫的出路。

第四，因病致贫或返贫。在走访的贫困户中大多是长期生病或重大疾病患者，这一方面减少了家中的劳动力，最为直接地降低了家庭创收能力；另一方面还因为治病所需，这对本就过着拮据生活的家庭来说无疑是雪上加霜，贫上加贫。这两方面的原因叠加在一起，使得贫困户不仅不能通过劳动获得收入，反而因为难以支付的高昂的医疗费用，导致家中债台高筑，甚至重新返贫。

（二）村民脱贫意愿

在走访的所有贫困户中，每一户都有自己明确的脱贫意愿，主要集中在：第一，因为家中完全没有劳动力，所以希望得到政府持续稳定的生活补助，安心享受最低生活保障，解决温饱问题，从而安度晚年；第二，希望政府能够提供脱贫项目、技术及资金，或者提供致富项目，抑或提供就近就业，能够有一个固定收入，保证家中基本开销不愁；第三，希望帮助解决孩子高中或大学的就读费用，减轻家庭负担，同时也使孩子不至于因贫失学，错失改变命运的机会；第四，希望政府在新型农村合作医疗、大病救助等方面提供更多资金、政策帮扶，享受慢性病的住院报销，避免因支付高昂的医药费用而最终陷于贫困。

三、精准扶贫工作的实际成效

马祖湖村坚定落实党中央精准扶贫政策，在近三年扶贫工作当中取得了一定成果，得到受访贫困户的普遍赞赏。根据扶贫对象精准、项目安排精准、资金使用精准、措施到户精准、因村派人精准以及脱贫成效精准，即精准扶贫的"六个精准"的标准，马祖湖村精准扶贫工作实际成果主要体现在以下几个方面：

第一，家庭收入增加。马祖湖村总共有43户贫困户，其中两户是五保户。针对不同的贫困家庭，村委会会有对应的扶贫政策，例如，其中一户因病致贫家庭，家中两个老人都已不具备完全劳动力，主要劳动力是两个外出务工的子辈，另外家中还有正在上学的孙辈。针对这一户家庭，村委会会为留于家中做些简单农活的老人提供一些农业补贴，而小孩上学也有补贴，另外也会提供大病救助，使得看病得到很好的保障。

第二，居民居住条件改善。为了改善村民居住条件，马祖湖村结合"六乱治理"工作，实施门前卫生三包制度，每户发放由村集体购置50公升垃圾桶1个，全村配备保洁员6名，对垃圾实现集中无害化处理，按时清扫，按时清运，建立长效保洁机制，确保村庄生态环境整洁且宜居宜业。同时全面实行新户型建设，消除无人居住的土坯房、危房，改善群众居住条件，还为贫困户改善危房提供专款补助，使其有能力建设新房。

第三，子女入学有保障。在走访过程中了解到，凡是家中有子女的且正在接受教育中，都会依据标准小学1200元每年每人、初中1250元每年每人、高中2000元每年每人得到专项教育补助，在进一步减轻家庭负担的同时，也使孩子受教育的权利得到有效保障。

第四，产业帮扶成效明显。马祖湖村因地制宜，以皇菊、蔬菜、蚕桑基地为主导产业，栽培皇菊100亩，蔬菜50亩，新扩蚕桑43.8亩，同时成立了修水县西港镇马祖湖村水果种植专业合作社，面积105亩，有花红、柚子、文旦等品种，使精准扶贫户增收增效益，村民人均纯收入增加300元左右。村上贫困户若要发展产业，还能获得一定的产业补助，如油茶种植补助200元每亩，新扩茶叶种植补助1400元每亩，而养牛等禽畜也能根据具体种类获得不定数额的补助。正是在这些政策的支持之下，村里还出了不少种植大户，成功实现自主脱贫，实现家庭富裕。

四、精准扶贫过程中存在的问题

在本次的调查中，我们与村里干部及受访家庭进行了深入的交流，了解到了党中央对精准扶贫的高度重视以及马祖湖村实际工作中对党中央政策的积极落实，但在看到成绩的同时也不能忽视工作中所存在的问题，也要看到马祖湖村实际工作中所存在的一些不够尽善尽美的地方，需要提起警惕，避免对最终的精准扶贫效果产生影响。

第一，部分人口脱贫难度较大。近些年，随着马祖湖村扶贫工作力度的不断加大，一些具备脱贫条件的家庭已经基本实现脱贫。但仍然有部分家庭因为自身或一些其他客观条件，比如，完全丧失劳动能力，或者因治病需要支付巨额医药费，等等，无法依据政策依托，自身主动实现脱贫，需要政府兜底脱贫。

第二，部分扶贫对象对扶贫政策缺乏了解。扶贫工作是双方共同参与的工作，即村委会与扶贫对象。但当前一些扶贫对象对村委会的扶贫工作缺乏必要的了解，在政府实际工作中，既不积极也不主动向村委会说明自身情况，而村委会因为自身情况受限难以完全了解扶贫对象情况，最终导致扶贫工作落实不到位，而扶贫对象自身问题也得不到有效解决。例如，受访对象中梁某的女儿常年外出打工，在自家已经确定脱贫但仍享受扶贫政策的情况下，从未主动了解过自身所能享受的扶贫政策。以至在交谈过程中对我们所提出的问题几乎不了解，甚至连自身享受过哪些政策都不清楚，这对村委会扶贫工作的实际落实是极为不利的。

第三，实现脱贫与继续享受政策之间的矛盾。在对贫困户的实际走访过程中，我们发现所有贫困户基本都是在2015年入库，大多在入库一年后就基本实现脱贫。在这时我们存在一个疑虑，为什么贫困户愿意主动宣布自己实现脱贫？原来在实际工作中，当一些贫困户达到脱贫条件时，村委会就会在贫困户精准脱贫明白卡上注明已脱贫，但同时他们仍会继续享受扶贫政策，也就是脱贫不脱政策。这一方面降低了脱贫工作的难度，另一方面却可能激发村民间的矛盾。因为实现脱贫的家庭可能其家庭状况已经与部分未入贫困户库的家庭一样，但未入库的家庭却不能享受扶贫政策。

第四，扶贫产业单薄，无法支撑村上就业需求。在走访过程中我们发现，留在村里的基本都是一些鳏寡孤独，而真正具备劳动能力的大多都已外出打工，所走访的贫困户中的一户的刚满18岁的孩子甚至高中都没读完就已外出打工。背后原因就在于村上产业对劳动力的需求以及待遇难以满足村民的要求，同时这些产业大多也以种植业为主，容易受到天气灾害影响，不具有稳定性。

五、马祖湖村精准扶贫工作优化对策

马祖湖村扶贫工作中存在的问题明确，扶贫对象所存在的问题一方面在于物质上的贫困，另一方面就是精神上的贫乏。而在扶贫干部队伍当中所存在的问题就是对精准扶贫政策把握不到位，甚至部分干部业务水平不达标而难以完成精准扶贫工作。因而对接精准扶贫工作干部提升自身业务水平成为必要，同时瞄准各贫困户与贫困人口，根据不同贫困成因，因户施策、"量身定做"针对性强、组合式的帮扶措施，通过发展产业、培训就业、社会保障等方式帮助其改善人居环境、改善生产生活设施条件，提高科技素质，增加收入，实现脱贫目标。

第一，要对部分脱贫难度大的贫困户充满耐心，在直接对其进行金钱或其他物质补贴的情况下，考虑其是否有土地或入股村集体产业，保证其在不具备劳动能力或难以从事劳动时也有一份长期收入，保证在2020年整体脱贫后仍然有一份保证其基本生活需要的收入。

第二，要加强政策宣传，做实精准识别。贫困户大多是没有文化的或者文化层次较低的农民，对各种政策不关注而敏感度不够，无法主动参与到精准扶贫工作当中，这就需要马祖湖村的精准扶贫工作者主动做好精准识别，上门加强政策宣传，在吃透中央和省市关于精准扶贫工作的指示精神基础上，进一步加强中央扶贫工作会议精神以及江西省及九江市各扶贫条款的宣传，对精准扶贫的政策措施、目的要求再宣传、再动员，增强做好脱贫攻坚工作的使命感、责任感和紧迫感，努力为2020年全国全面脱贫而奋斗。

第三，要平衡脱贫与脱政策之间的关系。脱贫不脱政策一方面解决了贫困户主动脱贫的问题，另一方面却又可能增大村民之间的矛盾，因而在实际工作中要对各项脱贫工作进展主动公开，定时向村民说明脱贫工作的真实状态，平衡好脱贫与脱政策的关系，增加村民对精准扶贫工作的信任与支持，减少因扶贫工作而产生的摩擦。

第四，要努力发展村集体产业，加强产业扶贫，支撑本村劳动力就业需求。一是始终牢固树立产业扶贫理念，立足马祖湖村的整体实际，因地制宜，狠抓市场前景广阔、带动能力强、具有效益优势的粮油、茶花、畜禽、桑蚕等特色产业发展、增加农民收入；二是积极推行"公司+基地+贫困户"等产业化发展模式，发挥专业合作组织、致富能手的引领和带动作用，把贫困群众的利益联结起来，引导其通过土地流转，增加租金收入和务工收入，助推贫困村经济发展、贫困户增加收入，实现长效脱贫。

在总体增加贫困户物质收入基础上，也要重视把握其精神文化需求。脱贫脱贫，只脱物质的贫难以实现持久脱贫，只有在精神上同时脱贫才能真正实现脱贫。一些贫困群众以争当"贫困户"为荣，当不上言辞激烈，当上的都坚决不退，攀比受穷心理十分严重。片面认为"谁穷谁有理"，有的甘愿守着清贫，等着救济补贴，这种情况下即便扶一辈子也仍旧还是贫困户。为此必须"扶贫先扶志"，让贫困户转变观念，打消"甘愿受穷"的思想，变"要我脱贫"为"我要脱贫"，这样才能真正推动精准扶贫工作顺利完成。

马祖湖村基层扶贫专干工作情况调查报告

崔瑞雪

摘　要：自精准扶贫政策实施以来，我国的扶贫工作取得重大进展，但依然还存在着许多亟待解决的问题，其中扶贫专干如何在扶贫工作中有效发挥其积极作用是关键。扶贫专干是扶贫工作的最前线，做的是最基层的工作，也是和贫困群众关系最密切，接触最多的干部。因此，要充分利用扶贫专干与贫困百姓的密切联系这一优势，最大限度地做好扶贫工作，使精准扶贫真正落到实处，真正帮助群众解决困难，真正满足贫困群众的需求。目前我国的扶贫专干已经深入各县各村，在各地的扶贫工作中都起着至关重要的作用，但是也还存在一些问题，此次实地到修水县马祖湖村进行调研，和当地的扶贫专干有直接接触，对当前的扶贫工作有了更加深入的了解，也对扶贫专干的工作有了更多的思考。

关键词：精准扶贫；扶贫专干；马祖湖村；措施

一、前言

贫困一直是阻碍人类文明进步的主要原因。消除贫困，改善民生，最终达到共同富裕一直是党和政府重点关注的一项工作。改革开放以来，我国扶贫开发力度不断加大，但是由于我国人口基数大，地域范围广，经济发展差异明显等，我国直到2013年还有8200多万贫困人口，扶贫工作仍然任重道远。党的十八大以后，针对传统粗放的扶贫方式存在的一系列问题，中共中央审时度势地提出了"精准扶贫"的思想，2013年习近平总书记在湘西考察时提出了"实事求是、因地制宜、分类指导、精准扶贫"的指示，2014年"精准扶贫"思想落地，后逐步在全国范围内推行开来，"精准扶贫"成为各界热议的话题。精准扶贫是新时期党和国家扶贫工作的精髓和亮点，40年来的改革开放，经过在全国范围有计划、有步骤地大规模开发式扶贫，我国贫困人口大量减少，贫困地区面貌显著变化，绝大多数地区和人民甩掉了贫困的帽子，但我国的扶贫仍然面临着艰巨而繁重的任务，贫困地区发展滞后问题依然没有得到根本改变。目前我们正处于第一个一百年奋斗目标的冲刺时期，距离全面建成小康社会只有不到两年的时间，要确保8000多万农村贫困人口全部脱贫任务相当重，因此如何对原有的扶贫机制进行修补和完善就对党和国家的扶贫工作提出了新的要求和挑战。

此次实际调研地为江西省九江市修水县西港镇马祖湖村，通过为期一周的实地考察，调研组对马祖湖村扶贫工作的基本情况进行了深入了解。马祖湖村是修水县扶贫工作的优秀典型示范村，根据县委要求，设有一个扶贫小组，包含第一书记、村党支部书记、扶贫专干以及3名驻村工作队成员。在全村43户贫困户中，致贫原因各有不同，大致可分为因病、因残、因学、因灾、缺劳力和缺技术等六方面，其中因病致贫是最主要的原因，占比将近50%。在实际走访中，我们根据这几个致贫原因分别走访了不同类型的贫困户，对他们的致贫原因以及脱贫情况做了具体调查。在此次走访中，马祖湖村脱贫专干卢书钟作为向导，带领我们去村子里各个不同致贫原因的贫困户家中开展走访询问，在走访调查的过程中通过观察村民和扶贫专干的交流互动，以及我们调查小组和扶贫专干的沟通，使我对这个"新岗位"有了一些自己的看法，下面我将从我们调查中的实际所见所感、扶贫专干在精准扶贫中发挥的作用以及在深入推进精准扶贫过程中对扶贫专干更好履行工作职责的建议三方面展开论述。

二、马祖湖村扶贫专干工作情况介绍

马祖湖村扶贫专干卢书钟本人就是马祖湖村村民，对村内情况十分了解，对开展具体工作有很大的帮助。另外，从精准扶贫实施以来，他就一直在负责这方面的工作，因此对相关的政策较为熟悉，这也为他开展实际工作奠定了理论基础。在我们具体走访过程中，通过扶贫专干和村民的语言交流及具体互动，明显可以看出马祖湖村扶贫专干和各贫困户间关系十分融洽，扶贫专干的业务能力也值得肯定，他不仅能快速准确地说出各贫困户家中的具体情况，包括致贫原因、脱贫情况、家庭成员、家庭收入来源等详细情况，而且还能根据不同家庭致贫原因及时准确地对其实施不同的帮扶措施，真正做到"精准扶贫""一对一帮扶"。但在交谈中，笔者也发现了一些存在的问题，比如，贫困户对扶贫的相关政策不太了解，对于他们自身扶贫的具体情况也一知半解，只是被动地接受扶贫工作安排，并未真正详细地了解扶贫工作的开展，问什么都是"好像是""应该有"，他们往往对国家的具体帮扶措施或是对为其专门制定的保障性政策等了解不够深入，在我们询问的过程中也多次向扶贫专干"求助"。出现这些情况不仅反映了扶贫工作在实施过程中还存在着诸如宣传、讲解不到位等问题，而且也从一个侧面体现了帮扶干部的工作还存在待改进的地方。

三、扶贫专干在精准扶贫实施过程中发挥的作用

在实施精准扶贫过程中，扶贫专干主要负责宣传贯彻精准扶贫政策精神，提高群众对精准扶贫政策的知晓率，实事求是地收集扶贫对象的信息资料，确保信息准确，处理好村镇两级精准扶贫上传下达工作，畅通信息渠道，提高工作效率和服务质量。因此，扶贫专干如何充分有效地利用自身优势帮助贫困户精准脱贫的同时也帮助扶贫小组及时了解贫困户情况并制定相应措施就显得尤为重要。

（一）国家出台的各项利民惠民政策的宣传者

自习近平总书记提出"精准扶贫"以来，中央和地方都出台了各项相关文件和规定，对精准扶贫工作做了具体的理论指导。在具体实施过程中，就需要各地根据当地的实际情况，选择适合当地的政策、方法以获得最好的实施效果。现阶段我国人民文化素质还不高，有很大的提升空间，尤其是针对农村的留守老人、妇女、儿童等群体，如何对这些欠缺知识、思想较为落后的村民宣传和讲解国家及当地政府制定的各种利民惠民政策就成了一个很

大的难题。扶贫专干此时的存在就显得很必要了，作为扶贫专干，必是对其帮扶地区贫困户的情况十分了解，这就为他们详细具体的向各贫困户进行政策方针的宣传和讲解奠定了基础。例如，他们可以根据不同致贫原因的贫困户，介绍符合他们实际情况的相关政策，一方面利于他们更有针对性地开展扶贫工作，另一方面也减轻了贫困户了解诸多政策规定的精神负担。

（二）精准扶贫实施过程中具体帮扶政策的执行者

针对现有的扶贫工作，各地都依据实际情况具体制定了不同的措施，开展了多样化的扶贫工作。例如，马祖湖村创办了农村合作社，利用村子附近的光伏发电厂吸纳就业、大棚种植参股等方式大力改善贫困户的生活水平，这些都是行之有效的办法。扶贫专干在这些措施具体落实过程中就要大力向贫困户宣传推广，帮助他们选择适合自身情况的帮扶项目，通过多种渠道提高收入，改善生活水平。扶贫专干还要及时对贫困户进行走访，以通俗易懂的语言与他们面对面交流，一一解答他们的疑问，向他们传达多种帮扶政策，帮助他们树立起"拔穷根"的信心和决心。

（三）扶贫办和扶贫户的沟通桥梁

扶贫专干是贫困户和帮扶工作小组的桥梁，由于各种原因的限制，帮扶小组不可能时时跟在贫困户身边，事无巨细地对其进行调查，此时，作为二者间联系的纽带，扶贫专干就发挥着极为关键的作用。扶贫专干和贫困户联系最为紧密，对当地扶贫情况也最为了解，知道扶贫工作的具体进展，取得的成果以及待改进的地方，同时扶贫专干也能最及时地和贫困户沟通交流，听取贫困户的意见、想法，准确知道他们的需求和难处，并将收集的这些信息及时反馈给扶贫小组，使各小组能在政策实施过程中做出适当调整和改进，做到"真扶贫，扶真贫"，坚决打赢脱贫攻坚战。

四、在精准扶贫实施过程中更好发挥扶贫专干作用的建议

经过近年来的实践扶贫小组证明是有效的农村贫困治理方式，但随着农村贫困治理理念、方式的改变以及农村社会环境的改变，扶贫小组也应该顺

应精准扶贫的要求作出相应的调整，尤其要加强对各村扶贫专干的管理和培训，从而使驻村扶贫专干在精准扶贫中发挥最大效用。

（一）根据各地具体情况建立健全帮扶管理制度

一方面，各级各地的扶贫工作小组要根据本地区的实际情况制定相应的政策方针，建立健全本地区的帮扶管理制度，使帮扶过程具体化、科学化、有效化。构建组织机制，细化帮扶内容，明确各帮扶责任人的工作职责。另一方面，要挑选有责任感，有农村工作经验，善于做群众工作，文化素质高，熟悉帮扶困户情况的干部下到各个具体帮扶小组中，以便能更有针对性地开展帮扶工作。同时还要根据贫困村的具体需求选调扶贫专干，例如，派有技术背景的专干去能发展产业的贫困村，有教育背景的专干去缺乏教育的贫困村，等等，把扶贫专干的个人能力和贫困村的重点脱贫需求相结合考虑，做到个人能力与贫困村的需求相对接，这样不仅有利于贫困村脱贫工作的开展，也有利于扶贫专干发挥自己的专长，激发积极性和创造性。

（二）定期开展扶贫干部培训，加强能力建设

组织扶贫专干学习党在新时期的扶贫开发方针政策和业务知识，是顺应扶贫开发新形势，强化扶贫专干素质，提升工作效能，促进扶贫工作的一项重要举措，也是扶贫专干是否能担当国家政策和贫困户之间"传话筒"的关键所在。因此各级扶贫小组要通过开展扶贫专干培训班，外出培训，现场学习考察等多种形式提高扶贫专干的综合素质，帮助他们迅速进入角色，提高帮扶实效。此外，还可开展经验交流学习，让扶贫专干分享帮扶心得和成功经验；树立模范典型，组织扶贫专干实地到精准扶贫工作典型村学习发展经验，实际了解发展情况，拓展扶贫专干的工作思路。

（三）熟练掌握和宣传政策，以真心对待贫困户

政府的科学政策只有真正传达到人民群众当中才能真正焕发活力，人民群众只有真正理解把握相关政策才能更好配合相关部门开展好工作。扶贫

专干作为扶贫工作的"主力军""领路人"要全面掌握中央、省、市、县关于扶贫工作的政策，包括各种文件、方案等，不仅要对"两不愁三保障"，贫困户识别"六步工作法"等扶贫知识了然于胸，还要对产业转型、金融贷款、健康扶贫、教育保障等相关扶贫政策深入了解。学习的目的在于宣传和落实，要将扶贫相关政策要求以贫困户听得懂的语言形式，和自己联系的贫困户"一对一"宣传，让贫困户记明白，听清楚，让惠民利民政策真正落地生根。此外，扶贫专干在开展帮扶工作前还应端正思想，牢固树立责任意识，以认真负责的态度进行，而不是随意地敷衍应付，凭感觉、经验就算完成扶贫任务。只有平时多与贫困户交流，了解他们的真实想法，找准贫困问题根源，才有可能针对他们的贫困情况，实事求是，因地制宜，有的放矢，保证扶贫工作取得实效。

（四）从实际出发，因时因地制订帮扶计划

扶贫专干要对自己帮扶地区有全面透彻的理解，一方面要摸清村情乡情。要知道所帮扶的贫困户及其所在的村在所属乡镇乃至全县、全省的扶贫工作状况；要知道自己的帮扶工作在整个扶贫体系中是个什么环节，处于什么位置，将会起到什么作用；要知道村里面有多少贫困户，贫困原因是什么，还有多少没有脱贫，围绕脱贫，村里面已经实施了哪些产业，准备实施哪些产业；等等。另一方面要摸清户情人情。要知道贫困户的家庭人口、经济来源、收支情况，以及家庭成员个人情况，等等，例如，患病，患什么病；上学，在哪上学等相关情况，还要了解贫困户所思、所想、所盼，了解他们急需要解决的困难，以便施行更为精准的帮扶政策，确保扶贫工作实效。

佛坳村乡村振兴战略实施现状调研报告

李 庆

摘 要：乡村是具有自然、社会、经济特征的地域综合体，与城镇相互促进、共同生存，构成人类活动的主要空间。乡村兴则国家兴，乡村衰则国家衰。我国社会的主要矛盾已经转化为人民日益增长的美好生活需要和不平衡不充分的发展之间的矛盾，这在农村尤为突出，全面建成小康社会和全面建设社会主义现代化强国，最艰巨最繁重的任务在农村，最广泛最深厚的基础在农村，最大的潜力和后劲也在农村。实施乡村振兴战略，是解决新时代我国社会主要矛盾、实现"两个一百年"奋斗目标和中华民族伟大复兴中国梦的必然要求。大学生走进农村，贴近农村，对农村实施乡村振兴战略的现状进行调研具有重要的现实意义。

关键词：佛坳村；乡村振兴；现状；建议

一、前言

随着经济的快速发展，农村作为经济发展不可忽视的社会基层，越来越受到国家的关注。习近平总书记在党的十九大报告中提出了乡村振兴战略，而农业、农村、农民这三者是关系国计民生的根本性问题，必须始终把解决好"三农"问题作为全党工作的重中之重。实施乡村振兴战略，这就对我国农村农民的知识文化水平和精神文化生活以及农村的文化建设提出了新的更高的要求。为积极响应大学生为乡村振兴战略建言出力的要求，并结合本学院对学生社会调查的学习任务，2015级思政班全体同学在两名带队老师的指导下开展了为期一周的社会调查活动。通过调研农村的发展情况，旨在发现当前农村发展过程中存在的一些问题，并针对问题提出合理化的建议。同时，从个人来说，深入社会基层能更好地提升自己发现问题、解决问题的能力，也能通过调研让自己为农村的建设发展添砖加瓦。

二、佛坳村乡村振兴战略实施现状

佛坳村位于江西省九江市修水县西港镇西边，毗邻西港镇湾台、堰上、周家庄等村，全村面积约为9.3平方千米，是西港镇面积最广的一个村。村民居住极为分散，全村共有16个村民小组，一个移民安置点，共有村民603户，人口为3170人。村内拥有耕地面积2886亩，其中水田面积为1986亩，省级公益林4900亩，以水稻和玉米为主要农作物，同时以茶叶、油茶、菊花、油豆腐、杭母猪为主要经济农业。村内交通便捷，民风淳朴，村民勤劳朴素，现由本村村民自主创办了全镇第一家枫露茶叶有限公司、第一家梁记油豆腐食品有限公司、第一家万头绿康养殖场，村内现有茶叶基地1000余亩、油茶基地700余亩，带动本地劳动就业150余人。

（一）农业和产业发展情况

村里不少专门从事农业的村民依旧占了较大的一部分，经过走访发现，村民离不开土地的原因有以下几个：首先是家庭劳动力较少，而承包土地较多；其次是家中有病人或自己有疾病，不方便外出；再次就是年龄较大，文化程度较低，缺乏相关的技能，不敢外出；最后就是自己在家做小生意或者身为村干部、教师、乡村医生等能取得非农收入，不愿外出等。这些原因致使佛坳村在农业上仍是一家一户几亩地的小生产方式的小农经济，不同小组亦有不同，很难形成农业规模生产，无法产生现代农业的规模效益。但是近年来，佛坳村党支部结合本村丘陵山地多、有种茶传统等实际，引导村民大力发展茶叶产业脱贫致富，村党支部积极引导和扶持本村返乡创业青年建生态茶园200余亩，建立占地面积3000多平方米并具有国际领先水平的红、绿茶加工设备的茶叶加工厂，继而组建修水县枫露茶叶有限公司，实现本村茶叶加工销售一体化。如今，茶业已成为佛坳村村民脱贫致富的主导产业。

（二）村民进城务工状况

在对当地村民采访的过程中，发现进城务工的村民呈现以下特征：一是所从事的工作较为低级，大部分为又苦又累的低层次工作，一般集中在建筑、力工、服务业等行业，由此可以看出村民所从事的行业大多数是城市人所不愿从事的又累又苦的最底层工作；二是村民寻找到自己满意的工作较难，且很不稳定；三是村民的工作环境较差，工作时间较长，但收入却很低。总体的评价是，在城市的工作环境不是令人满意的。另外，进城务工的村民因受教育程度不同而待遇也有较为明显的差别，在采访的过程中，受教育水平较高的村民工资待遇相对较高，心理压力也较小，同时面对城市比较自信，有一定的目标和追求。而受教育水平较低的村民所从事的工作相对较艰苦，选择余地也较小，很难适应城市生活。

（三）人居环境的改善

在实地走访以及对当地村民进行环境治理的问卷调查中，我们了解到，佛坳村的人居环境相较近两年得到了很大的改善，每相邻几个村户的门口都会放置统一的垃圾桶，用来回收农民的生活垃圾，几乎没有将垃圾随意丢弃在道路旁和河流中的不文明现象，就连焚烧垃圾的现象也大大减少。而村里的垃圾也有专职的村民进行统一处理，这些村民大多是建档立卡的贫困户，当地村委为他们提供此类公益性的岗位，既为贫困村民提供了收入保障，还改善了村里的人居环境，保护了村里的生态环境。

（四）农村医疗状况

根据我们的实地调查了解，我们发现村内的医疗问题主要有：一是乡村医疗卫生条件落后，乡里只有一个卫生所，只能满足村民看头疼、发热、感冒等小病，对于重大的疾病没有力量解决；二是医生短缺，并且医生整体素质不高，有的医生并未接受正规的医学教育。而有病或家庭中有病人的村民因医疗问题而主要有以下表现：一是村民面对重大疾病束手无策，村民渴望治病又害怕治病，主要医疗费用太高，村民住不起大医院；二是村民因病致穷现象严重，医疗支出费用呈逐年增加趋势，并成为村民的主要支出之一；

三是村民的"小病拖，大病忍"现象严重，大病的出现对家庭的幸福和谐有极大的影响，不但加重了病人身心的痛苦，也使得与病人关联的亲朋好友心理压力加大，特别是跟病人利益密切相关的人员与病人的关系面临考验，因此解决村民的医疗保障问题，对发展乡村也有很大帮助。

（五）农村贫富差距问题

在走访中发现，村里的贫富差距虽然有了一定程度的改善，但仍然存在贫富差距的问题，尤其在住房上可以窥见一斑，贫穷的农户的住房十分的简陋，而富裕的农户的住房较为豪华。根据富裕原因的不同可以将富裕村民分为两类：一类是技能性富裕，主要是通过自身的技术和知识等取得较高收入，他们一般是商人、养殖户、外出务工人员等，对于这类拥有较高素质，通过辛勤劳动富裕起来的人，则要大力倡导，积极引导，予以扶持；另一类是短暂性富裕，此类富裕村民是由于各种原因而富裕起来的，现在虽能取得比其他农民较高的收入，但是随时间的增长而不具有可持续性。根据贫困原因的不同可以将贫困村民也分为三类：一类是投资性贫困，这主要是为了提高自身的或子女的素质能力而进行投资导致的贫穷。一般受教育子女较多的家庭，属于投资性贫困，但是由于他们对人力资本的投资提高了劳动力的素质，因而在可期望的未来取得较高收入的能力提高，在经历贫困后会很快富裕起来。对于这样的贫困家庭，政府应该加大扶持力度，使他们能够顺利完成对自身子女的投资。第二类是技能性贫困，主要是由于受教育水平低，知识贫乏、技能缺失等造成的贫困。对于这样的贫困，需要政府制定积极政策，广开途径，努力提高他们的素质。第三类是衰竭性贫困，主要是由于年龄、健康等而使得收入水平很难保持或持续下降，以致不能取得能维持基本生活的收入，如老年人家庭，有重病人的家庭，大多属于这一类。对于此类贫困，需要政府建立社会保障体制，以保障每一个公民生存的基本权利。

农村的贫富差距持续拉大可能引发一系列的问题，如村民的心理感受上会觉得不公平，从而有可能造成矛盾的不断积累，特别是农村的一些怀旧之人，目睹当前的贫富悬殊状况，不断发出了今不如昔的感慨，这种现象值得关注。防止农村贫富差距两极分化，其治本之策是以城乡统筹的方法破解三农"问题"，进一步壮大农村经济，在发展中逐步缩小城乡之间、农户之间的收入差距。而农民的受教育水平对自身致富的能力有直接的影响。

三、佛坳村乡村振兴战略的实施建议

面对佛坳村在乡村振兴战略实施过程中存在的一些问题，给出以下几点实施建议：

（一）因地制宜，完善产业规划

科学规划是可持续发展的重要保障，是最大的节约。要把规划摆在美丽乡村建设工作的首要位置，坚持先规划、后施工。一是要凸显村的特色，乡村建设不能千篇一律，要结合村的地理区位、资源禀赋、产业发展、村民实际需要等。就佛坳村来说，合理利用该地的地理条件和自然资源，大力发展相关产业并完善基础设施，发掘村内各项资源。二是要突出产业支撑，把环境改善与资源开发相结合，做大、做强、做优特色产业（如佛坳村的茶产业），带动村集体经济发展，促进农民创业增收。三是要稳步推进。从农民群众反映最迫切、最直接、最现实的环境改善和村庄道路等环境资源改善入手，按照"富规划、穷实施"的原则，实事求是地制订实施计划，稳步落实发展阶段计划。

（二）吸引打工青年返乡

农村不缺资源，关键缺乏懂经营、能干又会干的人才。而那些在城里打工见过世面，又有能力改变家乡的人才应该创造条件吸引青年返乡。笔者曾参观过不少我国的超级村庄，也就是那些年产值上亿的村庄，这些村庄的带头人年轻时大多要么打过工要么当过兵，在外见过世面。回到家乡带领村民致富，很容易找到致富门路。目前我国大多数地区城乡差距太大，村庄无论硬件还是软件与城市相比差太多。多年来，农村年轻人的出路似乎只有一条，那就是到城里打工。但城镇也有城镇的难处，昂贵的住房靠农民工的那点收入根本不可能买得起。尤其是新生代农民工，城里留不下，农村又不愿

意回。如果乡村振兴了，至少选择的机会更多一些。城市老人，尤其是大城市的老人，在城里生活不但住房面积小，而且环境太差。如果有机会到美丽的乡村小镇养老，估计会长寿不少。

（三）重视生态，保护环境

佛坳村的生态环境基础优良，虽然经济产业大多以农作物为主，但还是要在调整产业结构，控制企业污染排放方面下功夫，重视生态环境，改善人居环境。可以适当地改良土壤，兴建沼气池，使用绿色能源。建立长效的生态文明体系，不仅仅只是改善当地的外表环境，还能促进人与自然的协调发展。"美丽乡村"建设是我国继新农村建设后的又一农村发展新举措。随着党中央一年比一年更重视三农"问题"，"美丽乡村"建设也将越发成为关注的焦点。佛坳村依山傍水，当地自然资源丰富，一座座青山连绵，一处处村落点缀。外在的生态良好、环境优美、布局合理、设施完善与内在的社会和谐、产业发展、生活富裕、文明提升互为表里，构成一幅"美丽乡村"的画面。佛坳村的环境改善是一步一步脚踏实地的结果，当地生态文明发展离不开地方政府的正确领导，更离不开当地村民的积极响应和亲自实践。

（四）加大对农村医疗卫生事业的支持力度

政府应在力所能及的范围内尽可能加大财政转移支付力度，进一步完善适应农村经济社会发展和广大农民健康需求的新型农村卫生服务体系，确保每一位农民享有基本卫生服务，使农民"无病早防、有病早治"，患病后"看得起、看得好、花钱少"。同时，应加强农村卫生基础设施建设，增加基本的医疗器械，提高医务工作者的待遇，并尽量满足村民不同层次的医疗服务需求。还要多渠道、多形式加快卫生人才培养和引进步伐，鼓励更多的医学专业毕业生到农村基层服务。应该提高大病住院补偿标准，降低大病住院补偿起付线，进一步减轻村民看大病的负担，最大限度减少农村"因病致贫、因病返贫"现象。

（五）政府加强扶持，重视对村民的文化教育

经济基础决定上层建筑。农村经济发展相对薄弱，为求经济发展，才有青年外出务工的景象，才引发诸多问题。首先，政府部门应该多为农村劳动力提供丰富的就业、创业之道，让农民的经济更好更快发展，各种问题才会慢慢得到解决。其次，如果农村人口的文化素质提高，将会成为乡村振兴的强大动力。劳务输出和特色优势农业对村民收入增长的贡献显而易见，特别是劳务输出产业对增加中低收入的村民起到了重要作用。政府更应加大劳动技能培训力度，提高劳务输出人员素质和能力，增强就业能力，提高工资性收入在总收入中的贡献。还可以多开展一些如"送文化下乡"之类的活动，并且应该针对村民的阅读能力和需求，丰富"送文化"的形式和内容，提高他们的文化素质，更新他们的思想观念。

四、调研总结

为期一周的暑期乡村调研让人感触颇多，今天的农村不再是以前贫苦落后的模样，而是以一副崭新的姿态出现在我们的面前。而笔者收获的也不仅仅是在实践中所提高的分析问题和解决问题的能力，更是看到了新时代背景下农村的希望和盼头。乡村振兴是新时代做好"三农"工作的总抓手，脱贫攻坚是必须打赢的三大攻坚战之一，都事关亿万农民未来生产生活的发展，也直接决定着全面建成小康社会目标的实现。面对佛坳村在乡村振兴战略方面还存在的问题，当务之急要一手抓乡村振兴，一手抓脱贫攻坚，通过坚持不懈的努力，真正让农业成为有奔头的产业、让农民成为有吸引力的职业、让农村成为安居乐业的美丽家园。

周家庄村精准扶贫户识别状况调查报告

曾丽婷

摘　要：党的十九大报告指出，我国脱贫攻坚任务依然艰巨，为此必须坚持精准扶贫。对扶贫对象的精准识别是精准扶贫的前提和基础，在扶贫工作中的地位和作用至关重要。但目前实践中依然存在识别不准的现象，这使得扶贫政策的脱贫效果不明显，并且造成扶贫资源的浪费。另外，扶贫对象确定机制不够完善、扶贫工作执行主体素质偏低、农民文化程度与素质偏低等都是扶贫对象选择不精准的重要原因。本文在社会调查的实践基础上进行思考和分析，对贫困户精准识别提出相应的建议。

关键词：扶贫对象；精准识别；现状；建议

党的十九大报告指出，从现在到2020年，是全面建成小康社会的决胜期，为此，必须坚决打赢脱贫攻坚战，坚持精准扶贫、精准脱贫。坚持精准扶贫的第一个关键，便是要精准选择扶贫对象。为了更好地落实好十九大精神，学习习近平新时代中国特色社会主义思想，将课堂上所学的社会调查理论与实践相结合，学院特组织了此次社会调查实践。本次社会调查的地点为江西省九江市修水县西港镇周家庄村、佛坳村、马祖湖村和修口村；调查对象主要是当地村落的村干部和扶贫工作小组以及农民；主要目的和任务是考察当前地方精准扶贫工作各方面的情况，发现相关问题并总结扶贫经验。本次社会调查主要是以访谈和发放问卷的方式获取相关信息与资料，在调研后期整理资料过程的过程中，发现了诸多值得深入研究的问题。本文主要以周家庄村为例从精准识别贫困对象工作存在的问题为切入点进行研究，以下将从周家庄村确定精准扶贫对象的方式、存在的问题、产生问题的原因以及提高周家庄村扶贫对象确定精准性的几点建议进行阐述。

一、周家庄村概况

周家庄村位于江西省九江市修水县西港镇北部,距离镇政府6千米,面积约6.5平方千米,辖15个村民小组,542户,共有人口2472人。周家庄村耕地面积1460亩,村民大多以种田、养猪、养蚕为生。以前,村民依赖那条狭窄的机耕道和外界联系,滞后的交通严重制约了该村经济发展,由于经济落后,周家庄村被列为修水县重点扶贫村。如今,周家庄村村风淳朴,村况整洁,村民团结向上,借助"十三五"重点扶贫村这股东风,朝着改善基础设施,扩大农业产业化的农村目标大步向前。

二、周家庄村确定精准扶贫对象的方式

(一)贫困状况调查,收集贫困信息

修水县确定精准扶贫对象的总的原则是以各乡镇为基本单位,由县扶贫办工作人员带队,各乡政府与村委会工作人员协调,开展到村到户的贫困状况调查,统计各个家庭的经济情况,收集贫困信息。

(二)村民根据自身条件自由申请

村委会在当地宣传精准扶贫政策,让农民知道精准扶贫的内容,了解精准扶贫的申请程序与申请条件。村民根据自家的家庭经济情况,向村委会提出书面的申请书,需要写明自家的年收入与年支出,家庭贫困的主要原因等信息。

(三)各级政府评议,建档立卡

1.村委会评议。召开村民小组评审会,对申请家庭的基本情况进行核实,征求群众意见;提出具体意见后,从中选出最贫困、最需要帮扶的村民,其中选出的人数与分配到的名额一致,将材料转交乡政府。

2.乡政府评议。乡政府核实上报的申请材料,通过入户调查、邻里访问等,对申请人的家庭经济状况和生活水平进行核查,对不满足申请条件的村民进行更换。乡政府领导在申请材料上签署意见后上报县扶贫办。

3.县政府评议。县扶贫办核实上报的申请材料,根据《修水县精准扶贫

工作实施方案》入户审核，经分管领导和主要领导签字后。对不符合申请条件家庭，委托乡政府通知申请人，并告知理由进行更换，对符合申请条件的家庭，进行建档立卡，确定为精准扶贫工作的贫困对象。

三、周家庄村扶贫对象确定存在的问题

（一）贫困对象对申请程序不熟悉

修水县各级政府工作人员在宣传精准扶贫政策时不到位，只是通过简单地下发文件到村委会、村主任处，导致有符合精准扶贫条件的村民不了解精准扶贫政策、精准扶贫申请的条件和程序，个别家庭存在严重经济困难却不知道如何去申请、何时申请。

（二）工作人员操作不够规范

工作人员在审核精准扶贫对象时，有时追求简单化，造成扶贫对象确定操作欠规范、欠透明。主要表现在：有些精准扶贫对象确定后未公示或公示时间不够就上报，导致好多村民对精准扶贫对象存在歧义，还有些村干部在贫困对象确定过程中怕得罪人，上报名单时没有严格把关。

（三）选举扶贫对象时村民参与度低

周家庄村民居住相对分散，加之很多青少年都外出务工，在家的都是些老人小孩，根本不关心精准扶贫这一政策，认为扶贫不可能扶到自己头上来。从而出现工作人员在贫困状况调查、收集贫困信息的时候，出现村民回避逃避现象，询问的时候不正面回答现象。召开村民小组评审会的时候好多村民直接不参与，根本不关心精准扶贫对象是谁。

（四）各家的家庭经济情况难以精准衡量

工作人员在贫困状况调查，收集贫困信息的时候无法精准地衡量扶贫对象的收入，只能依据他家的房子、存款来决定他家的贫困程度。这就导致无法精准地收集到各家的家庭经济情况，只好与其他村民、村委会工作人员交流，来大概地猜测申请人的经济情况与贫困程度，从而存在个别的扶贫对象

并不是最困难、最需要去帮扶的。

四、周家庄村扶贫对象确定不够精准的原因

（一）扶贫对象确定机制不够完善

1.贫困对象确定标准界定指标单一

修水县2015年精准扶贫的对象的要求是人均可支配收入在2855元以下，周家庄村也是按这个标准。比较重视收入，是现在周家庄村确定贫困对象的一个方式，但这不能完全科学衡量贫困户的贫困程度。有些家庭在重大疾病、子女上学或其他重大支出指标的影响下，家庭的可支配资源急剧减少，家庭经济急剧缩水，人均实际生活可支出严重下降，需要得到精准扶贫帮助。有精准扶贫边缘户存在实际需求，急需通过帮扶来渡过难关，可能因为人均收入略高于当地精准扶贫标准而被拒绝纳入。

2.精准扶贫界定标准模糊

修水县精准扶贫主要针对的是农村人口，与城市精准扶贫对象家庭收入测算核定相比，修水县农村居民收入渠道比较多，生产经营活动形式多样，家庭收入难以准确核算。一方面，农村居民的家庭收入，除外出打工等货币收入外，其主要的收入组成部分为种植业、养殖业等实物收入。周家庄村除了水稻、蚕桑、杭母猪等传统产业以外，还有油茶、化红和吊瓜等新兴产业。另一方面，农村居民实物收入难以货币化，由于种植、养殖等具体项目品种不同，产值、投入及价格也不一样，这些收入的测算核定缺乏一种较为合理的衡量标准，且农产品的价格受市场行情的影响波动较大。

3.核查手段落后，难以把握真实信息

周家庄村在精准扶贫实际操作中多数采用"评议为主、测算为辅"的办法进行计算，最后变成谁的支持人数最多，谁就最困难。这样存在一定的主观随意性和局限性，容易出现人情对象、关系对象等问题。

4.监督不到位

精准扶贫是一个民生工程，是在帮助贫困人口，其中存在利益之争，政府在确定贫困对象的时候应该做到定期公示，目前周家庄村贫困户公示较单一。目前，精准扶贫工作中贫困对象确定的主要人员是村委会工作者，导致监督环节跟不上。

（二）农民文化程度与素质偏低

由于农村教育的缺陷与乏力，导致农民的文化素质相对较低，思想觉悟低，政策界限把握不准。面对利益之争时，互不相让，有的农民还直接虚报自家的家庭经济情况，去争取精准扶贫的名额，有些村民心里以得到扶贫为荣，为获得这个名额与其他村民挣得头破血流，这些给精准识别贫困户增加了难度。而有的家庭由于从来没有得到过扶贫的好处，认为扶贫绝对不会扶到自己头上来，从而直接不参与，也不关心精准扶贫政策。

（三）经济转型增加家庭经济情况估算难度

改革开放以来，随着经济体制的深刻变革，新型工业化和城镇化进程加快，社会经济成分、组织形式、就业方式、利益关系和分配方式等发生了巨大的变化，多元经济相互交织混合发展，给准确调查核实农户收入增加了难度。加之，受农业经济效益低而不稳影响，近年来大量农村剩余劳动力纷纷外出打工，劳务收入成为农民增收的主渠道，其中群众的一些隐性收入较难掌握。

五、提高扶贫对象确定精准性的几点建议

（一）提高精准扶贫对象瞄准机制的科学性，完善精准扶贫管理制度

1.提高精准扶贫对象瞄准机制的科学性

完善精准扶贫目标瞄准机制就是要在政府原有工作的基础上，立足新形势继续完善精准扶贫目标瞄准机制，做好精准扶贫统计工作，健全监测的同时准确地识别和定位贫困人口，这样有利于增强精准扶贫工作的科学性和有

效性。周家庄村应该不断完善精准扶贫工作中贫困对象识别程序，逐步努力地做到"应精准扶贫"，以保障贫困人口生活。事实上，由于在我国农村扶贫的工作中掺入了很多难以预料和控制的主观因素，使得我国的贫困监测制度并不是非常科学与完善，在一定程度上也导致我国在贫困人口和地区确定上的不公平，同时也导致了一些地区在贫困对象确定上存在错、漏等现象。当前周家庄村努力完善精准扶贫贫困对象识别制度的具体做法有：第一，从实际出发大力推广"建档立卡"制度的成功经验，不断细化和完善具体实施办法在全县范围内尽早实现这种监测制度的实施。第二，科学合理地确定事实上扶对象，不仅包括还能温饱的绝对贫困人口，也应该包括收入不稳定、家庭状况差的相对贫困人口。

2.完善精准扶贫管理制度

对在精准扶贫工作中贫困对象识别上认识不到位、精力不集中、措施不聚焦、效果不明显的乡镇党政主要领导和分管领导进行问责，对精准扶贫工作中确定贫困对象弄虚作假的领导干部给予严肃处理，对挂职锻炼考核不称职的干部不能重用并进行批评教育。加强贫困对象确定结果的审查，对严重损害国家和群众利益、严重浪费资源，严重破坏生态环境，造成恶劣影响的要记录在案，并视情节给予组织处理或党纪政纪处分，触犯法律的依法追究法律责任。

（二）提高精准扶贫执行主体的素质，提高精准扶贫工作实效

提高政策执行主体的能力方法有：把执行者自身专业优势与精准扶贫政策的执行结合起来，大力推进人员业务能力培训，以提高扶贫部门及其他单位的扶贫工作成员执行能力。要达到上述要求，必须从这几个方面着手：首先是必须把好考核这一关，严格挑选人才，让更多优秀的人才充实扶贫政策执行的人力资源库；其次是辞退扶贫政策执行能力低下的人员，让不能适应扶贫政策执行工作的人员离开单位；再次是定期组织人员脱产去学校学习，或者行政院党校接受现代行政管理新的方法和观念熏陶，同时也要利用社会团体等加强精准扶贫政策的教育，保持思想和技能与时俱进；最后是要加强

实践锻炼，让他们跟着贫困户确定人员一起培训和学习。

此外，工作人员思想觉悟的提高也非常重要。各级精准扶贫开发领导小组如果不能为广大的政策执行者端正工作态度，指明扶贫发展方向，增强带动能力，那么他们就无法认清精准扶贫工作的周期，从而导致政策执行者工作态度的消极。因此，要让精准扶贫政策执行者充分了解本地区扶贫工作开展的形式、未来所面对的困难和可能取得的发展，认清扶贫工作重要性。因为如果有积极向上思想觉悟和必胜的执行信念，就会为扶贫政策高效打好基础。要确保执行者认同本组织，这样才能建立起具有凝聚力和团队精神队伍，这样的队伍即使在面对扶贫政策执行诸多困难时也会毫不退缩。

（三）提高村民的政策参与度，加强政府与村民的互动关系

精准扶贫政策的执行资源主要由政府来提供，精准扶贫工作也主要是由政府来开展、实施、落实，政府在精准扶贫工作中贫困对象确定过程中，发挥着执行主体的作用。但是，政府并不能因此而忽略村委会和贫困人口等对贫困对象确定的作用，精准扶贫的实施目的主要是为了村民，因此政府应该本着从群众中来到群众中去的理念，充分调动村民的积极性，发挥其在贫困对象确定过程中的作用。在贫困对象确定中，首先要加强政府的工作力度，同时也要重视村民的参与力度，把两者有机地结合起来。只有贫困人口积极参与精准扶贫工作中的贫困对象确定过程，才能发展自我生存力。村民是精准扶贫工作中确定贫困对象的主力军，政府应加强与村民的联系度，取得村民的信任，这样才能将精准扶贫工作中贫困对象确定环节有效地开展下去。

（四）定期公示，促进精准扶贫工作的透明度

精准扶贫是一个民生工程，政府在确定贫困对象的时候应该做到定期公示。为加强扶贫审核，加大民意监督，严把准入关，严格筛选，全民死守确保选出来的贫困对象服民心，周家庄村应该从全局出发认真分析扶贫环境的整体变化，以提高贫困对象确定过程透明度、落实民声诉求为核心，做到"扶贫对象全公开、扶贫过程全透明、真实反馈全回应"的扶贫。通过对贫困户的动态监测，加强对贫困户的信息披露，使贫困户信息公开透明，让扶

贫机构、驻村干部和村民及时了解扶贫资源使用情况及减贫效果，减少扶贫对象调整过程中的阻力和矛盾冲突。

　　总之，在扶贫攻坚工程中，精准识别意义重大，实际工作中也还存在不少困难和问题。只有坚持党的领导，创新发展思路，优化顶层设计，加强队伍建设，切实推进民主，强化监督检查，重视过程管理，统筹各种资源，埋头真抓实干，才能走出困境，助力精准扶贫，补齐贫困短板，为全面建成小康社会奠定坚实的基础。

马祖湖村精准扶贫实践情况调查报告

陈燕鸿

摘　要：十九大报告指出，摆脱贫困是大力实施乡村振兴战略的前提，为此相关部门必须要高度重视精准扶贫工作，打好精准脱贫攻坚战。本文以西港镇马祖湖村为例，针对精准扶贫现状进行研究。调研发现，当前马祖湖村在实施方面取得了显著成效，初步建立了脱贫攻坚管理机制，但仍存在着若干亟待解决的问题，例如，精准识别存在困难、扶贫的贫困户思想认识不足、扶贫过程具有形式化等。针对上述问题，马祖湖村应采取有效措施加强村庄的精准扶贫工作建设。

关键词：马祖湖村；精准扶贫现状；建议

一、前言

什么是"贫困"？康晓光教授认为："贫困是一种生存状态，在这种生存状况中，人由于不能合法地获得基本的物质生活条件和参与基本的社会活动的机会，以至不能维持一个人生理和社会文化可以接受的生活水准。"看来，贫困不仅仅指物质财富上的匮乏，也体现在精神生活上的贫乏，还将文化素质、个体价值、社会参与度等纳入该范畴。40年的改革开放，使数亿中国人甩掉了贫困的帽子，但中国的扶贫仍然面临艰巨的任务。社会贫困现象涉及民生，困难群众往往有更多更强烈的诉求，因而如何给予这类群众更多的帮扶是我党一直以来都格外关注的问题。2013年，习近平总书记在湘西考察时提出"扶贫要实事求是，因地制宜。要精准扶贫，切忌喊口号，也不要定好高骛远的目标"，首次提出了"精准扶贫"的概念。那么，何为"精准扶贫"？顾名思义，即"针对不同贫困区域环境、不同贫困农户状况，运用科学有效程序对扶贫对象实施精确识别、精确帮扶、精确管理的治贫方式，简言之，谁贫困就扶持谁"。当前，扶贫开发工作已进入"啃硬骨头、攻坚拔寨"的冲刺期，各级党委和政府更要增强紧迫感和主动性，在扶贫攻坚上进一步理清思路、强化主体间的责任，特别要在精准扶贫、精准脱贫上下大功夫。

为帮助学生增长才干和提升理论联系实践的能力，我们在学院的组织下前往修水县西港镇开展了一次为期七天的实地调查活动。前两天我们边走边观察，对村庄的外景和内况有了初步的了解；第三天我们小组通过讲授党课的方式与村里的党员干部共同交流；随后的几天进入正题，小组以村庄的实地状况为基础开展精准扶贫调查。在老师的引导下，我们走进村庄、与党员干部交流、了解扶贫工作材料以及入户开展问卷与访谈相结合的调查方式，具体调研了该村的扶贫实践现状，并试图从中分析得出当下扶贫开发攻坚面临的共性问题，从而有针对性地提出有效措施。

二、马祖湖村扶贫攻坚基本情况

马祖湖村地处西港镇南偏西4千米处，辖10个村民小组，人口总数为2009人。该村于2016年10月被列为修水县"十三五"规划扶持贫困村之一，现有精准贫困人口数43户，162人，其中有19户因病致贫，其余人因缺技术或因残等致贫，贫困发生率为7.96%，从全村的贫困户人口分布图来看，各个村小组均存在贫困户，具有量大面广的特征。

马祖湖村的农产品以玉米、杨梅、大米、红薯、菊花为主，化红是该村值得一提的特色产品。从农业发展状况看，该村积极推进生态农业发展，因地制宜，成立水果种植专业合作社，发展以皇菊、蔬菜、蚕桑基地为主导的特色产业模式，帮助精准扶贫户增收增效益，人均纯收入增加200—300元。同时，以村里的自然资源为依托，发展乡村旅游农业，将枫树湾、燕埚里、龙洞岭、李子垄4个自然村定为省级新农村建设点，积极推进美丽新农村建设，为扶贫户提供更多就业机会，增加收入渠道。

2016—2018年，马祖湖村在江西省正式下发的关于扶贫工作一系列政策意见的指导下，在市邮政公司及县委统战部的大力帮扶下，具体制订了脱贫实施计划并在扶贫攻坚实践中取得了良好成绩。例如，截至2017年年底，该村已脱贫继续享受国家政策的有18户，贫困人口人均收入增幅达到或超过国家脱贫标准人均水平，并且在产业发展、危房改造和村容村貌等方面也有了明显改善，使困难人口综合素质和自我发展能力明显提升；调查发现，马祖湖村根据省级脱贫攻坚要求实行"摸清底数、区分类型"的思路要求，已经初步建立了脱贫攻坚的管理机制，关于对驻村扶贫队伍的组织结构、贫困户的分布情况、致贫原因分析、贫困人口建档立卡的动态信息等都有详细的记录，由此形成一个系统的脱贫计划表。

三、马祖湖村精准扶贫实践存在的问题

马祖湖村的在扶贫攻坚方面取得了一定的效果，但在实践中仍然存在一些不足，主要有以下几个方面：

（一）精准识别的"精准"存在困难

精准识别是精准扶贫工作的前提，即通过合理正当的程序，把贫困的村民识别出来，使真正符合帮扶政策的个体能得到有效的扶持。调研发现，部分村民甚至是贫困户作为精准扶贫的主体部分在这方面的参与度并没有得到充分展现，对精准扶贫相关项目的知情权没有得到保障，与扶贫工作队伍沟通不到位，这使得精准扶贫对象的确定存在障碍。在实地访谈过程中，我们得知马祖湖村部分村民甚至是建档立卡的贫困户对于如何选出被扶贫对象、如何实施精准帮扶措施等环节模糊不清，纷纷表达"我对这件事情不是很清楚，建档立卡的事情是家里其他人在办理"或"我也不知道为什么他能得到帮扶，我们家也很困难，为什么没有被选上"等说法。更令人意外的是，组里一组员独自一人去询问路边的村民时竟得到"我也不知道他们怎么选的，好像是开会选出来的吧，我并没有参与过"的说法。会出现这些情况，要么是真正贫困的农户浅显地认为政府下发的政策与自身利益无关，不想去了解或因外出打工，无心过问；要么是村干

部和扶贫工作队在这一方面宣传不到位，没有使村民对精准扶贫相关项目形成系统性的认识。除此之外，还有部分农户认为有利可图，抱有"藏富"心理，争当贫困户。试想如果没有农户充分和健康地参与，"对症下药，药到病除"的扶贫任务该如何推进？

（二）精准扶贫的贫困户思想认识不足

贫困户思想认识不到位，与扶贫人员缺乏沟通。曾有民谚："有女莫嫁马祖湖，一日三餐苞米糊。"马祖湖村过去因交通闭塞，生活极其艰苦，这自然而然也会使得个别村民思想滞后。在与某一贫困户访谈过程中，作为小组的记录员之一，笔者仔细听取了她讲话的语言和态度，发现该贫困户屡次强调"既然扶了我，就要一扶到底，就算我脱贫了，也不能断了我的补助"。语意之中隐含着对政府的依赖性，其实该户人家家庭贫困会产生这种想法也情有可原，但在笔者看来这类想法是错误的，应该得到纠正，驻村扶贫工作者应充分与其进行沟通，为其注入积极健康的脱贫思想。就算目前贫困户暂时缺乏主动脱贫的能力，也不应丧失主动脱贫的意识。近几年来，我国部分村贫困户对政府政策帮扶形成习惯的现象也是存在的，这极易对精准扶贫开发工作产生障碍。

（三）精准帮扶具有形式较为单一

扶贫是利国利民的好事，好事就得往好了做，不能隔靴搔痒，需要有实质效果。我们小组在村干部的带领下开展入户调查，在与一名因缺技术致贫的贫困户访谈过程中，当被问及一些技术培训的具体措施时，贫困户的回答总是模棱两可。该户人家的建档立卡信息上标明致贫原因是缺乏一定的产业种植技术而导致贫困，据村干部讲解，村里会定期组织因该原因致贫的贫困户学习技术，但当被问及培训的详细内容时却又难以说出个大概。同时，无论是面对因何致贫的贫困户，其负责人每月定期入户帮扶工作方式多为向贫困户家庭询问日常生活、健康等状况，发放日常生活用品，等等，内容形式较为单一。

四、促进马祖湖村精准扶贫的建议

实施精准扶贫，打好精准脱贫攻坚战，是助力乡村振兴的前提。因此，马祖湖村应结合实际情况，重视扶贫开发攻坚中出现的新情况新问题，有针对性地提出解决的对策和措施，不让一个贫苦民众掉队。

第一，要加大扶贫工作的宣传力度，加强对贫困户的精准识别，增强参与度。在笔者看来，对精准扶贫工作的宣传不能只停留在喊口号、少数人关门做事的层面上，这是一项需要全体村民共同参与的公共性活动，单纯依靠村干部的努力是很难达到预期效果的。这就要求村干部和驻村扶贫工作队在扶贫工作的宣传上应做到正面灌输和隐性宣传相结合，双管齐下。一方面，要印发政府下发解读文件，要求含有各项扶贫政策实施细则、帮扶脱贫程序等信息，同时积极集中开展村部会议，帮助村民初步了解"什么是精准扶贫""为什么要精准扶贫""如何精准扶贫"；另一方面，要建立规范的贫困识别机制，精准到户。驻村扶贫干部要组织动员村民放下思想包袱，主动告知自己的收入具体情况，并积极征求村民们的意见，尽力做好精准识别工作，从而确保扶贫资金的合理分配。每一次扶贫工作的开展都在无形之中使贫困户了解到精准扶贫政策的作用，"知其然知其所以然"，从而为扶贫工作人员制定切实可行的帮扶措施奠定基础。

第二，要加强对贫困户的教育培训，调动其主动脱贫的积极性。扶贫先扶志，习近平总书记强调："弱鸟可望先飞，至贫可能先富，但能否实现'先飞''先富'，首先要看我们头脑里有无这种意识，贫困地区完全可以依靠自身努力、政策、长处、优势在特定领域'先飞'，以弥补贫困带来的劣势。如果扶贫不扶志，扶贫的目的就难以达到，即使一度脱贫，也可能会再度返贫。"因此，村干部必须要改变过去单纯的"输血式"扶贫。"授人以鱼不如授人以渔"，对于村里部分思想涣散、缺乏劳动技能的贫困户，应定期进行思想教育和定向技能培训，积极在行动实践上进行引导，使其在耳濡目染中提升思想认识和综合能力素养，主动用双手去创造财富，提升贫困人群的"造血"能力，在思想上真正摘掉"贫困"的帽子。当然我们还要具体情况具体分析，对于部分由于疾病缠身、精神障碍等缺乏劳动能力的贫困户，应通过保障他们获取政府资助或村里特色产业的入股分红等形式给予帮扶。

第三，要强化精准扶贫队伍建设，真正落实帮扶政策。要知道，精准扶贫绝不是干部的政绩秀场，只有在扶贫工作中真心实意，真抓实干，才能真正赢得民心。为了避免精准扶贫工作陷入形式主义的泥潭，应逐步建立有效的村干部工作监督机制，制定详细的考核标准，并且积极开展民主评议会和及时公示扶贫过程，让扶贫攻坚任务真正做到公平、公正、公开。因何致贫便如何帮扶，要有针对性地贯彻落实帮扶政策，让扶贫工作落到实处，让贫困老百姓真正见到真金白银。此外，为了能更好地实现因地制宜的扶持，还可全力争取上级部门和一些本地企业的资金技术支持，推动帮扶举措的进一步落实，勇啃"硬骨头"，实现"真脱贫、脱真贫"！

马祖湖村精准扶贫政策群众反馈
情况调查报告

饶亦心

摘　要：精准扶贫是我国近几年从中央到基层都颇为重视的工作，从贫困户的认定到帮扶措施的确定，经过一系列漫长的过程，既需要群策群力，也需要社会各界的支持。江西省九江市修水县西港镇是实行精准扶贫政策的典型地区，为此学院组织学生前往该地进行了较为深入的调查。本文基于实地的调研结果，从而对政策实施情况中存在的不足进行了深入的分析与思考。

关键词：精准扶贫；马祖湖村现状；走访调查

一、精准扶贫概况

"精准扶贫"的重要思想最早在2013年11月提出，习近平到湖南湘西考察时首次作出了"实事求是、因地制宜、分类指导、精准扶贫"的重要指示。2015年1月，习近平总书记新年首个调研地点选择了云南，总书记强调坚决打好扶贫开发攻坚战，加快民族地区经济社会发展。5个月后，习近平总书记来到与云南毗邻的贵州省，强调要科学谋划好"十三五"时期扶贫开发工作，确保贫困人口到2020年如期脱贫，并提出扶贫开发"贵在精准，重在精准，成败之举在于精准"，"精准扶贫"逐步开始成为各界热议的关键词。精准扶贫是粗放扶贫的对称，是指针对不同贫困区域环境、不同贫困农户状况，运用科学有效程序对扶贫对象实施精确识别、精确帮扶、精确管理的治贫方式。一般来说，精准扶贫主要是就贫困居民而言的，谁贫困就扶持谁。而精确识别是精准扶贫的前提，即通过有效、合规的程序，把谁是贫困居民识别出来。总的原则是"县为单位、规模控制、分级负责、精准识别、动态管理";开展到村到户的贫困状况调查和建档立卡工作,包括群众评议、入户调查、公示公告、抽查检验、信息录入等内容。精确帮扶是精准扶贫的关键。贫困居民识别出来以后,针对扶贫对象的贫困情况定责任人和帮扶措施,确保帮扶效果。精确管理,这是精准扶贫的保证。一是农户信息管理,要建立起贫困户的信息网络系统,确保扶到最需要扶持的群众、扶到群众最需要扶持的地方。年终根据扶贫对象发展实际,对扶贫对象进行调整,使稳定脱贫的村与户及时退出,使应该扶持的扶贫对象及时纳入,从而实现扶贫对象有进有出,扶贫信息真实、可靠、管用。二是阳光操作管理,对扶贫资金建立完善严格的管理制度,建立扶贫资金信息披露制度以及扶贫对象、扶贫项目公告公示公开制度,将筛选确立扶贫对象的全过程公开,避免暗箱操作导致的应扶未扶,保证财政专项扶贫资金在阳光下进行;筑牢扶贫资金管理使用的带电"高压线",治理资金"跑冒滴漏"问题。同时,还引入第三方监督,严格扶贫资金管理,确保扶贫资金用准用足,不致"张冠李戴"。三是扶贫事权管理,实行目标、任务、资金和权责"四到县"制度,各级都要按照自身事权推进工作;各部门也应以扶贫攻坚规划和重大扶贫项目为平台,加大资金整合力度,确保精准扶贫,集中解决突出问题。

二、马祖湖村精准扶贫调查情况

经过几年的政策实施,我们的精准扶贫初见成效,但实施的具体情况和成效却不是可以通过一些干巴巴的数据可以切实了解的,所以趁着暑期社会实践的机会,我们一行人来到了九江市修水县西港镇马祖湖村进行实地调研,对精准扶贫的具体情况有了初步的了解,同时也发现了其存在的一些问题。

马祖湖自然环境优美,青山翠竹、鸟语花香、气温宜人。该湖系修河与其分支北岸水交汇点,系郭家滩库区,四面环山,仅一峡谷出口,乃世外桃源。交汇形成的冲积平原约1000亩,土地肥沃,适宜农业综合开发;周边山林土质好,适宜林果综合开发;湖面开阔,适宜建设水上游乐设施和水面养殖综合开发。同时,马祖湖地处西港镇马祖湖村和修口村,系西港镇、马坳镇和杭口镇中心，距横贯修水东西的交通动脉——柯垄线3千米，距黄庭坚故里——杭口双井10千米。村中的主要农业是桑蚕养殖。本次调查我们一共进入5户贫困户家庭进行访谈，大致调查情况如下：

案例一

2015年建档，2017年脱贫

收入来源：女儿和丈夫在外打散工，收入大概2000多元一个月，供家里普通温饱。

扶助情况：有一些农业补贴，小孩上学也有补贴，看病得到很好的保障。

危房改造情况：2016年前后将土坯房改造成坚固水泥房。

贷款状况：无息贷款，还款期限为3年。

技术扶助情况：由于家里主要劳动力是外出务工人员，因此村里并没有有针对性地对其提供就业技能培训。

案例二

家中共有3口人

扶助情况：家中未成年人有教育补贴，就读于小学者资助每年1000元，就读于中学者资助每年1200元；村干部定期到访了解情况；

收入与支出大致情况：近段时间除了基本的衣食住行外，女主人进行过眼睛手术，医疗报销后花费700元左右；丈夫主要打零工，收入来源一般是低保、农业补贴和住房补助。

案例三

2015年建档，2017年脱贫

家中大致情况：男主人务农，孩子已成年，正在外学习烹饪技术，已具备一定的自主生存技能。

扶助情况：女主人参加月嫂培训，男主人参加饲养猪和蚕的技术培训；同时，驻村工作人员还为其提供扶贫产业股份分红，如今整体收入得到有效改善。

案例四

致贫原因：家中未成年人现就读高中和小学，急需补贴供其继续读书。

扶助情况：就读于高中者每年资助2000元，另一位未成年人现并未受到教育补贴；驻村人员为其提供饲养猪和蚕，但因工作忙而没有参与技术培训；村干部定期到访了解情况。

收入来源情况：全家年均收入3万元左右，并未提及女主人，男主人上半年在家务农，下半年在外从事油漆装修工作。

案例五

致贫原因：家中劳动力不足，一家三口，女主人年纪较大且因有眼疾无劳动能力，仅靠丈夫在家务农和打零工维持生活，孩子现在读小学。

扶助情况：提供低保；扶贫干部为男主人提供相关技能技术培训，平时提供一些物质上的补助（如米、油）。

在调查的过程中，我们可以明显感觉到马祖湖村的扶贫工作做得比较到位，村干部对于村里的情况十分了解，特别是对于每一户贫困户都有比较好的了解，能够对每一户的情况如数家珍，村干部在村里的威望也较高。村民对扶贫工作也持支持和肯定的态度，但在其中依然存在一些问题。

三、扶贫工作中存在的主要问题

第一，村民对扶贫政策的了解不是十分充分。在访谈的过程中，我们明显发现扶贫对象对扶贫政策不十分了解，例如，在案例一中，当我们询问贫困户关于贷款的政策时受访者对于具体政策表现出疑惑，似乎不知道自己家关于贷款的事情，而是在村干部的解释下我们才知道这一户有贷款，贫困户似乎并不知道要如何还款，所以说，在扶贫政策的实施中应当给村民更详细地讲解以便他们更好地了解政策。此外，还有有些贫困户将贫困政策当成一种慈善活动，例如，案例五中的受访者，直接开口告诉我们她家中缺一个放衣服的柜子，希望村干部能够尽快帮他们家补助一个柜子。在访谈的过程中这一点引起我们的注意，贫困户对扶贫政策的错误理解对全面脱贫战略的实施恐怕会造成不良影响，毕竟扶贫的关键在于"造血"，让贫困户真正脱贫是让他们有致富的能力，而不是一味地依靠政策补助，所以应当加强对政策的宣传，纠正错误认知。

第二，扶贫政策中具体扶贫措施实施不到位。在访谈的过程中，我们发现马祖湖村贫困户贫困主要是因病致贫和因缺技术致贫，同时，根据了解村里针对致贫原因分别采取不同的扶贫措施。但是在技术扶贫这一方面效果并不是很好，访谈过程中我们不时能听到虽然安排了技术辅导，但是村民却因为种种原因并没有真正地参与其中，5户家庭的调查基本上都是这样一个情况，这也不免让人担忧到技术辅导以帮助脱贫的措施并没有真正地发挥作用。因此，相关人员可以考虑借鉴其他村子在这方面的优秀经验来帮助本村中因技术致贫的贫困户，此外在村里走访的时候也遇到了一些已经发家致富的村民，他们当中有一些是在村里通过种桑养蚕致富的，可以适当宣传他们的经验。

第三，非贫困村民对扶贫政策存在不理解的情况，特别是当谈起贫困户的选定时有部分村民持迟疑态度。例如，一位梁姓村民这样说："我不知道这些贫困户是怎么选出来的，有的入库的人家里有好几个劳动力，都是能扛能挑的大男人，可是他们这样还是入库了，而有些人家里还有生病的人，家里条件也不是很好，却没有入库……"村民讲这段话的时候有些不理解，我们明显能够感觉到。这也多少反映出村里在政务公开这一方面有一定的改善空间，还可以做得更好，让普通村民知道关于精准扶贫政策实施的具体细节，这样能够让他们消除心中的困惑，引导其更好地支持工作。

马祖湖村精准扶贫实施状况调查报告

刘　瑶

摘　要：社会调查是大学生了解社会的一扇窗口，通过此次社会调查实地感受了自中央提出精准扶贫与乡村振兴战略以来农村的深刻变化。乡村振兴战略深入人心，精准扶贫政策落实到户，村风村貌明显改善，社会主义新农村建设取得显著进展，可以说马祖湖村的变化就是精准扶贫与乡村振兴战略实施以来中国农村的一个缩影。

关键词：乡村振兴；精准扶贫；社会调查

一、前言

社会调查一直是学院思想政治教育专业的一个特色，通过社会调查，可以让我们了解国情、了解社会，增强社会责任感和使命感。我们大多是在书本知识中成长起来的，对我国的国情、民情知之甚少，而社会的复杂程度远不是读几本书、听几次讲座、看几条新闻就能了解的，这次社会调查为我们打开一扇窗口，有利于我们把自己所学的理论知识与接触的实际现象进行对照、比较，把抽象的理论知识逐渐转化为认识和解决实际问题的能力，有利于发展我们的组织协调能力与创新意识。社会调查没有课堂教学那么多的束缚和校园生活的限制，我们的积极性被充分调动起来，兴趣高涨，思维也空前活跃，在调查中勇于开拓、敢于创新。这次社会调查使我们广泛地接触社会、了解社会、直接和社会各阶层的人打交道，有利于增强我们适应社会、服务社会的能力，有利于提高我们的个人素养，完善个性品质。我们在参与社会调查的过程中会逐渐养成坚韧、顽强的优良品性，即使条件艰苦（至少比在学校的条件艰苦），但我们终究没有放弃，天气炎热也没有阻挡我们如火的热情。

我们以乡村振兴战略与精准扶贫为主题在江西省九江市修水县西港镇马祖湖村、修口村等几个村落开展此次社会调查，实地感受了自提出精准扶贫与乡村振兴战略以来农村的深刻变化。

二、西港镇概况

西港镇位于修水县中东部，全镇面积50.8平方千米，耕地12855亩，2018年末总人口26000人，下辖10个行政村和一个居委会。蚕桑、化红、油豆腐、杭母猪是西港的四大传统产业，油茶、茶叶是西港的两大新兴产业。西港镇地势开阔、人口密集、交通便利、商贸繁荣。2018年是西港镇与江西省九江市修水县同步全面脱贫的关键一年，全面贯彻党的十九大精神和修水县委的第十七次党代会精神。西港镇经济和社会发展的工作思路为：以党建为统领，以脱贫攻坚为首要任务，以抓牢"改进作风、环境整治、扫黑除恶"为三项举措，以实现"工作大进位、作风大转变、镇村大变样、民生大改善"为四大目标，综合实力位列修水县第一方阵，人民生活水平显著提高，经济社会发展再创新高度。

三、社会调查见闻

此次社会调查全班分为两个小组，笔者所在的小组主要在马祖湖村和修口村展开入户调查，后又内部划分小组，笔者与其他几位同学主要就垃圾治理、环境保护等问题进行入户调查，了解实际情况，随后与马祖湖村村支书展开交谈，了解马祖湖村精准扶贫政策的实施现状。

在调查过程中，以下情况令笔者印象深刻。

（一）马祖湖村村容村貌整洁

与笔者所见到的其他农村不同，马祖湖村沿村有一条河流，在入村的过程中，我们发现河面干净，河面以及河岸没有一点垃圾，河水清澈；每一户村民的房前屋后、村内公路不见一点垃圾，路旁建设统一规划；道路旁设立垃圾桶，没有一点农村的样子，就好像是城中的社区，除了随处可见的家犬以及圈养的家禽"暴露"了这一切。后来得知，马祖湖村是西港镇发展得比较好的一个村，各方面都是榜样，现实显示确是如此，相比之下，修口村的村容村貌稍显逊色。

（二）村民环保意识强

当问及是否会往河里倾倒垃圾时，部分村民说，以前有人会倒垃圾在河里，但是现在大家都不这样做了，因为家家户户都有村上发的垃圾桶，会有垃圾车定时来清理，根本没有必要往别处倾倒垃圾。同时，村民表示，因为垃圾车太小，镇范围太广，保洁员四五天左右来清理一次，有时候会造成垃圾清理不及时的情况。我们从村支书处了解到，村民一家一个小垃圾桶，每10—15家有一个大垃圾桶，村里还会设立垃圾堆放处，马祖湖村有6个保洁员，保洁员工资这笔支出由镇政府负担，村民每户5元一月收取卫生费。我们注意到，马祖湖村村民家禽圈养普遍，据村民所说，家禽粪便用作自家肥，绝不会随意倾倒，以往向房前屋后倒垃圾的现象逐渐消失。村民各自负责自己家门前的卫生状况，村内公路则由清洁工打扫。

（三）民风淳朴，村民热情友好

在我们入户调查过程中，村民非常热情地接待了我们，并与我们热切交谈，虽然可能存在方言上理解的困难，但在村支书的指引帮助下，我们与村民的交谈深入且细致。村民热情地给我们拿水，搬凳子。在调查过程中，还发生了一点小插曲。在对上一户进行采访调查之后，笔者不小心把手机落在了他们家的沙发上，直到笔者走了很远，都到下一户时，才发现手机不见了，遂与同学返回寻找，发现手机还原封不动地放在沙发上，虽然家里有贪玩的小孩子，但是手机却没有被动过，足以见村民的淳朴。我们在当地调查的几天，都在当地的农户家里吃饭，我们受到了农户的热情款待，也品尝了当地特色美食。与某些农村不同，当地村民对我们的到来没有排斥，没有指指点点，没有过分的好奇，而是表现出了农村人特有的憨厚与老实，淳朴与热情。

（四）陈规陋俗得到明显改善

在一些农村地方，大操大办陋习不绝，把办红白喜事变成争面子、比阔气、要场面的"竞技场"，有的地方"彩礼"漫天要价，有的家庭要举全家之力，发动亲戚朋友，到处借钱才能娶上媳妇。对于很多农村父母来说，儿子娶媳妇表面上是喜事，实际上已经成为他们最怕、最痛苦的事，重男轻女的现象依旧存在，早婚早育比较普遍。随着农村经济的发展，大部分农民富起来了，很多地方出现了盲目攀比，比谁家的房子大，谁家婚宴办的豪气，既铺张浪费，又加重家庭经济负担；农村赌博成风，由于农民现在有比较多的空闲时间，一些人无所事事之时，又无其他爱好，不是聚在一起喝酒，就是聚在一起赌钱、打麻将、玩扑克，甚至通宵达旦，不仅输钱，还造成严重的生活生产困难，因此产生家庭矛盾，有些地方因赌博导致的治安事件出现增长势头，败坏了社会风气，对农村经济发展和社会稳定和谐造成很大的负面影响；除此之外，还有传统丧葬、不良卫生习惯、迷信活动等陋习都严重阻碍了农村的发展。在马祖湖村，村民说，以前逢年过节都会燃放烟花，近些年都不会放了，对空气不好，有些老年人觉得没有过年的气氛，也只会去买电子烟花，既对环境无害，又能听到"噼里啪啦"的声音，找找过年的感觉。以往过年大赌的现象也销声匿迹了，现在有事有困难不会再去求神拜佛，而是相信科学，生病去医院，家里有红白喜事也不再大肆操办，人情来往随之减少。村支书补充道，自从新农村建设以来，经过村干部的宣传以及村里的整治，陈规陋俗现象明显好转。

（五）村民与村干部联系密切

在村支书带领我们入户调查的过程中，村支书与村民就好像一家人，没有一点官架子。听村民说，他们村的村支书和村主任是全村投票全票通过选举出来的，这说明村支书和村主任深得村民的信任与支持，而事实证明确实如此。村民选好村干部，选好干部为村民，村支书进到农户家里，很熟悉，就像是在自己家里一样给我们介绍情况。群众路线是党的根本工作路线，村干部与村民的关系紧密，也正是践行党的群众路线的鲜明体现，中国共产党在长期斗争中形成了一切为了群众，一切依靠群众和从群众中来，到群众中去的群众路线，坚持党的群众路线，是党在长期革命和建设中制胜的法宝，要在新形势下发扬光大。在改革开放新历史时期，坚持党密切联系群众作风，更有特殊重要意义。要带领群众发展致富，把解决好群众的利益问题作为坚持群众路线的重要内容，维护好群众的合法利益。我们要反对一切脱离群众的倾向，特别是要反对会使党走上脱离群众的危险境地的官僚主义和以权谋私的腐败现象。密切联系群众，是我们党的全心全意为人民服务的宗旨的体现，又是唯物史观关于人民群众是历史的创造者的基本原理的反映。要坚持人民是历史创造者的历史唯物主义观点，坚持全心全意为人民服务，坚持群众路线，真诚倾听群众呼声，真实反映群众愿望，真情关心群众疾苦，多为群众办好事、办实事，做到"权为民所用、情为民所系、利为民所谋"。要继承和发扬党的密切联系群众的优良作风，全心全意为人民服务，永远保持党和群众的紧密联系。

（六）马祖湖村精准扶贫工作公开、公平、公正，透明

入户调查完成后，在向村支书了解马祖湖村精准扶贫现状的过程中，他向我们展示了马祖湖村所有精准扶贫的资料，真正做到了一户一档，就连票根都保存得完好无损，每一次开会的过程都会拍照以及文字记录。在扶贫对象的精准识别环节，会要求村里的人对自己认为需要扶贫的人进行投票，并按上自己的手印，确保真实性。笔者曾怀疑过在这个过程中是否存在村民之间拉票、贿选的现象，村支书告诉我，这种现象从来没有发生过，因为村里每户家里什么情况，谁家买了车，谁家盖了房，大家都很清楚，就算有个别人想要获得精准扶贫资格而去拉票，村民也不会投票给他。可见自己的主观想法总要经过实践的检验才知道是否符合客观实际，而不能凭自己的主观臆测去推断。在精准扶贫的资料中，我们还看到了每户的致贫原因以及家庭情况，这些都写得非常清楚，也都有本人手印加以证明。在退出机制方面，也有相应材料，每户人在何时因何原因脱贫，这些都记得非常清楚明白。我们在夸赞资料翔实的同时，村支书笑着说，上级领导来检查的时候，也说我们

材料做得非常好，仔细、丰富、认真，还叫其他村向我们学习。马祖湖村被评为2017年修水县先进村，绝不是浪得虚名。

此外，我们还在马祖湖村开展了讲党课的活动，向一批村民老党员宣传和解读自十九大以来党的一系列惠农政策。早在半个多月前，同学们就进行了精心的准备，又在马祖湖村村委会的支持下，活动自然举办得比较圆满，还在修口村进行了张贴宣传"乡村振兴战略"海报、拉横幅等一系列活动。

一周的社会调查之行在7月15日画上圆满句号，笔者相信经过此次社会调查活动，每个同学都收获了很多，无论是学会克服艰苦的条件，在艰苦的条件中不懈奋斗，还是调查过程中学会的一切，都足以受用终身。白天下到村里进行调查，晚上还不忘在教室学习，这难道不是当代大学生精神风貌的展现吗？恰同学少年，风华正茂；数风流人物，还看今朝！

西港镇精准扶贫现状调查报告

张　滕

摘　要： 精准扶贫是我国近几年从中央到基层都颇为重视的工作，从贫困户的认定到帮扶措施的确定，经过一系列漫长的过程，需要群策群力，需要社会各界的支持。江西省修水县西港镇是精准扶贫政策实行的典型地区，我们精准扶贫调查小组对该地进行了较为深入的调查。本文首先对该地区精准扶贫现状做了一定的描述；其次对精准扶贫政策实施过程中存在的问题进行了一定的思考，这部分分为三部分，分别从村委会层面、村民层面以及村委会和村民双方的层面展开；最后对该地区的精准扶贫政策实施提出了相应的对策措施。

关键词： 精准扶贫；走访调查；脱真贫；真脱贫

一、引言

十九大报告指出，重点攻克深度贫困地区脱贫任务，确保到2020年我国现行标准下农村贫困人口实现真脱贫，贫困县全部摘帽，解决区域性整体贫困，做到脱真贫、真脱贫。多维贫困视角分析建档立卡贫困对象的致贫因素，因病、因残、因学等，致贫原因错综复杂。较之于以经济收入单指标的传统贫困衡量标准，贫困的结构性特征要求精准扶贫工作转变传统思维，全方位解读和界定贫困，以此为基础，实施分类指导、因户施策、多措并举与综合帮扶。修水县精准扶贫的实践有：以产业脱贫、安居脱贫、保障脱贫为抓手，做好思想发动工作，帮助贫困群众去"穷"字；做好产业发展工作，帮助贫困群众换"穷"业；做好教育培训工作，帮助贫困群众拔"穷"根；做好异地搬迁工作，帮助贫困群众挪"穷"窝；做好保障服务工作，帮助群众兜底线，确保打赢脱贫攻坚战。对精准扶贫政策初步了解之后，我们精准扶贫小组一行人去到江西省修水县西港镇周家庄村和佛坳村对精准扶贫的实施进行了深入调查。

二、西港镇精准扶贫现状

在西港镇的调查当中，我们精准扶贫调查小组对周家庄村、佛坳村这两个村进行了调查，通过在村委会召开座谈会、对村民发放调查问卷和个别访谈这些形式，获得了一些关于精准扶贫的有效信息。

（一）周家庄村调查情况

在周家庄村村委会座谈会上，该村书记（兼扶贫小组组长）发言如下：

1.周家庄村基本信息：该村总共542户，2472人，是由两个大村合并而成的行政村。总面积6.5平方千米，村民主要以务工、务农（种植水稻）和发展特色产业（种植化红、油茶、手工制作油豆腐）为主。该村贫困户总共102户。

2.精准扶贫措施：（1）基础设施建设：农贸市场、公路；（2）土地管理：灌溉设施、水渠；（3）美丽乡村建设：垃圾转移点、清洁工、400多个垃圾桶、入户路、茅厕改造。

3.精准扶贫对象识别、评选：村民自己申请（于2013年组织，年收入低于2700元可以申请）—识别（村民代表大会、村两委、驻村干部）—村民大会。

4.精准扶贫帮扶措施（因户施策）：民生医疗、大病保险、技术培训、家禽养殖、油茶树、光伏产业、教育扶贫等。有劳动能力没有途径者，给予引导，做保洁、学校就业等；无劳动能力者，给予全保障，进行慰问（送衣、送现金）。光伏产业：放在农户屋顶，进行发电，增加农民收入；教育扶贫：从幼儿园到参加工作期间有一系列的生活补贴，每生每学期补贴1500元，住宿生每生每学期另外补贴800元，考上大学奖励5000元。专业合作社：针对贫困户、村委会给村民提供入股资金，种植油茶、西蓝花、白萝卜、西瓜等，和教育局对接。

5.帮扶阻力：农户积极性不高，思想工作最难做，贫困户思想难转变。村干部的做法是，旁征侧引（兄弟姐妹）、以情动人、持之以恒。

在周家庄村村民访谈中，我们精准扶贫小组成员用两个小时的时间共访谈了20多位村民。笔者访谈到的两位村民基本情况如下：第一位周家庄村村民，男性，55岁左右，非贫困户，他也是这个村庄典型性的村民。经访谈，该村民认为：扶贫对象不够准确，特别是低保户、贫困户评给了不需要的人，而真正需要的又评不上，访谈期间，他一直强调"公平"二字。该村民对村干部扶贫对象的识别和评选方法较为不满。第二位周家庄村村民，女性，60岁左右，非贫困户。经访谈，该村民常年经受肾病折磨，由于治病，她家在亲戚家借了一些钱，在银行贷了一些款，家中已婚的4个子女目前都通过外出务工在为她还债。因为她家里是非贫困户，所以享受的大病补贴和优惠政策并不多，据她叙述，她的肾病只享受了一点医疗保险。之后因她有事访谈没有再进行下去。

通过在周家庄村召开村委会座谈会和对村民进行访谈，笔者有两大思考和疑问：第一，周家庄村在精准扶贫的问题上，村干部和村民缺乏沟通。村干部在评选贫困户时，对贫困户评选的过程和方法有没有做到信息公开？第二，未评上贫困户的家庭，享受不到针对贫困户的优惠政策。对于这些人，如何保障他们的权利？村干部如何消除他们的疑虑？扶贫部门如何帮助他们解决困难？

（二）佛坳村调查情况

第二天，我们一行人来到佛坳村，发现这个村庄拥有特色农产品——油豆腐、柚子皮、萝卜干等，农民自产自销，大都努力上进，但是销售路径没有保障，这是该村村民遇到最大问题。笔者对两位村民进行了访谈：第一位佛坳村村民，女性，40岁左右，非贫困户。该村民外出务工多年，去年开始回乡做油豆腐（加工柚子皮、萝卜干），自产自销，年收入达到6万—7万元。她对贫困户的看法为：大家公认的农户是贫困户，贫困户的补助是每人每年1000元，村委会给她的印象不算坏。第二位佛坳村村民，男性，40岁左右，贫困户。该村民是三代油豆腐制作传承者，自产自销。家中有3个子女上学，被确定为贫困户，但是目前还没有享受过优惠政策。每年油豆腐做了很多，但苦于没有销路，而且和该村的油豆腐加工厂存在竞争关系，所以收入没有保障。

通过对佛坳村的调查，笔者产生了以下两点思考：如何将特色产业发挥利用好，达到脱贫致富的目的？如何发挥好村委会在帮扶中的作用（宣传作用、引导作用、组织作用等）？

三、西港镇精准扶贫问题初探

（一）从村委会基层干部层面看

1.群众的脱贫意识难调动

群众的脱贫意识难调动是脱贫工作最主要的阻力。在周家庄村村委会召开的座谈会中，该村书记提到他们目前面临的最大问题是民众的思想工作很难做，有很多上了年纪的、文化程度较低的、甘于现状的村民，难以调动他们的脱贫意识。传统的脱贫思维是从整个村庄出发的，对贫困群众关注得较少，贫困群众处于被动，就难以产生脱贫的思想和意识；现在的精准扶贫思维和体系中，从中央到地方都强调关注贫困群众，帮助贫困群众脱贫致富。这种从传统的脱贫思维到目前的精准扶贫思维的转变，许多不了解政策的贫困群众依然处于被动状态，甚至处于一种安于现状的状态，不会主动和村委会沟通，对脱贫致富无动于衷，或者说他们对脱贫致富的积极性并不高。所以，在这种情况下，贫困群众的思想工作做起来不是一件易事。

2.建档立卡贫困户难认定

村委会基层干部处于一种相对有权力的地位，权力也意味着义务和责任，而且中央特别关注地方上的精准扶贫工作，对于精准扶贫贫困户的认定，村委会和基层干部不能出一点差池和错误。就我们调查的第一个地点——周家庄村来说，首先，那里地广人稀、交通不便、人力财力有限，村委会的成员难以对每户人家都走访调查，所以对于全村的状况根本不可能全面了解；其次，我国农村地区自古以来就存在人情关系，同等贫困条件下的群众，可能会由于和村委会不同的人情关系，而受到村委会的区别对待；最后，我国农村地区基层干部大部分工作人员文化程度并不高，对于现行的高效快速的办公自动化并不能良好适应，而且贫困户的认定工作时间紧，任务重，村委会可能对贫困户认定工作的形式更加看重，而对贫困户认定工作的内容少了很多精力和时间。因此，建档立卡贫困户的认定成为精准扶贫工作一个缺口，也是最容易引起村委会和村民矛盾的一项工作。

3.聚集群众办大事难实现

我们访谈的第二个地点——佛坳村，是修水县著名的油豆腐生产基地，几乎每家每户都会做油豆腐，这是一个很有前景和潜力的村庄。但就我们访谈到的村民描述，该村的村委会几乎无所作为，村委会没有主动聚集群众，没有给予他们资金和销路的帮助。不过在这之后的同村委会工作人员交流之后，得知该村村委会也有聚集群众做大事的想法，但是没有能力去做好这件事情。没有统一的技术，缺乏专业的管理人才、销售人才，没有一条固定的销售渠道，几十年来，都是村民自发的零零散散的销售，或者等待大商场、特产实体店等前来收购。想要把村民聚集起来，做成一项产业，做成该村的一个特色，有很多事情要做，但是他们缺乏人才和资金。

（二）从村民群众层面看

1.缺乏文化和技术

贫困人口大都不甘于贫困，有努力上进的想法，但又苦于知识、才能、技术有限，只能将自己上进的想法付诸东流。首先，他们缺乏基本的科学文化知识。留守在村庄的人们，最年轻的也是70后、60后，他们对学习科学文化知识有心无力，仅有的科学文化常识也是刚好够他们在村里生活，并不能让他们获得额外的收入。其次，他们缺乏技术。特别是像周家庄村那样的村庄，村里没有任何特色产业，村民终日面对的是一望无际的稻田，长年累月使得他们积累的就只有种稻谷等农作物的技术，并没有其他能提高额外收入的技术。反观佛坳村，他们有油豆腐厂特色产业，有独特的秘方，有青壮年劳动力，每家每户都有油豆腐制作技术，能在种植农作物之余获得大量的额外收入。因此，技术就成为能否形成一个村庄的一项特色产业的关键所在。

2.没有摆正贫困者的心态

我们在周家庄村访谈村民时，一开始他们特别不情愿接受我们的访问，看到我们小组成员凑过去，他们立刻躲闪或者走开。好不容易找到了两个采访对象，依然对我们的问题支支吾吾，不情愿回答。当我们费尽心思打开他们的话匣子之后，他们对村委会的所作所为便开始了一系列的攻击和抱怨。后来和同学交流发现，他们的采访对象也是这样。所以我们可以大胆猜测，该村村民把大部分脱贫致富的希望寄托在村委会身上，不会深思如何通过自己致富，对于村委会只有一贯的抱怨和批评，没有任何理解和问询。但我们之后的一天来到了佛坳村的时候，笔者的访谈异常轻松和顺利，采访的做油豆腐的农家非常配合我们，并且亲切地让我们品尝他们做的油豆腐。他们对于村委会的看法不一而足，有的农户表示理解，因为村委会也实在没有能力做好该村的脱贫工作；有一些农户稍有抱怨，他们认为村委会没有做到他们该有的样子，没有作出任何行为帮助他们销售他们的油豆腐，没有帮助他们解决子女的教育问题。笔者认为贫困的问题，总要依靠自己来实现，因为其他的外在因素只是影响而已，自己才是决定因素。所以，摆正贫困者的心态尤为重要，这关系到他们能否自主产生正确的脱贫思维，能否从自身出发想方设法脱贫，而不是依靠别人而脱贫。

3.缺乏团结意识

村民的个人力量毕竟有限，如果村民能够团结一心、共同研发致富路径，脱贫也许会来得快一些。比如，我们所调查的佛坳村，几乎每家每户都在做油豆腐，他们有同样的原料和不同的秘方，但是没有看到他们任何两家或者几家共同合作来致富的。据采访调查发现，油豆腐原料并不便宜，而且要从外地运过来，成本骤然就上升了许多。如果他们全村合作，先不过问秘方，只是共同购买原料，说不定能省下一大笔成本费用。但他们并没有这样做，只是在互相猜测对方可能比我们家做得更好，以及怎样赢过别人家的油豆腐。缺乏团结意识，导致他们良好的致富路径达不到优质的脱贫效果。

（三）从村委会和村民群众两个层面看

1.村委会和村民缺乏沟通

当我们和村委会访谈的时候，村书记说最难做的工作是群众的思想工作；当我们和村民交流的时候，村民说最不满意的就是村委会贫困户认定的工作。很明显，这是由于村委会和村民缺乏沟通所致。一方面村委会没有足够的人力、财力、物力，支持他们去对每一家每一户进行访谈，了解村民的基本情况以及给村民做思想工作。另一方面，在村民看来，村委会是一个有着距离感的部门，如果村委会没有主动去跟他们交流，他们也更不会主动和村委会交谈。村委会和村民缺乏沟通，导致村委会的工作难度加大，以及村民对村委会的误会程度加深。

2.贫困户的认定缺乏程序正当

对两个村进行了调查之后，我们得知两个村的贫困认定工作村民的参与度不高，贫困户的认定主要由村委会自主做决定。他们认为哪一家贫困、哪一家该得到贫困户的资格，他们就给哪一家送去温暖。至于没有评上贫困户的农户，就只能做思想工作。不管他们评出的贫困户是否真的贫困，至少缺乏了一种程序正当性，使得村民失去了他们应有的参与权。这种缺乏程序正当的评选工作留下了很多后遗症，比如，引发村民难以消解的疑虑，村民不太配合他们的日常工作，等等。

四、西港镇精准扶贫建议对策

（一）建立科学的精准识别标准

精准扶贫的基础在于精准识别。要做好精准识别，一是要求村委会必须做好识别工作，落实好贫困户、参与帮扶的个人及单位以及村两委成员等直接参与识别和评议工作，确保公开透明的讨论和评定。二是要做好县级层面把关工作，认真审核，实地走访，及时公开来确保每一个符合要求的贫困户都能得到帮助。三是建立公众监督举报制度，通过核查、追责与及时修正确保精准识别的公平、公正和公开。四是要加强基层干部的法律意识，普及基层干部法律知识，使他们明白程序正当和公民参与的重要性。可以通过试点来探测这种机制的有效性，进而建立起一种长效机制以供其他贫困地区参考。

（二）加强村委会和村民的联系

加强联系是做好群众思想工作的关键。不沟通交流，村民对村委会的工作难以理解和包容。当然为了弥补村委会的人力、财力、物力的有限性，他们可以通过互联网这一发达的技术来作为和村民沟通的桥梁和纽带。第一，可以建立QQ群、微信群，创建官方微信微博，及时推送村委会需要对村民传达的信息。村委会可以通过聚集一两次的互联网培训，让有一定文化知识的农民有效地利用互联网，获取他们所需要的村委会信息，并且带动这一批人向不懂得互联网技术的人传达村委会信息。第二，村委会可以向县级反映，提出调用一批有才干、懂技术的年轻人来指导他们发展生产和销售产品。比如，在前景广阔的佛坳村，村委会完全可以聘请一批懂电商技术的年轻人来辅导这些村民进行网络销售，如此一来，就为村民节省了不少精力，减轻了很多销售压力。

（三）大力加强教育扶贫

一方面要发展培养农村的青少年，让他们走出农村，去见识广阔的天地，带回技术与才能。首先村委会要重视教育，重视对少年儿童的培养，加大对村里学校的投资，加强基础设施建设，培养少年儿童的学习兴趣，争取让一批又一批的儿童成为有用之才，为村庄的未来发展做贡献。对于考上重点高中和考上大学的学生，村里应该给予一定的奖励，并对他们做思想工作，让他们成为对社会有贡献的优质青年。另一方面要对农村的青壮年进行技术培训，让他们掌握一技之长。给他们一定的培训经费，让他们去外地学习，带回更多的技术，发展自己村庄的事业。可以先通过对本村庄的地理自然水文条件有力的勘测，找到适合发展的产业，派遣有意学习技术的青壮年学习其他同类村庄同类产业的技术和管理，取长补短，让村里的人共同致富，并找到一条长足发展的致富路。教育致富是一条最捷径、最稳妥、最长效的致富路。

五、结语

精准扶贫工作是我国基层政府重点工作，同时也是难点工作，它需要"对症下药"，不能"一刀切"。江西省有着丰富的资源，优厚的政策，修水县的脱贫攻坚战已经打响，在遇到的这些问题面前，相信基层干部不会退缩，他们会想尽办法帮助各地村民脱贫致富，早日打赢这场脱贫攻坚战！

马祖湖村环境综合治理情况调查报告

郭　婷

　　摘　要：开展农村环境综合整治是关系到提高农民生活质量、改善农村面貌、推动社会主义新农村建设的一项重要基础工作，也是贯彻科学发展观、统筹城乡发展的重要内容和体现。为深入了解农村环境综合整治工作的基本情况，2018年7月9—15日，对马祖湖村进行了走访调查，对村容村貌整治、垃圾和污水处理、畜禽便无害化处理等方面有了一个比较全面直观的了解，就进一步防治农业生产和农村生活污染，综合整治全镇环境，提高村民的生活环境质量，提出了一些意见和建议。

　　关键词：马祖湖村；环境保护；污染防治

　　开展农村环境综合整治是关系到提高农民生活质量、改善农村面貌、推动社会主义新农村建设的一项基础工作，也是贯彻科学发展观、统筹城乡发展的重要内容和体现。按照"解放思想、改革开放、创新驱动、科学发展"大讨论活动的安排，通过集中学习研究，笔者的研究调研主题是"关于农村环境综合整治，提升农村面貌"。为深入了解我镇农村环境综合整治工作的基本情况，2018年7月9—15日，对马祖湖村进行了走访调查，对村容村貌整治、垃圾和污水处理、畜禽粪便无害化处理等方面有了一个比较全面直观的了解。就进一步防治农业生产和农村生活污染，综合整治全村环境，提高村民的生活环境质量，提出了一些意见和建议。

一、马祖湖村环境基本情况

　　马祖湖村地处九江市修水县西港镇，村内自然环境良好。村里有一个美丽的马祖湖，马祖湖自然环境优美，青山翠竹、鸟语花香、气温宜人。该湖系修河与其分支北岸水交汇点，系郭家滩库区，四面环山，仅一峡谷出口，乃世外桃源。

近年来，马祖湖村进行了农村环境综合整治工作。同时，在乡村振兴战略的实施下，马祖湖村在持续不断地改善农村现有的生活环境，加强了垃圾池以及垃圾桶等基础设施建设，实现了垃圾集中清运处理，取得了明显效果。但随着马祖湖村社会经济的发展，农村环境综合整治工作还需要进一步加强。从调研情况来看，马祖湖村在环境治理上依旧存在着一些问题。

二、马祖湖村环境综合治理存在的问题

随着经济社会的快速发展和人们生活水平的不断提高，农村生活环境也发生了很大的变化，但是存在的一个突出问题就是农村垃圾越来越多，没有配套的处理处置办法。虽然近年来马祖湖村环境卫生治理工作取得了一些成效，但农村环境卫生总体状况仍然需要改善，存在许多不容忽视的问题，主要表现在：

（一）垃圾污染问题日益突出

过去，农村垃圾主要是一些易腐烂变质的剩菜剩饭、瓜皮菜叶等生活类废品，现在又增加了塑料袋、废电池、灯管、破衣烂鞋、生活污水、建筑垃圾等有毒有害垃圾混合体，特别是大量使用过的塑料袋，随手乱丢，一旦刮风就会满天乱飞，五颜六色，一片狼藉。此外，如今，村民的生活条件越来越好，用于农业生产的农家肥料也渐渐被化学肥料所代替。原先的垃圾多数是一些容易沤烂的生活垃圾，积攒一年的垃圾都会在春耕的时候被运送到地里当肥料，而现在种田都用化肥，很少有人使用农家肥，因此垃圾就越来越多。

在过去，农村做饭一般用灶，而现在大部分用电或液化气，也有不少农户用上了沼气。马祖湖村村民大多数都采用电、液化气来做饭，因此村里田间的许多秸秆都被闲置了，这就导致垃圾的数量不断增多，垃圾的种类也多样化。畜禽养殖排出的粪便及农家厕所垃圾的随意排放，大部分污水挥发、渗透，直至形成沉积。加之衣物洗涤废水，如果不进行适当处理，势必对周

边的水源、土壤、空气和作物等造成严重污染，成为畜禽疫病、寄生虫病和人畜共患病的传染源。这不仅影响着村里的环境，更重要的是，这对村民的身心健康也造成了一定的威胁。

（二）陈规陋习、不健康的生活方式的沿袭

马祖湖村村民的个体素质参差不齐。一部分村民缺乏自我保健意识，沿袭一些不健康的生活方式，甚至保留一些生活上的陈规陋习，这使得村民易发生疟疾、皮肤病、肠炎等传染性疾病。特别是在暑期高温干燥的天气状况下，不良的卫生习惯更易造成传染病的滋生与蔓延，这对村里的村民、青少年的身心健康都会造成一定的危害。

（三）垃圾处理不够及时

近年来，马祖湖村在垃圾处理上虽取得了一定的成效，但依旧还存在着问题。马祖湖村虽购置了垃圾桶，每几户人家就放置了一个垃圾桶。村民的生活垃圾、部分的田间垃圾都倒在垃圾桶里。但是，村民的生活垃圾的种类较以前多，数量也较以前多。而垃圾车来运送垃圾的频率并不是很高，有时垃圾处理得不够及时。有些垃圾无垃圾桶可倒，就导致部分垃圾被随意堆放在垃圾桶旁，这影响着村里的村容村貌，影响着村里的环境卫生。

三、建议及对策

（一）创新农村垃圾处理处置模式

大力推进农村垃圾处理和污水治理工作。全面清除陈年垃圾，通过开展全面"大扫除"活动，采取评级措施，有效促进"清洁工程"的整体平衡推进。积极推行散居农户自建垃圾填埋坑，集中居住区域实行固定垃圾桶，逐步建立村庄环境卫生"门前三包、分区包干、定责定薪、联合考核"的长效保洁机制。雨水、污水有序排放，雨水就近流入自然水体，污水排入化粪池或沼气池。

治理农村河道池塘水沟。全面治理农村河道和池塘水沟，做好池塘水沟

清淤，清除水面有害漂浮物，恢复河道基本功能，使村域内水面得到较好保护，水质基本达标。

提高村庄绿化水平。以绿化美化农村人居环境为目标，把村庄周围和农家庭院绿化紧密结合，扎实抓好村林、行道树、庭院绿化美化工程建设。做到村旁、宅旁、水旁充分绿化。

（二）加大垃圾治理资金的投入力度

垃圾处理长期被视为一项公益事业，其经费主要源于国家和地方财政。随着垃圾产量的增加和环保要求的提高，政府对垃圾处理的投入虽然有所增加，但只能满足垃圾的一般处理要求。目前，农村垃圾处理体系尚处于缺失状态，首先，要建立起垃圾收集转运的管理队伍。其次，解决无固定的垃圾收集点，无垃圾清运工具、无处理垃圾专用场地等所有工作的开展都离不开资金的铺垫，因此，各级政府应重视加大资金投入。同时对拾荒者进行必要的教育培训，扩大其回收的范围，旧灯管、灯泡等有害垃圾也让其以低价从农民手中收集，再由政府收购统一处理。最后，由村建立垃圾集中处理场，对垃圾进行填埋、堆肥或焚烧，要求每村每户对日常生活中产生的各种垃圾进行分类，不可回收的全部运送到集中处理场进行处理。

（三）提高村民的环保意识，培养良好的卫生习惯

做好农村环境卫生保护工作需要广大农村居民的积极参与和配合。因此，普及环保知识，加强环境保护意识教育显得尤为重要。一方面，充分发挥现有广播、板报、标语的作用，让村民熟悉和掌握一些环境保护常识，充分认识到环境保护的重要性和必要性，了解不同性质的污染物会给周围环境造成不同的危害以及常用的处理方法，并在日常工作中引导村民从自身做起，人人参与环保活动，养成不随意丢弃垃圾的好习惯，共同把农村垃圾处理好。另一方面，可以在农村的中小学加强环境意识方面的教育，使易接受新事物的学生成为农村家庭中的环保先行军，潜移默化地改变整个家庭的卫生习惯，增强环境保护意识。

（四）积极开展"四害"滋生地治理活动，提高人民群众健康水平

大力开展除"四害"活动，春秋两季统一开展城乡灭鼠、灭蟑螂活动。开展农村环境卫生整治，实现中央提出的"村容整洁"要求，是改善农村人居环境、提高农民生活质量，促进农村社会经济发展的重要保障。长期以来，由于农村环境卫生管理涉及面广、动态性强、反复性大，这一问题始终是农村工作的一个难点，要彻底解决这一问题，需要各级组织的共同努力，提高对农村垃圾问题的认识，加大投入，同时引导村民增强环保意识，最终建起覆盖农村的良好环境管理体系。

修口村精准扶贫实践调查报告

田 聪

摘 要：通过对九江市西港镇修口村的问卷实地调查，了解了我们国家精准扶贫的相应政策以及扶贫进展现状。对修口村的扶贫状况有了大致的了解，并对扶贫中的某些问题进行了讨论。脱贫模式不断创新，脱贫攻坚不断取得新成效，但同时也存在一些工作中出现的问题，是需要在精准扶贫的实践中不断完善与进步的。

关键词：精准扶贫；社会调查；贫困；发展

改革开放使数亿中国人甩掉了贫困的帽子，但中国的扶贫仍然是一项艰巨的任务，为此中国政府高度重视扶贫工作。改革开放以来，我们通过不懈努力，已经使6亿多人脱贫，成为全球首个实现联合国千年发展目标贫困人口减半的国家，但是中国仍有7000多万人仍然没有脱贫。习近平总书记指出，扶贫开发工作已进入"啃硬骨头、攻坚拔寨"的冲刺期，扶贫开发是我们第一个百年奋斗目标的重点工作，是最艰巨的任务。精准扶贫是全面建成小康社会、实现中华民族伟大"中国梦"的重要保障。习近平总书记多次强调，"消除贫困、改善民生、实现共同富裕，是社会主义的本质要求；没有农村的小康，特别是没有贫困地区的小康，就没有全面建成小康社会"。这就要求我们必须坚定地走精准扶贫之路，坚持因人因地施策、因贫困原因施策、因贫困类型施策，让贫困地区人民情愿、主动、自信、坚定地走上脱贫致富的道路，早日建成全面小康社会，实现中华民族的伟大复兴。

在暑假期间，我们有幸通过"社会调查"这门课程，响应国家"扶贫脱帽"的号召，经过了一周的调研时间了解了我们国家精准扶贫的相应政策以及扶贫进展现状。我们以九江市修水县西港镇为调查目标，并以其管辖下的修口村为重点研究对象，通过走访询问、问卷调查、收集数据等方式，对修口村的扶贫状况有了大致的了解，并对扶贫中的某些问题进行了讨论。

在一周的走访中，我们了解到当地的领导对扶贫工作给予了高度重视，对精准扶贫的认识达到了新的高度，当地精准扶贫的体制和机制建设日益完善，制度建设迈上了一个新台阶，由于考核体制等因素县乡两级精准扶贫的积极性得到了充分调动，体制、机制以及脱贫模式不断创新，脱贫攻坚不断取得新成效。扶贫干部工作勤奋，驻村工作队态度积极，定期到访村户家中了解情况，但同时也存在许多工作中出现的问题，这也是需要在精准扶贫的实践中不断完善与进步的。

主要问题如下：

第一，贫困群众消极对待。客观上讲，当前从中央到地方，都有大批的人员参与其中，但恰恰应该参与其中的主角——贫困群众，却常常成了被动接受者，甚至冷眼旁观。在调研中发现，存在这样的现象：相当一部分贫困群众对精准扶贫政策不了解；对本人（户）如何脱贫缺少规划，被动接受扶贫部门给予的增收项目，对增收项目的经营缺少主动性；甚至很多贫困群众对帮扶人、有关领导一次次的家访形成了抵触情绪；部分贫困群众"等、靠、要"思想仍然很严重，自我脱贫意识较弱。

第二，产业单薄，脱贫效益不明显。在调研中发现，干部群众对产业扶贫持谨慎、观望态度；产业规划相对滞后，主要依靠农业集聚区；实际上稳定的、规模较大的、吸纳贫困人口就业数量较大、有发展前景或可持续发展的产业很少，脱贫产业大部分只注重当前能够脱贫越线的短、平、快的种植养殖项目，但力量单薄、抵御市场风险能力弱、吸纳贫困人口就业能力有限，缺乏真正长效脱贫的招数；没有建立稳定的增收措施，导致产业发展滞后，产业结构单一，发展速度慢、规模小、管理不精、效益不高、没有形成规模，增收效果不明显，对贫困户的扶贫作用远未得到充分发挥。

第三，贫困原因的分析过于原则。扶贫工作从以村为单位到目前精准到户到人，是我国扶贫工作的一个大的转折，为此，修口村帮扶系统为精准识别设置了很多表册，归纳了致贫原因，为精准施策打下了良好的基础。但是我们应该清醒地看到，贫困不仅是一个简单的经济的表格化或者公式化问题，同时也是一个政治问题和社会问题，一些非收入因素更影响贫困的长期性。一个简单的例子就是因婚致贫，一般观点认为资产在家庭成员之间的转移，不能算致贫原因，然而彩礼增加、攀比之风是不容忽视的风俗因素，同时也有家庭养老和政府养老之间政策落差的原因，而这些情况目前仍在忽视。

第四，社会扶贫参与机制仍不顺畅。其实很多市场主体和社会组织都愿意参与扶贫，特别是一些企业，但是目前由于缺少企业参与扶贫的双赢机制，企业扶贫仅限于就业或捐助水平；公益组织参与扶贫还有很多限制，有些领域还没有放开。

为此，我们的乡、村干部以及驻村工作队应该充实力量，提高能力。思想路线确定之后，干部是关键。针对扶贫专业队伍人数少、任务重、能力和工作状态参差不齐，市县乡应尽快调整完善各级脱贫攻坚指挥系统，抽调精兵强将，扩充脱贫攻坚指挥部力量，进一步加强对脱贫攻坚工作的组织领导。加大对扶贫干部的培训力度，提高工作能力，进一步强化扶贫系统干部的责任心，关心他们的成长进步，为打好精准扶贫攻坚战做好人才支持。进一步加强对精准扶贫的理论研究和政策研究，充实这方面力量，为西港镇脱贫攻坚提供智力支持。

在扶贫过程中要认识到尊重群众，教育群众，才能不断提高脱贫致富的内生动力。习近平总书记在谈到扶贫时指出，"贫困地区的发展要靠内生动力，如果凭空救济出一个新村，简单改变村容村貌，这个地方的下一步发展还是有问题"。这是马克思主义唯物史观的具体体现。精准扶贫工作一定要最大限度地调动起当地群众的积极性，变"你来扶贫"为"我要脱贫"，变"要我发展"为"我要发展"，因为"脱贫致富终究要靠贫困群众用自己的辛勤劳动来实现。没有比人更高的山，没有比脚更长的路"。要充分尊重群众在精准扶贫中的主体地位，要发动、鼓励和确保群众真正参与精准扶贫的各个环节，组织和帮助贫困群众自己制订脱贫规划和脱贫计划，参与扶贫项目的决策、实施和监督，提高自我组织能力。同时，加大对贫困群众的教育培训力度，提高贫困群众自我发展能力。授人以鱼不如授人以渔，精准扶贫的最终目的也就是让贫困户得到长足且稳定的发展。

修水县精准扶贫政策实施调查报告

张晨蕊

摘　要：精准扶贫工作是一项由国家推动实施让农村贫困人口尽快脱贫，享受到经济发展带来的成果的一项政策性战略。党的十九大报告提出，要以打好"精准扶贫"攻坚战等方式开启全面建设社会主义现代化国家新征程。随着我国精准扶贫政策和机制的不断完善，我国的精准扶贫工作已初步得到较为显著的效果。但是精准扶贫政策在实施的过程中存在着一定的问题。而如何推进我国县域农村扶贫政策的有效实施，实现精准扶贫、精准脱贫，是我国促进社会和谐，优化社会资源配置，缩小地区发展差距，实现到2020年贫困县全部摘帽、全面建成小康社会的战略性目标，也是一大世界性的难题。因此，对精准扶贫政策实施中存在的问题及其对策研究具有重大的意义。

关键词：精准扶贫；实施；问题；对策

精准扶贫是根据不同贫困地区、贫困区域的环境，不同类型贫困人群和贫困户的状况，通过精确识别、精确帮扶、精确管理的扶贫方式，运用科学有效的程序对扶贫对象进行脱贫帮扶。从1978年中央政府陆续出台一系列的扶贫政策开始，我国的扶贫开发取得了明显的成效。2013年，我国首次提出"精准扶贫"的概念，并将扶贫攻坚作为实现2020年全面建成小康社会的目标，明确将精准扶贫确立为我国新时期的扶贫战略。紧接着，中央政府出台了一系列精准扶贫的相关政策，并逐步在全国范围内建立精准扶贫的工作机制，各级地方政府积极响应国家政策的号召开展精准扶贫工作。修水县作为著名的革命老区也在党中央和上级政府的指示下积极开展精准扶贫，2013年年末全县精准识别建档立卡8.8万贫困人口，到2017年年末减少到4万人，贫困率下降至5.2%，取得许多不错的成果。但是，在该地区的精准扶贫过程中，还是存在一些扶贫效果不理想，扶贫资源被浪费的情况。这也说明该地区的精准扶贫工作还存在一些问题，精准扶贫的实施最终的目的都是为了贫困户能够实现精准脱贫，精准扶贫实施高效与否直接关系到精准脱贫的进程，也关系到我国全面建成小康社会的进程。因此，解决精准扶贫实施过程中存在的问题至关重要。

一、修水县贫困现状

（一）村民间贫富差距大

谈及贫富差距这个概念人们往往会想到的是城乡贫富差距、地区贫富差距等，传统观念认为贫富差距只会出现在城市与城市之间，如东部发达城市与西部欠发达城市之间的贫富差距；或者只会出现在城市与乡村之间，即城市居民与农村居民的贫富差距，而不会认为农村里还有贫富差距。但在目前，贫富差距这种现象已经不仅仅局限于地区之间、城乡之间，这种趋势在农村中也逐渐凸显。农村中的贫富差距体现在富裕的农民和贫困农户之间的收入差距越来越大。根据与修水县西岗村村支部书记的访谈，我们得知该村一村民在深圳开了一家大公司，不仅在村子里盖了别墅，而且还在县城买了几套房子。而农村中的贫困户，由众多原因造成贫困，不说生活能有多好，就连基本的吃穿住行都难以保障。如周家庄村的宁姓一家，家中5口人，上有82岁老父亲，下有两个孩子，孩子先天智力低下，一家人外出打工的全部钱都用于救治孩子的医疗费用，家庭每年入不敷出。

（二）贫困户致贫原因复杂

通过调查统计发现，修水县周家庄村的贫困户共计102户，其中因病导致贫困占31.4%、因缺少技术导致贫困占19.6%、因子女上学导致贫困占19.6%、因残疾导致贫困占11.8%、因缺资金导致贫困占10.8%、因缺乏劳动力导致贫困占6.8%等。可以看出，贫困户的致贫原因是多样的，而且贫困的产生不是由单一的因素造成的。在修水县中致贫原因占的比重最大的就是因病致贫。

在与两个村的村干部访谈中还得知，大部分因病致贫的贫困户家庭的病人都是男性，女性病人占的比重很小，而且这些男性病人中绝大多数部分在未患病之前都是家庭的主要劳动力，即原先整个家庭的主要收入来源都是靠其劳动所得。这些人一旦病倒无法劳动就会导致整个家庭的贫困。这些男性患病很多也是因为职业或者有不良的嗜好（抽烟喝酒）所致，因此都是一些慢性疾病，这些疾病给家庭带来的不仅仅是长期的医疗费用，还需要长期的住院和看护人员。

（三）贫困户受教育程度低

经过对调查的数据进行整理发现，贫困群体的受教育程度很低，一半以上的贫困群体只接受过小学教育或者没有接受正规教育。劳动素质不高，为数不少的群体甚至不具备讲普通话的沟通能力，导致外出务工能力不强。因此，无法从根本上实现精准扶贫，贫困地区彻底完成脱贫攻坚任务仍然需要依赖于本地经济社会的健康持续发展，据此前的研究，区域内人口受教育程度的高低与贫困程度的深浅会有正相关性，受教育程度越低，贫困程度越深。经过调查发现，在农村，对教育的投资也会造成贫困，其中一家村民说："孩子上大学之前，我们生活还是过得去，但是他上大学每年学费就接近1万块钱，还有生活费每个月接近1000元，这样一来每年多了很多要花的钱，没办法了。"在农村，对于相当一部分家庭来说，子女上大学这种事情是一件幸福又难过的事情。

二、精准扶贫政策落实中存在的问题

（一）精准扶贫差异性不足

贫困户的致贫原因是多种多样的，而且绝大多数的贫困户致贫原因都不是单一的。这也就意味着精准帮扶要根据贫困户的致贫原因来采取相应的帮扶措施。这要求对贫困户的帮扶政策不能是大统一式的帮扶，要根据其致贫原因来提供精准性的帮扶，同时对贫困户的帮扶应该是每种致贫原因的帮扶措施都有相应的差异性。然而在实际情况里却并非如此，可见由于致贫原因的不同，精准帮扶的政策应呈现相应的差异性。但经过调研发现，该地区的精准扶贫中，对贫困户的帮扶很多都是统一式的而没有体现扶贫政策的差异性。如在我们与扶贫干部的交流中发现，贫困户中有一户人家因无赖常年不缴纳电费，导致停电，但由于家中有病人需要照看，扶贫干部帮助其缴纳电费，但后续仍是如此。因此，在刚下发的"光伏扶贫"补助中，将最大的一笔费用分给了这家贫困户。要无赖的贫困户如果得到的帮扶和那些真正因某些原因致贫的贫困户所得到的帮扶等多，这就是在挑战社会的公平正义。他们得到这些帮扶本身无疑损害了扶贫工作的公平公正，还会引发贫困户的不满，使得贫困工作更加难以开展。因此，对于不同原因导致贫困的贫困户要有不同的帮扶方式，正确的做法应该是改变那些贫困户的思想观念，树立靠勤劳致富观念，从而实现脱贫。

（二）贫困户扶贫参与度不高

在调查中发现，贫困户对贫困户识别流程和帮扶流程缺乏系统性认知、政策知晓率较低。访谈发现，贫困户对扶贫信息的获取渠道主要来源于一线扶贫工作者（即村干部和扶贫工作队）、帮扶责任人的口头转述、村民会议以及扶贫手册。根据村干部的介绍，农村贫困家庭多以老人、妇女与儿童为主，其文化水平偏低，理解能力较差，因此在精准扶贫政策的宣传过程中需要村干部首先对政策进行初步理解，进而转述给贫困户。这种口头转述的优点在于翻译后的扶贫信息便于贫困户理解，但缺点在于这种宣传方式是建立在村干部对扶贫政策相关信息的正确理解基础之上的，如果村干部对政策理解出现偏差，也会导致贫困户理解出现偏差，挫伤贫困户脱贫积极性。

（三）社会医疗保险政策力度不够

目前，我国整个农村医疗保障体系的可及性和可得性都相对较差。其中，农村医疗资源配置的不合理是导致农村医疗保障可及性较差的主要原因，尤其是城乡之间的配置不合理。因此，我国城市和农村的医疗保险资源不协调，而且更多向城市倾斜，很多地方农村的医疗保险制度缺失空白，而农村贫困地区的居民更是缺失这种个人应享受到的医保制度。同时，贫困人口收入的增长速度远远不及医疗费用的增长速度，贫困人群的医疗保障则呈现出相对低水平和区域差距大等现象，导致医疗保障的可得性相对低下。虽然政府出台了相关医疗保障政策提升农村贫困地区居民的医疗条件，但是由于贫困地区发展的滞后性，大部分利民惠民的医保政策地方政府都没有彻底实施到位，贫困地区居民因此承担了较重的医疗费用，导致贫困现象日益突出。基于修水县问卷调查结果分析和实地走访调研，贫困村基本医疗保障几乎达到全覆盖，基本上所有的贫困户都可以负担家庭成员一般病症的医疗费用。在具体的医疗保障方面，可以说所有贫困户均享受到了城乡居民医保，但是在其他医疗保险方面并没有实现全覆盖，在城乡居民大病保险中有农户参加，还有一些贫困户并未参加这些保险。

（四）对贫困户职业培训力度不足

在走访调查中发现，在贫困村长期居住的贫困人群对于职业培训的参与度不高，绝大部分的贫困农户并没有参加过正规的农业技能乃至职业技能教育或者培训，这方面的缺乏直接对贫困区的农户实现脱贫造成较重的影响。这就直接反映出，修水县政府在贫困村劳动力的专业性、深度性的技能培训还十分不足、培训覆盖面还不广，贫困户没有经过培训很难对产业发展形成一个比较全面的认识，也就对职业培训没有强烈的渴望和需求，更无法有效应对发展过程中所存在的风险，这就导致贫困户返贫现象还比较突出。

三、促进精准扶贫政策规范实施的建议

通过对修水县精准扶贫实践现状的深入调查以及对实践中存在问题的分析，可以得出修水县今后的精准扶贫实践应该在扶贫资源精准性、贫困户参与、医保帮扶体系以及产业扶贫规范管理等方面做出努力。

（一）促进扶贫资源精准性

首先，扶贫资源的精准投放应该做到扶贫项目和资金到户精准，基于贫困户致贫原因的复杂性和差异性，精准扶贫项目安排应该体现差异性，对于贫困成因多元的贫困户，单一的扶贫项目和资金投入不足以使其摆脱贫

困，应采取多项措施并举的方式全方位助力贫困户脱贫。其次，对贫困户到户措施的安排上，可通过分析贫困家庭成员结构进而分析致贫原因，以提高扶贫措施的精准性。在调查中，我们发现，贫困家庭的成员组成主要包括儿童与青少年、中青年劳动力、老年人等，在具体的帮扶措施上，针对贫困家庭青少年及儿童的帮扶要保障其儿童及青少年的受教育权利。在针对贫困家庭中青年劳动力的帮扶，可通过转移就业、免息小额贷款和技能培训政策加大对就业年龄人群的人力资本投资，贫困村应做足该年龄层贫困人口的思想工作，促使其转变不愿改变现状、不愿学习的观念，分类引导贫困人口把握技能培训机会，从而克服就业障碍，提高自生发展动力与能力。最后，针对贫困家庭老年人的帮扶，一方面对无劳动能力、无生活来源与无法定赡养人法定义务人的老年人，应通过五保、低保、危房改造等社会兜底政策保障其基本的养老生活；对因病、因残致贫的老年人，则应安排医疗救助等帮扶措施。另一方面，针对身体健康、尚有劳动能力的贫困老人，可通过创新适宜农村老年人及妇女从事的政策设计，或者鼓励老年人及妇女从事以家庭为单位的小规模鸡鸭禽类及杭母猪喂养，并予以一定补助的方式鼓励老年人及妇女发挥其创造财富的作用。

（二）健全贫困户参与机制

精准扶贫是一项系统工程，贫困户是该工程的重要参与者与受益者，因而建立健全贫困户精准扶贫参与机制，有利于调动贫困户脱贫积极性，激发贫困户致富自生动力。首先，在政策宣传方式上应采用直接宣传与间接宣传相结合，通过印发纸质文件、宣传海报，力争做到图文并茂，通俗易懂；同时采用入户解读政策和召开村民小组会议、村部会议集中解读政策的方式，系统全面地将贫困户识别、帮扶与脱贫程序、各项扶贫政策实施细则等告知贫困户，而不是片面宣传政策好处，让贫困户正确定位其在精准扶贫工作中的角色，即主动创造财富者而非被动受益者。其次，应转变部分扶贫干部思想观念，乡村长期以来的扶贫工作多有"形式扶贫""大水漫灌"之处，扶贫效果不佳，致使村民与干部们间关系紧张，信任不足。因而扶贫干部一方面需考虑乡村现实情况，另一方面应致力于逐渐改善干群关系，信任贫困户脱贫能力与决心，主动接受贫困户对扶贫工作的监督，营造"群众干部齐心脱贫"和谐氛围。此外，还应该转变贫困户"等、靠、要"、自身定位不准确的思想观念，通过教育、宣传等多种方式焕发贫困户脱贫主人翁的责任意识和健康向上的贫困户身份定位，逐渐形成贫困户主动脱贫、扶贫干部助力脱贫的扶贫良好状态。

（三）加强医保帮扶体系建设

通过调查发现，因病致贫是修水县贫困村的第一致贫原因，因此加大力度投入医疗保障并实现全县覆盖是修水县政府精准扶贫工作需要重点解决的问题。首先，要针对贫困户的不同实际情况开展不同的帮扶措施，对因病致贫、因病返贫等对象参加城乡居民合作医疗保险及其他政策性医疗保险的个人缴费给予资助和医疗救助。其次，完善农村医疗保险制度，充分发挥农村医保的兜底和补充作用，着力建设覆盖贫困地区的基本医疗卫生制度，免费提供统一的疾病防控和健康服务，有效降低医疗费用，真正减轻农民在医疗方面的负担。最后，完善基本养老保险，探索养老保险金标准的科学制定和缴补政策，重点对深度贫困人群如残疾人、低保户的养老保险进行减免和优惠。健全农村最低生活保障制度，将符合条件的贫困户全部纳入最低生活保障范围。此外，修水县政府还要不断改善贫困村医疗卫生条件，健全贫困村医疗服务网络，实现贫困村标准化卫生室全覆盖，加强基层卫生机构的医疗人才队伍建设，建立村卫生室乡村医生专项补助增长机制。做到始终坚持保基本、兜底线、促公平、可持续的原则，以进一步完善贫困村医疗保障体系的建设。

（四）加大产业扶贫力度

加大产业扶贫力度，增强精准扶贫对象的生产能力是有效实现脱贫的关键。通过调查发现，目前修水县贫困地区的贫困人群大部分是没有专业技能的。由此，修水县政府应加大贫困地区劳动力的技术培训力度，抓好农业实用技术培训，根据贫困群众的需要开展针对性强的培训，发挥现有的科技推广站和农机推广人员的作用，利用现场教学，向贫困人群提供科学技术。同时，对于具有劳动力的贫困人群，可以加大劳动力转移的培训，进行就业技能培训，依托国家批准的"阳光工程""雨露计划"等项目，对贫困地区劳动力尤其是青壮年劳动力全方位开展农业、创业等方面的技能培训，政府可以根据市场需求设置如驾驶、建筑、机械使用等培训项目，确保每个贫困家庭至少有一人掌握一到两门专长，从而实现劳动力输出转移，进入城市和现代化产业领域，实现自我脱贫。

"全面建成小康社会，一个不能少；共同富裕路上，一个不能掉队。"习近平总书记在十九届中共中央政治局常委同中外记者见面时的讲话振奋人心。消除贫困、改善民生、逐步实现共同富裕，是社会主义的本质要求。过去5年，中国共产党以每年减贫1300万人以上的成就，让全世界为之惊叹。目前，在全面建成小康社会的决胜期，我国脱贫攻坚形势依然严峻。要深刻认识如期完成脱贫攻坚任务的艰巨性、重要性和紧迫性，强化矢志扶贫、决战脱贫的使命担当，以更大的决心、更强的责任感、更明确的思路、更精准的举措，着力破解制约脱贫的关键瓶颈和突出困难，科学有效如期打赢脱贫攻坚战，确保贫困人口和贫困地区同全国一道进入全面小康社会。

佛坳村产业发展调查报告

刘凤萍

摘　要：乡村振兴，产业兴旺是重点。农村特色产业的发展对于乡村振兴具有极其重要的作用，江西省九江市修水县西港镇佛坳村特色产业的发展对于该村的经济发展和乡村建设提供了后劲支持，该村村党支部采用"党建+党员义务巡查+产业发展"的工作模式，因地制宜发展多种特色产业，就地取材进行原材料加工，具有一定的发展优势。但是同样也存在一些不利因素，多种特色产业之间发展不均衡，有些产业技术水平不高，生产采取手工制作，产业品牌效应不明显，在全国知名度不高。所以佛坳村应该发展"一村一品"经济产业模式，引进机器设备，改进技术工艺，拓宽销售市场，打造品牌优势。

关键词：佛坳村；产业发展；不利因素；对策

一、导言

（一）选题意义

实现乡村振兴，产业兴旺是重要内容，也是基本前提。习近平总书记强调，要推动乡村振兴，紧紧围绕发展现代农业，围绕农村一、二、三产业融合发展，构建乡村产业体系，实现产业兴旺。深入贯彻落实习近平总书记重要指示精神，着力在发展壮大农村产业上下功夫，以产业兴旺推进乡村振兴。本次社会调查以乡村振兴为主题，调查江西省九江市修水县西港镇佛坳村的产业发展状况，旨在通过此次的社会调查研究，深入了解佛坳村特色产业发展现状，剖析其在产业发展过程中的优势，并揭示其在产业发展中所面临的问题，进而提出相应的解决对策，为我国更多农村地区的经济发展提供借鉴。

（二）调查方法

本次调查采取个人访谈和实地走访为主，对村支书进行了访谈，还实地走访了茶叶基地、枫露茶叶有限公司的加工厂，同加工厂的工人进行了访谈，另外还参观了西港镇绿康万头养殖场、西港梁记食品有限公司（油豆腐加工厂）等产业基地。除此之外，还将采取文献研究法，将实地访谈获得的第一手资料与文献报道中的资料进行对比，使调查的情况和数据更加真实。

（三）调查过程

本次调查持续7天，2018年7月9日，从南昌市江西师范大学瑶湖校区驱车前往九江市修水县西港镇镇中学，同学们住宿在西港镇镇中学，饮食由西港镇政府负责。7月9日下午，西港镇的镇长向我们介绍了西港镇的基本情况，并且对我们这次调查提出了一些建议和要求，接着就学习了西港镇精准扶贫的相关政策，制作了本次下村调查的问卷，对于调查问卷的农户访问可能遇到的问题和困难进行了小组讨论。

7月10日，我们驱车来到西港镇周家庄村进行调查，上午周家庄村的村支书带着我们一行人进行了走访，实地考察了光伏产业的发展和周家庄村一些基础设施建设，同时在路上还看到许多别墅与豪宅，周家庄村的村民大部分生活比较好，只有一小部分贫困户生活还比较困难。

7月11日，我们再次来到周家庄村，此次调查不仅仅限于实地走访，而是有目的性入户调查，笔者和方婷同学一组，我们当天一共调查7个农户，完成了7个村民的环境卫生整治调查问卷，还有一份贫困户调查问卷，贫困户非常难找，找到之后我们访问了将近1个小时，还进行了录音，对调查问卷中没有的问题，我们也进行了补充，这天的调查还是比较圆满的。

7月12日，我们来到西港镇佛坳村，佛坳村是西港镇最大也是最富有的村庄，各种产业发展得都比西港镇其他村庄好，村支书带着我们参观了一片大的茶叶种植基地，还有西港镇特色产业杭母猪养殖基地，在参观走访的间隙，我和方婷同学进行了入户调查，完成了5份环境卫生整治调查问卷，1份贫困户调查问卷。

7月13日，我们对之前的调查资料进行了整理，本次调查基本完成。

二、佛坳村基本情况简介

佛坳村位于西港镇西边区，毗邻本镇湾台、西港、堰上、周家庄等村。全村面积为9.3平方千米，是全镇面积最广的一个村，村民居住极为分散，全村共有16个村民小组，一个移民安置点。本村共有村民603户，人口为3170人，人均纯收入约4500元。拥有耕地面积2886亩，其中水田面积为1986亩，省级公益林4900亩，以水稻和玉米为主要农作物，同时以茶叶、菊花、油豆腐、杭母猪为主要经济产业。佛坳村村民勤劳、朴素、纯洁，在党和政府的引领下，村民们团结致富。现由本村村民自主创办了全镇第一家枫露茶叶有限公司，第一家梁记油豆腐食品有限公司，第一家绿康万头养殖场，村内有茶叶基地1000余亩，油茶基地700余亩，带动本地劳动就业150余人。在改革的浪潮下，全村干群埋头苦干、抓住机遇，结合当地有利条件因地制宜，为早日实现脱贫致富，实现全面小康目标而努力奋斗。

村内交通便捷、民风淳朴、人心善良，其中有一座连绵起伏、环境优美、景色怡人的山，叫仙姑山，山上早年就修建了一座仙姑寺。史料记载，建造在这里的仙姑寺，信徒一直络绎不绝，香火绵延至今。整个村在西港地势较高，"坳"乃高的象征，故"佛坳"由此而来。

三、佛坳村产业发展基本情况

（一）佛坳村产业概况

佛坳村的特色产业多样，有化红、茶叶、菊花、桑蚕、油豆腐、杭母猪等经济产业，其中的茶叶产业、杭母猪产业、油豆腐产业都是规模产业，采取"企业+农户"的经营模式，带动当地贫困户就业，经济效益和社会效益较高。而其中的菊花、桑蚕、化红都是个体经营，规模比较小，基本上每家每户都会种一些，达不到比较高的经济效益。

（二）佛坳村特色产业发展情况

1.茶叶产业基本情况

近年来，佛坳村党支部结合本村丘陵山地多、有种茶传统等实际，引导村民大力发展茶叶产业脱贫致富。2014年，村党支部积极引导和扶持本村返乡创业青年梁天柱建生态茶园200余亩，建立占地面积3000多平方米并具有国内领先水平的红、绿茶加工设备的茶叶加工厂，继而组建"修水县枫露茶叶有限公司"，实现本村茶叶生产加工一体化，解决过去茶叶发展"有茶无处卖"的难题。在茶叶发展过程中，梁振潮、梁正明、梁学华等6名党员的模范带头建茶园，枫露茶叶有限公司采取"公司+农户"的运作模式，与茶叶大户订立茶叶销售合同，并提供种苗和无偿技术指导服务，使佛坳村茶叶产业得以迅速发展。目前，全村茶叶面积达1000余亩，其中，种茶3—50亩的达40余户，枫露茶叶有限公司2016年产茶20余吨，产值2000余万，2017年被评为九江市产业农业化龙头企业。如今，茶叶已经成为佛坳村村民脱贫致富的主导产业，仅枫露茶叶有限公司每年在茶园管理、采摘、加工、销售、运输等解决本村剩余劳力50余人，人均务工增收1.5万元以上，同时，40多户（其中建档立卡贫困户15户）年种茶增收2000元以上，2016年有4户（19人）种茶户增收脱贫。

2.杭母猪产业基本情况

近年来，佛坳村党员支部结合本村养殖传统等实际，引导村民大力发展养殖业脱贫致富。村党支部积极引导和扶持创业人士梁学保、梁学全、涂小青等人，于2013年5月集资200余万元创建一个占地面积约13余亩，建筑面积3000多平方米猪舍9栋，饲料加工厂一个，工人宿舍，会议室等两栋，供水排污建有200平方米的化粪池，100平方米的沼气池等基础设施，生态环保养殖企业。佛坳村现有存栏发展繁殖母猪300多头，年产值500万元以上规模型企业，名叫西港绿康万头养殖场，对接国家扶贫养殖企业政策，直接带动精准扶贫户13人就业，通过企业+农户与精准扶贫户的形式，企业提供养殖技术指导与培训，并以保价收购的方式带动全村120户，其中精准扶贫7户脱贫致富，取得了良好的经济效益和社会效益。通过"企业+农户"的形式，进一步促进了西岗镇传统的生猪养殖企业，向规模化、标准化发展。

3.油豆腐产业基本情况

西港油豆腐制作工艺独特，所选原料和材质均为绿色产品，这也就使得西港油豆腐的质地金黄、入口鲜嫩棉滑、久食而不厌。西港油豆腐生产历史悠久，群众基础和文化底蕴深厚，西港镇油豆腐产业发展迅速，产品畅销内外，豆腐产品供不应求，各大饭店以西港油豆腐的招牌吸引顾客，因此西港镇发展油豆腐产业，市场前景广阔，开发潜力巨大，是调整农业产业结构的发展方向，是促进农民增收的有效途径，推动乡村振兴的有力措施。目前西港镇油豆腐生产加工由手工作坊，逐步变为机械厂房制作，工艺精益求精，产品质量和包装逐步提高，生产规模不断壮大。据不完全统计，目前全镇油豆腐个体加工产业发展到400户，从业人数1200多人，年创产值400多万元，油豆腐加工基地和龙头企业初步形成。佛坳村目前只有一家油豆腐加工厂，名为西港梁记食品有限公司，但是村中有许多个体经营单位也会进行油豆腐的制作和加工。

4.旅游产业基本情况

蛇颈背是佛坳村的一个自然村落。它的东北面是一道蜿蜒的小丘仙姑山位于西港镇的北部，活像一条抬头欲行的巨蟒环绕整个村庄。西南面倚靠着象山，"大象"鼻子伸得老长，看上去活灵活现，可谓一块龙踞蛇盘的风水宝地，蛇颈背由此得名。这块风水宝地，土地肥沃，风景优美，人居条件十分优越。还有风景优美的旅游胜地——仙姑山。社会主义新农村建设之后，这里进行了大规模的改水、改厕、疏通河道、加固河堤、修缮房屋、建设道路，还进行了绿化、美化、亮化等工程，新建的活动场所平整舒畅，生活环境亮丽多彩。

蛇颈背自然村的旅游胜地——仙姑寺，是佛坳村发展文化旅游的关键。

仙姑寺位于西港的北部，屹立在雷锋尖的东方。在此北望，便可看见仙姑山上有一棵参天大树，那就是仙姑寺的一棵古松。那里山势陡峭，山形独特，像一只冲天凤凰。在凤凰的脊梁上，建有一座寺庙，即仙姑寺。山寺古香古色，气势磅礴，有茂密的森林相衬，美丽的风景相托，一年四季气候宜人鸟语花香，是幕阜山脉中的一棵璀璨的明珠。它就是四方香客的朝拜之所，又是远近闻名的旅游胜地。站在仙姑寺，可以将整个西港尽收眼底，让人心旷神怡、流连忘返。不管是风景优美的仙姑山，还是有着古老传说的仙姑寺都吸引着各地游客的到来。

四、佛坳村产业发展现状

（一）佛坳村产业发展的优势

1.村党支部"党建+党员义务巡查+产业发展"工作模式效果显著

调研期间，我们来到佛坳村支部委员会，它是与佛坳村村民委员会、佛坳村环境卫生理事会和佛坳村红白喜事理事会一起办公，楼下还在装修，墙上能看到挂着的"西港镇佛坳村党员形象栏"，每个党员的照片名字都可以看到，楼上是主要办公的地方，进入会议室，墙上写着一个非常醒目的标语："一名党员，一面旗帜；一个支部，一个堡垒。"佛坳村党支部在村中各项事务中，都发挥着决定作用，其党建工作在西港镇的各个村庄中也是做得最好的。在佛坳村村民委员会的外面围墙上贴满了佛坳村的党建工作项目，有"党建+党员义务巡查+秀美乡村建设"模式，通过党员树旗帜、组织强堡垒、党建强活力、干部先带头、党员做表率，组织村里的党员走访困难户，做通钉子户工作，达成村民共建和谐幸福家园，着力打造自然美丽示范村庄，实现干部引领、党员示范、旅游兴村、产业富民的设想。除此之外，还有"党建+党员义务巡查+精准扶贫"模式，"党建+党员义务巡查+环境整治"模式，"党建+党员义务巡查+灾后重建"模式，而对于佛坳村产业发展作用最明显的就是"党建+党员义务存查+产业发展"模式，该工作模式以梁学宝为组长，以周福坤、周美华、梁长相、梁棉花为成员，以

"义务巡查，党员带头发展产业"为工作职责。佛坳村支部以"党建+党员义务巡查+产业发展"为抓手，积极探索产业发展，创新思维，发展"党的组织建在产业链上、党员创业在产业链上"的新模式，引领带动产业发展促脱贫。

2.因地制宜发展特色产业具有得天独厚的优势

佛坳村的茶园基地现有1000多亩，目前也还在不断地扩大规模，如果没有适宜茶叶生长的自然优势条件，不可能发展到如此规模。修水县属中亚热带北缘湿润季风气候地带，四季分明，雨热同期，气候温和，雨量充沛，土壤肥沃，森林覆盖率76.6%，其气候条件、地形条件、土壤条件和环境质量非常适宜茶树的生长和名优茶的生产。江西五大水系之一的修河发源于此，风景如画，优良的生态环境令人称道。另外，桑蚕、化红等产品的种植也是因为具有生长的自然条件才能发展起来。除此之外，还有具有地方特色的杭母猪，杭母猪历来就是西港镇的特色产业和养殖传统产业，与九江市的"滨湖水牛""修水乌黑鸡""武宁黄羊""永修水鸭"等一样是独有的地方品种资源。佛坳村的各种特色产业都是因地制宜，根据本地的实际情况发展起来的。

3.建立工厂就地取材进行原材料加工

在佛坳村进行调研时，参观了一片茶园基地，还有邻近的枫露茶叶有限公司，也就是茶叶加工厂，该公司是集茶叶种植、收购、加工、销售、品牌管理于一体的九江市农业产业化龙头企业，厂区占地面积近8000平方米，生产车间3500平方米。走进工厂，看到了打包好的茶叶成品，包装箱上写着"中国的梁天柱，世界的宁红茶"，另外还有许多茶叶加工的机器设备，有红茶发酵机、茶叶烘焙机等机器设备。在枫露有限公司的旁边还有一家公司，也就是梁记食品有限公司，该公司是油豆腐加工基地，原料就是黄豆，原料一部分来自农户家的收购，一部分就是工厂兼顾的种植。由于原材料种植基地和加工厂之间的距离非常近，所以节省了一些运输费用，更加具有经济效益。

（二）佛坳村产业发展存在的不利因素

1.多种特色产业之间发展不均衡

佛坳村的特色产业非常多样，有茶叶加工，有油豆腐加工，有杭母猪养殖，有菊花种植，有桑蚕养殖，等等，但是能够算得上初具规模的就是枫露茶叶有限公司，还有绿康养殖场，其余的特色产业，都算不上是真正的产业，都是一些个体农户自主经营的，所以这些特色产业的发展并不是并驾齐驱的，而是存在着发展不均衡的现象。另外枫露有限公司的员工只有20多名，签约贫困户务工农民只有20名，这20名农民都是属于建档立卡的贫困户，也就是说员工就业规模还是比较小的，带动村民就业的力度是有限的。

2.产业技术水平不高，生产采取手工制作

在我们调研的枫露茶叶有限公司虽然有一些机器设备，但是形成茶叶成品的关键环节还是需要手工制作，在该公司加工厂调研时，就有10几个员工挤在一个比较狭窄的隔间，正在分拣茶叶和进行捆绑，分拣过程是非常缓慢的，需要把晒干的茶叶一根一根地挑出捋顺，然后用绳子捆绑，形成一个中间鼓、两头尖的小茶团，然后再用四种颜色的细毛线进行捆绑，这才形成成品，由于这道工序是无法通过机器来完成，而人工制作又特别缓慢，这就使得产品生产的效率较低。

3.产业品牌效应不明显，在全国知名度不高

我们刚到西港时，西港镇镇长向我们介绍了本地的特色产业，有化红、杭母猪、菊花等产业，但是化红和杭母猪都没有听说过，可见其特色产业也只是在当地有名，对于外地人来说，可能根本就没有听说过。另外，枫露有限公司生产的"宁红茶"，也只是传统品牌，清晚期，宁红工夫茶远销欧美，有"宁红不到庄、茶叶不开箱"的美誉。现如今宁红被排除在十大名茶之外，连非官方评选的"十大名茶"都寻不到其踪，在中国主要名茶上也不见其影，在全国的知名度不高。

五、佛坳村产业发展对策及建议

（一）发展"一村一品"经济产业模式

佛坳村发展多种特色经济，但是却存在发展不均衡的现象，有的产业发展得不太好，有的产业发展的潜力比较大，比如说茶叶产业就比较有发展潜力。《农业部办公厅关于深入实施贫困村"一村一品"产业推进行动的意见》中指出，实施"一村一品"是贫困地区立足资源禀赋、挖掘资源优势，因地制宜发展特色产业促进脱贫致富的重要途径，对产业推进具有重要的意义。目前佛坳村最主要的两大产业是茶叶产业和杭母猪养殖产业，为了更好地发展茶叶产业，需要将其打造为区域的主导产业，使宁红茶成为该区域内的主导产品，调动区域内的各项优势，优先发展茶叶制造产业。为此，政府需要切实落实各项惠农政策，大力扶持茶叶产业的发展，不断鼓励土地流转出租，拓宽茶叶生产产业链，帮助茶叶产业形成从原料生产—产品加工—产品销售的完整产业链。通过这样的建设，能够形成与茶叶配套的完整的上、中、下游产业链，逐步推动"一村一品"向"一村多品"的转化，如此能够促进茶叶产业规模的扩大。产业的发展可以促进"企业+农户"模式的成长，不断优化成为以龙头企业带动为支撑的"企业+合作社+基地+农户"的经营模式，进而提高茶叶产业的集约化、专业化、标准化水平。

（二）引进机器设备，改进技术工艺

要实现佛坳村"一村一品"经济产业模式，使得茶叶产业成为主导产业，就应该改进其茶叶加工的技术工艺，引进更加先进的机器设备。目前，佛坳村的茶叶经济呈粗放型发展模式，近年来整个修水县加大了茶园面积的新扩力度，由2002年的1.68万亩迅速递增至2010年的8.7万亩，平均每年以8000亩的速度递增，茶叶生产总量上去了，但在新技术、新工艺，改进机器设备、加大科技含量等方面跟不上，以这种方式实现茶叶经济增长，致使消耗较高，成本较高，产品质量提高慢，经济效益较低。佛坳村目前也正在筹划扩张茶园种植基地，但是如果继续以前的关键生产环节以手工制作的方

式，那么成本就会上升，所以应该改进茶自动化加工技术、制茶能源低碳化新材料和新工艺、茶叶饮料深加工，进行茶叶功能性产品（如茶食品、降血压茶等）深加工、茶叶生物产品开发等关键性技术的研究与开发，为延伸茶叶产业链、促进茶叶增值提供技术保障。

（三）拓宽销售市场，打造品牌优势

佛坳村的枫露有限公司出产的宁红茶是传统品牌，现在全国知名度不太高，没有像铁观音、大红袍、西湖龙井这些名茶一样有影响力，那么为进一步拓展宁红茶的市场，需要积极开拓多方市场。一方面要加强与零售商化的合作，拓宽销售渠道。宁红茶可以通过特产店、超市、小商铺等零售渠道扩大市场的占有率，不断地拓宽市场。另一方面，利用互联网销售平台，不断地拓宽全国市场。近年来，电商平台的迅速兴起带动了居民的购物狂潮。人们通过网络就能够购买到各类商品。宁红茶市场的拓展也需要借助电商平台，通过线上和线下两个销售渠道，双管齐下，从而有效拓宽宁红茶的市场。

修口村精准扶贫调研报告

陈　莹

摘　要："精准扶贫"自2013年以来成为各界广泛热议的关注点，本次社会调查，我们深入精准扶贫实施地——九江市修水县西港镇修口村展开一系列的社会调查，本文于社会调查的基础上从修口村脱贫的成果、精准扶贫的特色方式两方面切入，深入了解修口村贫困户致贫原因，从而剖析在整个精准扶贫工作中存在的问题，并提出相应的建议，可望将扶贫工作做得更好。

关键词：精准扶贫；存在问题；建议

一、九江市修水县修口村脱贫现状及成果

近3年来，九江市共解决了15万农村贫困人口的温饱问题，贫困人口由2012年的45.34万人下降到现在的30.33万人。重点贫困县修水、都昌两县农民人均纯收入增长幅度达到15.8%，高于全省平均增长水平5个百分点。这是一份沉甸甸的荣誉：在全省扶贫开发工作考评中，九江市连续三年荣获第一。修水、武宁创新提出的整体扶贫搬迁"两分两换六联动"模式，在全省乃至全国搬迁扶贫工作上树立了一面旗帜，得到了国家、省、市领导的高度关注和充分肯定。其中扶贫开发工作在"精"字上下狠功夫，在"准"字上做足文章，走出了富有九江特色的扶贫开发新路子，打造了江西扶贫攻坚的九江特色。

修水县在精准扶贫攻坚战中，不断创新工作机制，打出组合拳，推出新模式，坚决打赢安居扶贫、产业扶贫、保障扶贫三大战役，打造了江西扶贫攻坚的九江特色。九江市修水县将整体移民搬迁与城乡发展一体化结合起来，系统考虑安置住房、就业保障、公共服务、土地流转等一系列问题，坚

持精准扶贫与区域发展协调推进，统筹贫困地区一体化发展，帮助扶贫对象建设美好家园、缩小发展差距、共享小康成果。

二、修口村实行精准扶贫的特色方法

精准扶贫、精准脱贫是党中央打赢脱贫攻坚战，确保实现全面建成小康社会的重大决策部署。以九江市修水县修口村为例，该村认真落实习近平总书记关于精准扶贫工作重要指示精神，贯彻精准扶贫精准脱贫基本方略，据此，因地制宜地推出实行精准扶贫的特色做法，该村精准扶贫工作特色主要表现在四个方面：识别精准，帮扶精确，规划精心，管理精细。

（一）精准识别扶贫对象。坚持户主申请→投票评比→村级初审→张榜公示→乡镇审核→县级审批→入户登记七道程序，全面完成了农村贫困人口的登记识别与建档立卡工作，并实施动态管理。

（二）精确帮扶贫困对象。通过上门调研和对平台大数据分析，实现扶贫资源有效配置，分类帮扶，做到一家一本台账、一个脱贫计划、一套帮扶措施，确保"扶到点上、扶到根上"，精确帮扶，精准脱贫。

（三）精心制定扶贫策略。该村将扶贫工作概括到十个方面，并将其细化，创设工作组，让工作组携手贫困户，选择合适的脱贫项目与策略，实现贫困户顺利脱贫。

（四）精细管理扶贫队伍。坚持领导联点、单位包村、干部挂户、队员驻村的扶贫工作制，为各贫困户选派帮扶干部，实现"一对一"结对帮扶脱贫，推动扶贫工作全面落到实处。

三、修口村贫困户致贫原因

（一）家中有重大疾病人员，长期医疗负担加重贫困程度

在该村中，相当一部分贫困户家庭中有患有重大疾病的家属，昂贵的医疗费用使得他们无法长期负担，使得家庭的经济状况日渐低迷，并且大部分的贫困家庭的医疗保障这部分是空白的，因此，当家庭中出现了患有疾病或

因事故突发意外而需长期的经济支持时，他们经济能力既无法长期承受，也没有医疗保险等公共保障为他们承担一部分的压力，因此，相当的贫困户家庭因此而致贫。

（二）受教育程度低，脱贫意识低，缺乏发展技能

在该村中，贫困人口多数为初中以下文化程度。相当一部分贫困人口思想观念陈旧，传统小农意识根深蒂固，思维方式和行为方式落后，生活上往往靠帮靠救济，脱贫意识极其薄弱，几乎没有懂现代农业专业技术的人员，缺乏自我发展的能力和动力。

（三）产业附加值不高，缺乏劳动力，收入水平低

多数贫困户是从事第一产业的农户，家庭经济收入主要依靠责任田，缺技术、缺资金、缺门路，日常生活比较艰难。加之第一产业要有产出，主要依靠人工劳力，且产业附加值不高、收入低，费力不讨好，相比之下青壮劳力大多选择外出务工，在家的多为老弱病残，即便想要发展产业也是有心无力。

（四）教育负担重，因教育而返贫现象严重

文化知识的培养是贫困户最终改变贫困命运的关键，目前虽然国家已免去了义务教育阶段的主要费用，但就读高中、大学阶段的贫困学生家庭负担仍然相当重，很多家庭想要培育孩子却无法得到满足，有些贫困户家庭往往为了孩子上学负债累累。

（五）在贫困户收入来源中农业收入所占比重过大，缺乏抗风险能力

大多数的贫困家庭还是处于原始自然的生产活动下维系正常的家庭生活，传统的劳作方式受自然限制的因素很大，一旦遇到干旱洪涝等自然灾害，意味着农民一个季度甚至是一年的收入都将受到影响，这既打击了农民的生产生活的积极心与信心，也使得他们容易迅速返贫。

四、修口村实行精准扶贫工作过程中存在的问题

（一）经济社会转型增加了农民收入估算难度

改革开放以来，随着经济体制的深刻变革，新型工业化和城镇化进程加快，社会经济成分、组织形式、就业方式、利益关系和分配方式等发生了巨大的变化，多元经济相互交织混合发展，给准确调查核实农户收入增加了难度。加之，受农业经济效益低而不稳影响，近年来大量农村剩余劳动力纷纷外出打工，劳务收入成为农民增收的主渠道，其中群众的一些隐性收入较难掌握。

（二）社会扶贫力量缺乏

社会力量汇聚源于爱心，成于组织、动员，需要鼓励与激励，因为宣传不够，吆喝不足，策划和组织不力，社会力量参与度不高。

（三）贫困群众素质偏低增加了精准扶贫难度

贫困群众的劳动力素质普遍不高，劳动技能单一，自我发展能力有限，导致帮扶要求千差万别，扶贫措施难以满足差别化要求。

（四）群众对扶贫政策并不十分了解

行业扶贫政策没有全面落实到位，对健康脱贫宣传不全面，不深入，一些贫困户对扶贫政策了解不够，不知道大病救助，导致措施落地难，执行不到位；教育资助项目没有完全落实，扶贫小额信贷政策宣传不到位，政策覆盖面小，申请难度大。

（五）精神脱贫宣传亟待加强

首先，部分贫困人口受文化条件和落后思想观念的影响，脱贫致富的主动性不高，依赖性较强，一心想吃低保，享受国家救助，"等、靠、要"思想严重。有的甚至好逸恶劳，不讲究家庭环境卫生和个人卫生，以此显示贫困，争取更多扶贫资金。其次，由于各项扶贫政策优厚，尤其是在医疗保障方面，贫困户看病个人自付比例极低，对一些处在贫困边缘甚至经济较好的

家庭产生极大诱惑力，产生攀比心理和不满情绪，报怨村干部，引发不稳定因素，分散了基层干部扶贫精力。最后，部分贫困户子女尽管经济较好，但不愿履行赡养义务，认为只要父母列入贫困人口行列，衣食住行甚至生老病死国家都会托管。这种现象，极易造成非贫困户心理不平衡，也违反国家法律，冲击中华民族的传统美德。

（六）驻村结对帮扶需要加力

首先，驻村帮扶和结对帮扶不够扎实，帮扶措施单一，仅停留在对贫困户的物质帮扶上。有的单位把帮扶工作当作民政救助工作来做，搞搞看望慰问、发发米面粮油，热衷于浅层次扶贫，不能立足于村情和贫困户实际，有针对性地开展项目扶持、技术援助、人员培训等深层次的帮扶活动。其次，有的驻村帮扶干部没有按规定吃住在村，不熟悉基层工作，知识面不宽，创新意识不强，致富点子不多，在协助村"两委"班子理清发展思路、制定村级扶贫规划等方面没有发挥应有的作用。

五、对修口村精准扶贫工作的几点建议

（一）优化产业模式，提高收入水平，吸引劳动力回巢

首先，要引进产业附加值高，有市场竞争力的龙头企业。鼓励企业安排扶贫对象劳动力就业和辐射带动周边扶贫对象发展生产，吸引劳动力回乡就业。其次，可以通过土地流转，统一规划。以本地区特色优势产业为依托，扩规模，提档次，集中力量整合产业项目，打造地区产业品牌。改变农户个人自产自销、粗放经营的低竞争力模式，提升产业竞争力，从而提高农户收入。

（二）村组织应动员社会力量积极参与精准扶贫工作

一要积极组织群众参与。农民是扶贫攻坚的主体，要尊重农民主体地位，充分发挥贫困群众参与决策、实施和监督的积极性，进一步提高贫困地区贫困群众脱贫致富的内在动力和自我发展的能力。二要引导企业带动扶贫。引导和动员更多的企业和个人支持、参与扶贫，拓宽投入渠道，增强投

入力度。在转变发展方式、调整产业结构、增加农民收入的过程中，要善于发挥各级龙头企业的带动和辐射作用，建立稳定的企业与农户互惠互利的共同发展机制。三要动员社会广泛参与。努力开辟更多渠道、探索不同方式，最大限度动员和组织社会力量参与扶贫攻坚，让更多的人了解、关心和帮助贫困群体，唤醒和激发社会的扶贫济困意识。让那些有志于扶贫事业的人及时了解贫困地区和贫困人口情况，为他们提供服务和培训，全面提升社会扶贫队伍的专业水平。要站在构建和谐社会和全面建设小康社会的高度，加大宣传力度，引导社会各界树立扶贫济困光荣的价值取向，积极投身扶贫攻坚伟大事业。

（三）加强教育培训，提高产业技能

一是认真组织各种短期技能培训，培训坚持就近就地原则，分散办班，分类指导。为使学习、劳动两不误，尽量安排农闲时间组织招生，要针对不同地区农村的特点，实行随到随学，只要达到要求和学习目的就行，在课程安排上以当地主要产业的管理为主，增强学习的针对性和实用性。二是同时对当地懂技术、有经验、能力强的致富带头人，要鼓励他们积极帮扶贫困农户并给以适当的奖励。

（四）加强政策宣传，做实精准识别

一是要吃透中央和省市关于精准扶贫工作的指示精神，对精准扶贫的政策措施、目的要求再宣传、再动员，增强做好脱贫攻坚工作的使命感、责任感和紧迫感。二是按照的标准，结合贫困户的家庭存款以及购买商品房、自住房标准、机动车信息和实际生活状况等，进一步核实贫困人口翔实数据。对确定的每一个贫困人口，由村主要干部、包片干部和单位包保人员共同签字确认，实行责任倒查机制，确保数据真实。

（五）开展精神扶贫，树立脱贫信心

要广泛开展以创建文明乡村为载体的环境综合治理行动，引导广大群众养成讲卫生、爱清洁的好习惯。同时，还要积极发挥贫困户主观能动作用，

倡导勤劳致富，通过树典型、指路子、重奖励等多种方式增强贫困户脱贫致富的志气和信心，克服消极的思想情绪和"等、靠、要"的惰性心理，积极鼓励贫困群众用勤劳的双手改变贫穷落后面貌，摘掉贫困帽，走上致富路。

（六）强化帮扶责任，做实发展文章

切实增强结对帮扶干部责任，细化结对帮扶任务，创新帮扶形式，为贫困群众选路子、上项目、教技术、筹资金、供信息，变"输血"为"造血"，确保帮扶工作的取得扎实成效。同时，要简化帮扶工作各类报表和数据录入，让帮扶干部从"数字脱贫"中解脱出来，放下包袱，开动机器，能够有更多的时间和精力走入群众之中，走上田间地头，走进帮扶项目，为贫困群众找到一条行之有效的脱贫道路。

马祖湖村和修口村关于协调推进贫困村与非贫困村贫困户脱贫攻坚的调查报告

程 前

摘 要： 党在十九大报告中强调，实施乡村振兴战略，坚决打赢脱贫攻坚战。各地区贫困村在乡村振兴战略指导下取得了全面的发展，但是浮动在贫困线上下的非贫困村的发展却被忽视。江西师范大学马克思主义学院2015级思想政治教育班通过实地走访修水县西港镇部分贫困村与非贫困村，体验了乡村振兴成果，同时客观记录了脱贫攻坚实际工作中出现的问题，最终形成了调研报告。以期协调推进乡村振兴与脱贫攻坚，统筹贫困村与非贫困村发展，实现全面建成小康社会。

关键词： 脱贫攻坚；协调推进；贫困村；非贫困村

一、调查背景

2017年10月18至24日，中国共产党第十九次全国代表大会在北京召开，习近平总书记在十九大报告中明确指出，实施乡村振兴战略。2018年1月2日，《中共中央国务院关于实施乡村振兴战略的意见》发布实施，文件就实施乡村振兴战略提出全方位意见。2018年3月5日，十三届全国人大一次会议在人民大会堂召开，李克强总理在《政府工作报告》中指出，"大力实施乡村振兴战略。科学制定规划，健全城乡融合发展体制机制，依靠改革创新壮大乡村发展新动能"。党和政府在全国范围内实施乡村振兴战略，坚决打赢脱贫攻坚战。在大的社会环境、政策环境的背景之下，修水县西港镇与党中央保持高度一致，通过全面贯彻党的十九大精神和县委第十七次党代会精神，将脱贫攻坚列为首要任务。为了更加全面直观地了解乡村振兴战略，摸清国家扶贫政策落地实际情况，培养高校大学生社会调查实践能力，江西师范大学马克思主义学院2015级思想政治教育班积极响应"十九大"精神的号召，一行到访了江西省九江市修水县西港镇并开展社会调查学习实践。

二、调查对象

江西省九江市修水县西港镇修口村、马祖湖村。

三、调查方法

（一）访谈法

小组成员以调查问卷为主，采用口头形式，根据被询问者对问卷相应问题的具体答复记录客观的、不带私人感情偏见、不加主观修饰的事实材料，以客观准确的样本说明所要代表的总体的一种方式。本组成员在调查中采用非正式抽样采访询问。

（二）实地观察法

小组成员根据调查目的、运用自己的感觉器官，有计划地对处于自然状态下的社会现象或被采访者的心理活动进行直接感知的方法。

（三）对比分析法

通过对调查数据进行交叉对比，从不同维度对数据进行解析，从而形成总结性评价。

四、调查现状

（一）西港镇政务信息公开

通过浏览修水县委县政府门户网站—乡镇信息公开—西港镇，发现西港镇政务信息公开工作落实到位。从具体的"工作动态"，为增加可视化的直观性，另设主页，防洪工程的开建、领导的指导工作与慰问贫困户、主题党日活动等一应俱全；再到"领导之窗"，人性化的组织结构图设计，各层级主要负责领导一目了然；"乡镇概况"的介绍也是细致入微，具体位置、人口面积、自然条件、经济概况、社会发展、基础设施、镇区市政建设等全面覆盖，介绍全面具体；再到"规划计划"，具体到每一行政村，都有具体的年工作计划，计划透明。

除此，网页还有"政策法规及规范性文件"与"政府信息公开年度报告"浏览子条。可以看到，各种信息全面且丰富，既有人性化的考虑，也有政务公开之实。由此合理猜测，该镇的日常工作应当是有条不紊地进行，有大的全局规划，也有具体的步骤引导，还有总结性陈述。

（二）修口村具体情况调查

组员刘洋在与修口村支部书记的具体访谈中，主要就修口村基本村情、精准扶贫工作以及基层党组织建设三方面进行了访谈。具体访谈内容如下：

刘洋：村里有没有外出打工的年轻人？

修口村支部书记：有500多个年轻人出去打工的。

刘洋：这些年轻父母外出务工，他们小孩的教育问题怎么解决呢？

修口村支部书记：有些父母会带出去，在外租房子让小孩接受（比这儿）更好的教育，享受好的教育条件。

刘洋：那没有带出去的呢？村里有没有自己的学校，怎么具体解决留在家里的适龄儿童的教育问题？

修口村支部书记：我们村里有自己的村小学，6个老师，90多个学生，5个年级。

刘洋：6个老师都是有编制的吗？

修口村支部书记：有几个是考编的，另外几个是我们外聘的。

农村青壮年劳动力向城市流动，带来的不仅仅是农村劳动力缺失问题，也把青少年教育问题推上了"风口浪尖"。保障农村义务教育，加强教育基础设施建设，统筹配置城乡师资，这些都在西港镇2018年工作计划中有所体现。

刘洋：怎么才算是"脱贫摘帽"？

修口村支部书记：根据建档立卡时村民各自写的条件，如果条件有所改善就是脱贫。比如，因重病建档立卡，那么重病痊愈即脱贫摘帽。

刘洋：关于这个贫困户标准，具体怎么设定呢？

修口村支部书记：通过小组投选来决定（是不是贫困户）。

刘洋：那我们这个驻村工作队的工作频率是？

修口村支部书记：一个月3次。

刘洋：每次去都有哪些具体工作内容，您能和我们大体说说吗？

修口村支部书记：一般都是下户走访，实地查看，再询问（各户）基本情况。

刘洋：我们修口村的主要产业是什么呢？

修口村支部书记：主要靠的是种卖桑蚕。

刘洋：咱村里有特别贫困的一般会怎么给予帮助呢？

修口村支部书记：除了民主投票（以上提到的小组投选）之外，特别贫困的农户村支部会开会讨论，直接报镇上提名，然后给予帮助（这样比一般投选速度快）。也就是积极帮村民申请低保，每月1000多元。

刘洋：我看到墙上数据图有近半数致贫原因是技术缺乏，我们是怎么解决技术原因或者提供对应的帮助呢？

修口村支部书记：我们会（有技术员）入户培训村民，这样使他们自食其力，自己操作。

刘洋：村子里有没有自己独特的文化活动或者特色村风之类的？

修口村支部书记：这倒没有。

刘洋：咱村子垃圾一般怎么清理呢？

修口村支部书记：村里放了垃圾桶40多个，由村民统一购置，基本能安排到一户一个，由专门的清洁员统一处理。

不难发现，修口村贫困户的进入和退出机制都是严格按照标准进行的，在扶贫具体工作方法上有所创新，提高了工作效率。另外该村在"创建美丽家园狠抓环境治理"中采取了有力措施，切实推进乡村振兴—生态文明建设。但是，在发展乡风文明上，仍然缺少基层干部的重视以及村民的配合。

刘洋：村里有些党员是在外工作的，所以平日里支部的各种大会小会未必全勤，那么支部平时的党员生活会怎么召开？

修口村支部书记：电话联系（提前通知赶回来参会）或者在外有党员的"党团"组织，可以自行组织，定期汇报。

刘洋：党员平时怎么组织学习？

修口村支部书记：嗯，有啊，捡捡垃圾嘛。

刘洋：就定期组织捡捡垃圾吗？

村扶贫专干：有理论学习，比如，我们在十九大召开后组织党员集中学习，也有心得分享之类的，我们也有实践学习，这不"一号文件"精神就是乡村振兴嘛，"生态宜居"也是指导思想，我们组织村里党员捡捡垃圾之类的。

刘洋：我们这个村党员发展的具体流程您能和我们简单说说吗？

修口村支部书记：嗯，先是村民递交（入党）申请书，我们再通过党代会开会（进行）评议，评议之后提交投选后的具体人员名单，上报到镇里（西港镇）审核，（审核通过之后）再宣誓。

刘洋：我们修口村现在有多少党员啊？

修口村支部书记：现在是32名党员。

刘洋：那我们是多少位村民呢？

修口村支部书记：1700多位村民。

通过以上采访，可以直观地看出修口村的党支部在党员发展这一块的工作是按部就班，有条有理的。从申请入党到评议、审核等一系列流程相对完善，没有疏漏。据介绍，西港镇共设14个党支部，有党员585名，平均每支部大约有41名党员。通过此项对比数据可以得出，修口村的党员发展情况较其他行政村，还是有点儿靠后。另外，在党内组织生活上，修口村存在形式单一、过程不严谨的问题。在外党员的组织生活"自行组织、定期汇报"的真实性以及有效性仍有待考证。

（三）修口村精准扶贫工作具体情况

在与修口村村主任何小满的访谈中，得知修口村村干部工作压力普遍偏大。何主任主要负责的是民政工作这一块儿，民政工作繁杂却又十分重要，需要负责人落实到每一个农户。何主任表示，干部压力主要来自基层群众对政策的需求同有限资源之间的矛盾。修口村脱贫的现状为：2014年村里脱贫1户，2015年脱贫4户，2016年脱贫7户，2017年10户，2018年有40户未脱贫。在国家大的脱贫攻坚形势下，这40户贫困户将给修口村带来巨大的压力。另外，从村主任口中得知：修口村不属于贫困村，不享受国家政策倾斜，每年财政补助只有10万元，而隔壁马祖湖村属于贫困村，每年的财政补助高达100万元。

五、问题分析

问题一：修口村贫困发生率为13.68%，马祖湖村贫困发生率为7.96%。按照国家标准，贫困村贫困发生率低于3%则整村脱贫。两村均未达到脱贫标准，尤其是修口村差距很大。

问题二：马祖湖村2016—2018年计划脱贫户数分别为12户、18户、13户，总体波动不大，脱贫工作稳步推进。反观修口村2016—2018年计划脱贫户数分别为7户、9户、41户，实现整村全面脱贫。该计划严重超出工作实际，可操作性不高，实现难度大。

问题三：修口村作为非贫困村，不属于重点脱贫攻坚实施示范点，不享受政策倾斜。严峻的贫困现状与有限的政策资源产生矛盾。

脱贫工作仿佛进入了一个怪圈，原来的贫困村经过国家政策支持、领导重视，纷纷摘下了"贫困"的帽子，走上富裕的道路。而以前的非贫困村因为被边缘化，得不到政策扶持、领导重视，影响到整项脱贫工作的进程。非贫困村扶贫问题具体表现在：

第一，非贫困村和贫困村扶贫力度不同，但工作要求一致，填报资料多、耗费精力多、经费开支大。据调查，一个村档案资料、打印、人工费超过2万元，而这笔经费没有来源。脱贫攻坚战打响以来，各地将贫困村纳入重点扶贫计划，项目重点倾斜，资金重点安排，领导重点安排，优惠政策保障。从调查中了解到，西港镇马祖湖村是省级贫困村，经过改造村内面貌大变样。而非贫困村由于没有"贫困帽子"，交通、农田水利、村级活动场所等"六件实事"项目无法安排，各种专项扶贫资金无法顾及，非贫困村只能"望钱兴叹""望项目兴叹"。如西港镇非贫困村修口村，每年的财政拨款只有贫困村马祖湖村的十分之一。

第二，对于非贫困村的扶贫，很多党员、干部感到力不从心，对于贫困户的实际困难无法解决。如修口村属非贫困村，2018年脱贫任务为41户，相较于马祖湖村13户的任务，显得捉襟见肘。再加上基层干部老龄化，缺少年轻干部。修口村村主任表示工作压力巨大。

第三，在易地搬迁和危房改造方面，贫困村的危房户大部分已完成搬迁和改造，但非贫困村的危房户却享受政策扶持较迟。调查发现，修口村一户人家因为前段时间水涝灾害，房屋受到较大损害，外加自己坐骨神经痛，却未能享受政策扶持。

产生这些不平衡扶贫问题，主要有以下几方面原因：

第一，思想认识上差异较大。主要是各级没有把非贫困村贫困群众脱贫作为圆满完成脱贫攻坚任务的重要内容摆上重要位置，贫困村与非贫困村扶贫工作一边重、一边轻，考核工作一手硬、一手软，把检查、考核、督导的重点都放在贫困村，工作的重心放在培植重点、迎接检查、完成任务。有的基层干部眼里只有贫困村的贫困户，管好自己的责任田，种好自己的责任地，对贫困户的情况了如指掌，对于非贫困村贫困户的情况问得少、管得少、了解得少，有的甚至一概不知。贫困村的贫困户，事事有人问，事事有人管，非贫困村的贫困户，看在眼里，嫉妒在心里，产生了新的不平衡，新的失落感。

第二，统筹协调上差异较大。在落实"中央统筹、省负总责、市县抓落实的扶贫"管理机制中，各级对贫困村与非贫困村到人到户的政策大致相同，而对贫困村和非贫困村在帮扶力量和投入力度等方面存在较大差异。县乡对于非贫困村贫困群众脱贫工作的主体责任落实不到位，对于贫困人口相对集中、基础条件较差的非贫困村在人力、物力、财力等方面的帮扶上做得不深入、不细致、不到位，在涉农资金的整合，基础设施的投入，产业项目的扶持等方面没有倾注足够的力量，没有给予必要的支持，没有看到实实在在的变化。

第三，工作力度上差异较大。扶贫工作中，各级领导调查研究、现场办公的主要精力大都集中在贫困村，领导力量强，职能部门扶贫力度大，扶持的项目和资金也多。而在贫困线上下浮动的非贫困村，联点领导是乡镇干部，联系人则是村组干部和本村的党员，要钱没钱，要项目没项目，群众称之为"弱帮弱""穷帮穷"，帮不上忙，解决不了问题。有的县乡把资金投入和优惠政策全给了贫困村，贫困村的路修了又修，贫困村的村部、村室建了又建，而非贫困村因缺少经费来源，基础设施建设落后一大截，群众意见大，干部情绪也大。农村是熟人社会，贫困户和非贫困户都是左邻右舍的关系，有的群众看着贫困村、贫困户的变化，不由得产生了嫌隙。

六、对策研究

第一，贯彻落实习近平总书记"一盘棋"的扶贫思想。习近平总书记强调，要解决区域性整体贫困，做到脱真贫、真脱贫。清除贫困，改善民生，实现共同富裕是社会主义的本质要求，是实现精准扶贫的内在要求。我们的扶贫工作就应以全面脱贫为战略目标，积极关注和重视非贫困村贫困人口的帮扶工作，树立"一盘棋""一视同仁"的思想，注重均衡发展，积极提升非贫困村帮扶的组织化程度，构建"帮困不漏户"的全覆盖帮扶机制，防止非贫困村"边缘化""一边倒"。

第二，完善一体化的扶贫机制。一是因人施策、因户施策的帮扶机制要完善。根据不同贫困家庭、不同贫困类型，实施差异化帮扶，加大对非贫困村贫困人口的帮扶和政策落实力度，不让一个贫困户掉队。二是扶贫脱贫后续帮扶长效机制要完善。民政、教育、卫生部门要加大兜底保障力度，农业、水利、交通、电力等部门要加大基础设施建设的扶持力度。三是责任机制要完善。县委、县政府要根据精准扶贫的工作压力和现实要求，压实县直单位、乡、村三级责任。四是财政扶持机制要完善。在合理统筹扶贫项目的基础上，精准扶贫资金要列入财政专项预算。并对按时限要求脱贫了的乡、村给予奖励，力争在精准扶贫上创造出更多的特色和经验。

第三，形成"一股绳"的社会合力。组织和动员共产党员、机关干部、"两代表一委员"、企业、社会团体积极投身和参与扶贫攻坚。正确处理好"输血"与"造血"、主体与主导的关系，在全社会营造脱贫攻坚的良好氛围，形成全民扶贫、全社会扶贫的良好环境。不论贫困村还是非贫困村，"精准扶贫"都要找准贫困对象，探寻致贫原因，做到扶贫与扶志、扶智相结合，从源头上遏制贫富分化。

修口村基层精准扶贫调查报告

龚玉婷

摘　要：近年来，基层政府认真贯彻落实中央关于扶贫开发工作的一系列方针政策和工作部署，从解决贫困群众最关心、最直接、最现实的问题入手，从影响贫困地区发展最紧迫、最突出、最薄弱的环节抓起，突出重点，强化措施，狠抓落实，贫困开发取得明显成效，贫困地区面貌发生深刻变化。扶贫开发为农村经济发展、政治稳定、民族团结、社会和谐发挥了重要的保障和促进作用，为全面实现小康目标奠定了坚实的基础。江西师范大学马克思主义学院组织学生深入九江市修水县西港镇修口村进行调研，深入分析了修口村精准扶贫的现状、问题以及下一步帮扶措施。

关键词：贫困现状；原因；建议

江西师范大学马克思主义学院组织学生深入精准扶贫联系点九江市修水县西港镇修口村进行调研，深入分析了修口村精准扶贫的现状、问题以及下一步帮扶措施。

一、修口村基本情况和发展现状

（一）基本村情

修口村位于修水县西港镇南部，距镇政府约7.6千米，距县政府27千米。四面被山环绕，共有11个村民小组。修口村受修水县管辖，边上有堰上村、赤土岭村、詹坊村。村内企业有：白薯类粉丝厂、阀门厂。主要农产品有：大蒜、豆瓣菜、绿叶菜、乌饭果、山药、辣椒、葡萄、芜菁、芹菜。村内资源有：磁赤铁矿、石膏、石墨、铁矿、方铅石。

（二）贫困人口现状

修口村山多人稀，交通不便，资源匮乏。村庄的发展还存在很多困难。该村有贫困户57户，223人，其中低保户31户，127人；五保户5户，5人；一般贫困户21户，91人。于2016年脱贫7户28人；2017年脱贫9户21人；2018年计划脱贫41户，174人。在调查中我们了解到脱贫的贫困户虽然从档案中撤出，但依旧享受扶贫政策的补助。

（三）基础设施建设现状

在调查中发现修口村虽然位置偏远，但交通顺畅。村子外围有一条马路围绕，村民的出行较为方便。同时，每家每户都有一个垃圾桶，政府会隔一段时间对垃圾进行集中处理，所以修口村生态环境良好。

（四）产业发展现状

修口村的支柱产业为蚕桑，通过对修口村书记的访谈，我们了解到蚕桑的养殖已经发展到每年可以养8—9个周期，利润为2000元/亩。对贫困户每年新增的桑树种地进行补贴。但由于村子里50岁以下的劳动力都外出务工，所以只有有劳动能力的老人种植桑树，产业无法发展起来，补助也难以有效促进农业发展

二、修口村致贫原因分析

贫困户致贫原因很多，集中表现在因病、因残、因灾、缺技术、缺资金、缺劳力、缺智力、供养子女读书、老龄化、儿孙不供养等。而在修口村贫困户的致贫原因主要有以下三点。

（一）缺技术致贫是主因

从调查中了解到，修口村贫困户中有57户，因缺技术致贫的有24户116人，占贫困户的42.1%；其中因病致贫的有26户88人，占贫困户的45.6%；因残或缺劳动力7户，占贫困户的12.3%，由数据我们会发现修口村的致贫原因主要是缺少技术支持。

（二）观念落后是根源

调查发现，贫困户绝大多数年龄偏大，文化程度不高，既无劳动力，又无技术，缺乏干事创业的激情，观念比较传统、保守，守摊子的思想比较突出。家中青壮年都外出务工，整个村庄几乎只能看见老人和小孩。他们接受的教育不多，甚至好几个老人在我们询问是否享受到政策的帮扶时，回答不清楚，不知道。他们不知道自己享受到什么政策，也不清楚这些政策是如何帮助到自己。这就不可避免地使脱贫成了政府的一头热，村民只能被动接受。

（三）保障不足是诱因

在农村，大病救助、灾害救助、农村低保、养老服务等社会保障严重不足，标准不高，一旦遇到天灾人祸、因病因残，极易返贫。在对村民进行询问时我们发现因疾病致贫的贫困户也很多，甚至有一家人在买车买房后，家中小孩耳朵出现问题，一治就花了20多万，而这只是开始，每年仍然需要去上海进行治疗。只因为生病，他们就从小康直接变为贫困。又因为家庭条件较好，他们无法享受贫困户的补助。

三、对修口村精准扶贫工作的思考

（一）村民素质不高

在扶贫开发之中，劳动力资源是最关键、最活跃的因素。但是修口村村民文化素质低，思想保守，给精准扶贫增加了难度。目前有一定能力的已经迁出村外，年轻人常年在外打工，留守的多是老、弱、病、残、小，劳动能力有限，无法有效参与产业和基础设施建设，导致贫困村缺乏造血功能。

（二）技术服务不够，产业扶贫困难较多

一是产业规划项目落实难。部分贫困村没有特色优势产业项目带动贫困户发展。部分贫困户自身发展能力不足，缺乏劳力，没有经济基础，抵御风险能力较差，加之农业产业效益比较低，导致发展产业积极性不高。部分产

业项目见效周期较长，当年难以实现脱贫。二是种苗供应不足。本地种苗供不应求，种苗价格上涨迅猛。贫困户购买外地调运种苗，没有质量保证，只能依靠自身经验来培育桑树。三是产业技术指导不到位。部分贫困户没有相应的经验技术储备，缺乏相应技术指导。四是存在市场风险。贫困户发展产业存在销售难的问题，缺乏稳定的销售渠道，农产品价格不稳定，部分农产品价格呈现下滑趋势，导致增产不增收。五是产业大户、合作社辐射带动作用不明显。当前部分产业大户、合作社缺资金，规模效益低，贫困户就地就业困难，带动贫困户脱贫乏力。

（三）联动帮扶不力

修口村的扶贫工作需要加强村级组织建设，提升模范带动作用。贫困村的脱贫致富，村级组织，特别是村党支部书记及两委班子成员发挥着关键作用。修口村党支部坚决执行党在农村的各项政策，带领村民自力更生，新修公路，发展产业，收到一定的效果。但要想彻底抓好精准扶贫工作，必须进一步加强村党员干部和致富能人的培养、挖掘工作，力争培养一批年轻有为、敢想敢干、勇于开拓的党员干部和致富能手，形成有凝聚力、有战斗力的致富创业团队，带动贫困村脱贫致富。

四、对修口村扶贫工作的几点建议

（一）加大科技培训力度，提升自我造血功能

当产业扶贫项目确定之后，农民急需的是科学种植、养殖技术，可这些技术大多数帮建单位是无法提供的。当前修口村桑树种植，需要培养几户技术带头人。建议市、县牵头，安排农业、林业、畜牧、科技等部门技术机构或专业合作社、龙头企业，分门别类地组织在相应片区开展相关实用技术培训，村级组织产业对口的农户参加，以提高其创业能力和技术素质。

（二）充分体现精准

要把工作重点放在一家一户的脱贫上。根据对修口村贫困原因的分析，

要在大病救治、社会保障和土坯房、危房的改造上再加大力度,再添措施,使每个贫困户有饭吃、有衣穿、有安全的居所。

(三)要保护生态环境

修口村自然环境优美,生态植被良好,在产业发展、项目建设过程中,要注重生态环境保护,避免资源环境的破坏,着力打造天蓝地绿、山清水秀、房靓物丰、人和家兴的秀美风光,为修口村保留一方净土,为子孙后代留下发展空间。

(四)经济脱贫与精神脱贫相结合

在开展精准扶贫的同时,要高度关注贫困地区精神文明建设,精准扶贫不仅要扶经济,更要扶精神。通过新型农民教育、星级农户评选、宣传正反典型等方式,提升思想素质,学习创业技能,增强法治观念、树立文明新风,有效解决在部分贫困人群中存在的不团结、不勤奋、不养老的问题,提振精神,树立信心。

精准扶贫,重在精准,要在进一步调查摸底的基础上,进一步弄清情况,准确把握贫困状况,扶贫才能有的放矢。现有的贫困村是根据每年年报上人均纯收入的多少来确定的,贫困户和贫困人口是根据历年减少的脱贫户、人口的基础上来确定的,与实际不完全相符。建议对全区的贫困户统一设定标准,各驻村工作组进村后,第一件事就是根据统一标准,对贫困户、人口和致贫原因进行调查摸底,准确识别,把这些基础数据汇总后,根据贫困户占全村总户数的比例确定重点贫困村,然后有针对性地制定精准扶贫工作规划。

修口村农户对扶贫工作认可情况调查报告

宁　麒

摘　要：在大致了解修口村的基本情况的基础上，通过入户调查该村的卫生情况和拜访建档立卡贫困户协助我们掌握第一手数据，从农户的生产生活条件、收入变化情况、政府的帮扶以及帮扶干部等方面进行统计和分析，考察农户对扶贫工作的认可情况，并对该情况进行分析，给出一些可参考的建议，希望更好地促进修口村扶贫工作的开展，提高扶贫工作成效。

关键词：农户；扶贫工作；认可情况

一、修口村扶贫工作基本情况

（一）修口村贫困人口情况

修口村总人数有1630人，通过精准识别七步法工作流程，即农户申请、组级评议、组级公示、村级审议、村级公示、乡级审核、个乡级公示，选出了修口村57户贫困户总计223人，并都为其建立了建档立卡贫困户。其中，低保贫困户最多，有31户，一般贫困户有21户，五保贫困户有5户。2016年和2017年该村的脱贫户数各为7户和9户，该村也顺利完成了2015制订的脱贫计划表中这两年的脱贫户数的目标，并预计在2018年年底剩余的41户贫困户都将脱贫。另外，57户贫困户中有24户116人主要致贫原因是缺技术，26户88人是因病主要致贫，剩余的主要是因残和缺劳力致贫。

（二）修口村扶贫工作情况

修口村村委会在道路、卫生、教育、医疗、产业发展等方面都取得了较好的成效。修口村目前都是平坦的水泥路，交通便利，道路旁边隔一段距离都放着一个大垃圾桶，村民自家只要交了5元一月的垃圾处理费用都会发放一个小垃圾桶。村里也没有大型的养殖场，村民还表示不会焚烧垃圾，都是按村里的规定倒垃圾。在教育扶贫这一块，对于建档立卡贫困户有专门的优惠政策，比如，学前教育幼儿资助金是每人每年1500元，对于义务教育阶段有两免政策和生活补助。修口村主要种植蚕桑，一年可以种8—9个周期，每亩收入可达2000—3000元，因此修口村鼓励村民种植蚕桑，并有相应的补贴。在农业补贴方面，单项产业补贴超过10000元，其他产业就不再给予补贴。在医疗方面，建档立卡贫困患者发生的医疗费用经过基本医疗保险、大病保险、商业补充保险和民政医疗救助保险后，个人所负担的费用超过2000元还可以进行二次报销。另外，五保户补贴由2017年每月320元增加到今年的350元，低保补贴也相应地得到增加，今年是每月300元。

二、农户对扶贫工作的认可情况

被调查的贫困户大多数认为，建档立卡以来，自己家的生产生活条件得到了改善，吃穿基本不愁，住房都是自家盖的房子，特别是有些因病致贫的家庭在医疗费用负担上得到缓解，帮扶干部也会到贫困户家中进行慰问，对其经济上或者其他方面的困难都会想方设法帮助解决。贫困户都是满意帮扶干部的工作，并对自己村里的驻村第一书记和驻村工作队的工作也是很满意的，进而对村里的扶贫工作也是认可的。

然而也有极少数贫困户不是十分认可村里的扶贫工作，并且觉得虽然自己家的生产生活条件比起之前是得到改善，但是比起别的生活条件比较好的贫困户或者已经脱贫却还享受扶贫政策的家庭来说他们得到的补助是杯水车薪，希望村里能在经济上加大对其补助力度，自己却不寻思着如何脱贫。村干部也反映有些这类贫困户没有摆正心态，只是依靠补助得过且过，自力更生、艰苦奋斗意识不强，又不愿自己主动发展生产，或者通过打工增加自己的收入。这样有些非贫困户就有意见，心理不平衡。比如，我们调查到的一家非贫困户，他们家有房有车，但是她孙女耳朵失聪花费20多万元，后期还需要投入医疗费用，她希望村里给她家一个建档立卡的贫困户名额，她认为自己比有些家庭条件还好的贫困户更需要补助。总之，有些群众对少数贫困户"等、靠、要"的表现不满，而且对于由于重大疾病要承担的医疗费用重负担的非贫困户来说，不能临时纳入贫困户，这是不公平的，这影响了他们对扶贫工作的认可度。

此外，村干部或者帮扶干部的扶贫工作的一些方面没能很好地落到实处。有些帮扶干部走访贫困户家庭较重形式，与农户聊天交流少，没能真正了解其生产生活困难。特别是在宣传政策这方面，被调查的贫困户有些说帮扶责任人没有深入宣传政策，就算有些说宣传了政策，可是要他们回答宣传了哪些政策，他们又不是很清楚。有些群众对扶贫工作也不是很了解，对扶贫工作相关的政策更是不了解，在一定程度上也影响了农户对扶贫工作的认可度。

三、对进一步提升农户对扶贫工作认可度的建议

（一）在物质扶贫的基础上更注重精神扶贫

对经济生活的家庭进行物质扶贫，也只是一种暂时性解决眼前经济困难的方法，这种物质扶贫治标不治本。真正能实现脱贫是要村民自己提高认知能力和精神状态，具备脱离贫困、创造财富的能力，对其进行精神扶贫。要端正贫困户因为穷理所应当接受帮扶的不良心态，积极宣传自主脱贫奔小康的典型，引导贫困户树立脱贫的信心，接受劳动力培训，掌握谋生技能，更加主动地进行生产发展，靠自己的双手摘掉贫困户的帽子。

（二）缓解非贫困户和贫困户的矛盾

扶贫工作不仅需要贫困户的努力，也需要非贫困户的理解和支持。因此，缓解非贫困户和贫困户的矛盾，非贫困户才能更加认可村里的扶贫工作，进而提高扶贫工作的成效。对于非贫困户"眼红"贫困户现象，需要帮扶人向贫困户和非贫困户都积极宣传扶贫政策，让非贫困户了解扶贫政策的公平公正，同时引导非贫困户树立正确的意识，以阳光的心态看待村里的扶

贫工作。其次，有些贫困户不以贫困为耻反以之为荣，激化了与非贫困户的矛盾，帮扶干部应加强对贫困户的教育，强化贫困户荣辱观，贫困户自己摆正心态，靠自己努力脱贫，非贫困户学会换位思考，除了少数"等、靠、要"的贫困户，大多数贫困户是因为疾病、技术、劳动力等致贫的，他们是真正需要政府补助的。

（三）帮扶责任人做好结对帮扶工作

帮扶人员不要把帮扶工作当作自己的附带工作而敷衍了事，应该把帮扶对象当作亲人、朋友对待，用心与他们沟通，向他们讲解各项扶贫政策，了解他们的生产生活状况，把贫困户的家庭情况和致贫原因搞清楚，并认真倾听他们的愿望和想法，把制约贫困户脱贫的关键原因找出来。再针对致贫原因，结合扶贫政策和因地制宜，研究制订贫困户脱贫计划，鼓励贫困户积极主动发展生产改变贫困面貌，帮助落实扶贫政策，让他们真正享受到政策给予的优惠，推动贫困户鼓足干劲和信心脱贫，努力实现奔小康的目标。

（四）加大对扶贫工作的宣传力度

除了帮扶干部走访贫困户宣传扶贫政策，也可以挖掘村里的先进典型，发动村里的老党员和老干部加入宣讲队伍中，通过"身边人讲身边事、身边人讲自己事、身边事教育身边人"的形式，让群众看得见、学得到，引导和启发广大群众消除"等、靠、要"思想，树立勤劳致富的理念。同时发挥新媒体的作用广泛宣传扶贫工作以及政策，在村户墙体、村宣传栏绘制标语或者宣传画，利用电视、微信、微博等发布最新扶贫政策和扶贫措施，让群众及时掌握扶贫动态。还可以制作扶贫工作和政策简报和手册发放给贫困户或者非贫困户，让其深入人心。对于一些无法理解扶贫政策的村民和老人，村委会可以将其通俗化讲解以便提高农户对扶贫工作的知晓度和认可度。

修口村乡村振兴战略实施情况调查报告

徐 叶

摘要： 乡村振兴、精准扶贫战略的实施改善了很多落后地区农村的生活会环境，本文将从乡村振兴的战略意义、从九江西港镇修口村当地具体落实政策的成果以及当中存在的问题入手，为我国实施精准扶贫，乡村振兴取得更好的成效提出建设性意见和建议。

关键词： 修口村；乡村振兴；战略；建议

农业农村农民问题向来是关系国计民生的根本性问题，我们必须始终把解决好"三农"问题作为全党工作的重中之重，加快实施乡村振兴战略。中央一号文件，即中共中央每年所发布的第一份文件，现已成为"三农"问题的专有性文件，体现了中共中央对于农村问题的高度重视。2018年，中共中央提出了关于实施乡村振兴战略的意见，对土地流转、农业产业链作出部署安排，以深化供给侧改革，推进全面进步、全面发展。基于新时代下农业农村问题改革的迫切性、乡村发展动能改革的必要性和城乡融合发展的艰巨性，本次的社会调查以乡村振兴战略的基层实施情况为目的，深入九江市修水县西港镇修口村，与当地村民进行了为期七天的交流，对修口村乡村振兴战略的实行情况进行了走访调查。

一、调查背景

自党的十八大以来，以习近平同志为核心的党中央坚持把解决好"三农"问题作为全党工作重中之重，农业农村发展取得了历史性成就，发生了历史性变革，为党和国家事业全面开创新局面提供了有力支撑。农业供给侧结构性改革取得新进展，粮食生产能力跨上新台阶，新型农业经营主体发展壮大，农村新产业新业态蓬勃发展，农业现代化稳步推进；脱贫攻坚开创新局面，精准扶贫、精准脱贫方略落地生效，6600多万贫困人口稳定脱贫，脱贫攻坚取得决定性进展；农村社会焕发新气象，农村党群干群关系更加融洽，社会保持和谐稳定，党在农村的执政基础得到进一步夯实。

同时，乡村发展不平衡不充分问题也比较突出，特别是农业项目多而不强、大而不优，农业现代化水平和供给质量不高。主要表现为：农村环境与整洁美丽差距较大；农村基础设施和公共服务相对滞后，城乡融合发展的体制机制需要健全；农民收入水平总体不高，增收渠道需要拓宽；农村集体经济普遍薄弱，改革红利需要释放；农村基层组织存在薄弱环节，乡村治理能力需要强化。

从实现我国"两个百年"奋斗目标来看，到2020年全面建成小康社会，最突出的短板在"三农"，必须打赢脱贫攻坚战，加快农业农村发展，让广大农民同全国人民一道迈入全面小康社会。到2035年基本实现社会主义现代化任重道远。

——到2020年，乡村振兴取得重要进展，制度框架和政策体系基本形成；

——到2035年，乡村振兴取得决定性进展，农业农村现代化基本实现；

——到2050年，乡村全面振兴，农业强、农村美、农民富全面实现。

首先，从解决我国社会主要矛盾转变来看，我国社会主要矛盾已经转化为人民日益增长的美好生活需要和不平衡不充分的发展之间的矛盾。社会主要矛盾的变化要求我们在继续推动发展的基础上，着力解决好发展不平衡不充分问题，更好地满足人民日益增长的美好生活需要。从"三农"工作本身看，解决好发展不平衡不充分问题，要求我们更加重视"三农"工作，农业农村农民问题是一个不可分割的整体。总的来说，当前农业基础还比较薄弱，农民年龄知识结构、农村社会建设和乡村治理方面存在的问题则更为突出。之所以提出实施乡村振兴战略，就是要协调推进农村经济建设、政治建设、文化建设社会建设、生态文明建设和党的建设，促进乡村全面发展。其次，从城乡关系层面看，解决发展不平衡不充分的问题，需要我们更加重视乡村建设。虽然，当前我国的城镇化率已接近60%，但作为有着960万平方公里土地、13亿多人口、5000多年文明史的大国，不管城镇化发展到什么程度，农村人口还会是一个相当大的规模。目前，我们很多城市确实很华丽、很繁荣，但很多农村地区跟欧洲、日本、美国等相比差距还很大。如果只顾一头、不顾另一头，一边是越来越现代化的城市，一边却是越来越萧条的乡村，那也不能算是实现了中华民族伟大复兴，因此我们要让乡村尽快跟上国家的发展步伐。

为了能够切实了解乡村振兴战略的实施情况，我们在九江市修水县西港镇修口村进行了实地考察，了解了当地的乡村振兴实施情况。

二、修口村乡村振兴情况

（一）乡村振兴战略的宣传效果

自党的十九大召开后，各级党政机构对此高度重视，大多都积极组织了党的十九大精神的学习和宣讲。经过实地调查，修口村的村民对乡村振兴战略虽有大概的了解，但尚不清楚具体的含义。

历年来，随着中央对"三农"问题的重视，使得乡村改造，村容村貌有了较大改善，村民生活水平明显提高，在2018年的中央一号文件中，强调了要坚持党管农村的原则，要持续推动三农工作创新，将助农富农工作落在实处。乡村振兴战略事关农民切身利益，这就要求农村基层党支部在针对"三农"问题的战略实施上必须加强思想政治教育，强化意识形态工作，及时做好政策上的解释。

（二）农村人居环境变化情况

在入户调查中，村民普遍认为家乡变化最大的是道路和住房，家家户户的住房都在近几年建成了三层的楼房，每家每户的用水都是自来水，相比之前的地下井水更方便。最重要的是，村里每户人家家门口都有一个垃圾桶，各家把垃圾扔进自家门口的垃圾桶，然后每周会有专人前往各家把垃圾桶拉去倒掉，既改善了村里的环境，也方便了村民的生活。

走访发现，村内路边确实住宅建筑物旁均放置垃圾桶，但部分垃圾桶旁仍有垃圾，村内甚至存在垃圾焚烧的情况。可见在生态环境治理的层面，仍存在部分村民环保意识不强的问题，创造和谐文明乡村的氛围亟待加强。

（三）乡村振兴的政策扶持状况

修口村青壮年劳动力多外出务工或在城镇从事个体经营，常住村民人口构成以老年人和儿童为主。当地农作物以种植玉米和桑蚕为主，部分农产品获农业补贴政策支持，如桑蚕，自2018年起，对于蚕桑养殖给予每亩600元的补贴。

修口村按照修水县扶贫攻坚文件要求，对困难户进行了建档立卡，设立驻村服务队对户进行精准识别和帮扶，帮助村民改善生活条件。

当问及是否对驻村工作队的服务满意，村民都说满意；是否认识帮扶干部，村民也都说认识，去年到家慰问至少有三次。总体上看，村民对于村支部贯彻落实精准扶贫的情况较为满意。还有一方面的问题是，村内缺少文化活动，在和村民沟通的过程了解到其对精神生活的改善有很大的期待，村民们也期待着更好的生活状态。

三、对乡村振兴的认识

（一）强农惠农政策全面落实

基层政府不仅要制定政策，更重要的是要关注政策的落实情况，毕竟再好的政策，不落实就是空谈。当地政府应当坚持以人民为中心的工作导向，关注"三农"问题，深刻结合产业结构以及农业现状，贴合修口村实际情况落实各项乡村振兴举措，并且要持续关注政策落实的效果，根据反馈的效果加以修正，促进农村的振兴。

（二）农村基础设施不断完善

农田农作物种植的设备要大力完善，让农民种植无后顾之忧，尤其是不能忽视村里的精神文化建设，有计划地在村内建设一个休闲场所，号召村民多出去走走，加强邻里沟通交流，让村民享受到政府政策的力度和实效，为村民的文化生活提供平台。

（三）加强相关政策宣传

镇政府可以通过制定人员入户宣传或者召集代表开会宣传乡村振兴的政策，让村民加深对乡村振兴工作的理解，积极配合乡村振兴工作。

（四）对村民进行素质教育

村作为基层集体，要将强化村民集体意识和集体荣誉感作为村支部工作中的重要组成部分。在加强村内基础设施建设的同时，也要注重强化村民的素质教育，不断加强和谐农村氛围建设。

图书在版编目（CIP）数据

精准扶贫调查报告：江西师范大学2015级思想政治
教育专业社会调查成果集 / 韩桥生主编. -- 北京：现
代出版社, 2019.8
　　ISBN 978-7-5143-8076-7

　　Ⅰ.①精… Ⅱ.①韩… Ⅲ.①农村—扶贫—调查报告
—江西 Ⅳ.①F323.8

中国版本图书馆CIP数据核字(2019)第180492号

精准扶贫调查报告：
江西师范大学2015级思想政治教育专业社会调查成果集

作　　者	韩桥生
责任编辑	徐　苹
出版发行	现代出版社
地　　址	北京市安定门外安华里 504 号
邮政编码	100011
电　　话	010-64267325　64245264（传真）
网　　址	www.1980xd.com
电子邮箱	xiandai@vip.sina.com
印　　刷	廊坊市海涛印刷有限公司
开　　本	710 毫米 ×1000 毫米　1/16
印　　张	17
字　　数	252千字
版　　次	2019 年 8 月第 1 版　2019 年 8 月第 1 次印刷
书　　号	ISBN 978-7-5143-8076-7
定　　价	70.00 元

版权所有，翻印必究；未经许可，不得转载